40 Questions About Interpreting the Bible
©2010 by Robert L. Plummer

Originally published in the USA by Kregel Publications,
Grand Rapids, Michigan
Translated and printed by permission

释经学 40 问

40 QUESTIONS ABOUT
Interpreting the Bible

罗伯特·普拉默 著
（Robert L. Plummer）

言 盐 译

上海三联书店

读完这本优秀的入门书,你就会更理解圣经。

——达雷尔·博克(Darrell Bock)

达拉斯神学院新约研究教授

《释经学40问》文笔优美、研究细致,我相信对任何认真思考圣经的人而言,本书都是无价的资源。

——丹尼尔·埃金(Daniel Akin)

美东南浸信会神学院院长

亚里士多德曾说,那些想要成功的人必须问正确而基本的问题。普拉默问了40个这样的问题。更好的是:他也回答了这些问题,为初学者提供了释经总体原则和新旧约不同体裁释经须知。

——凯文·范胡泽(Kevin J. Vanhoozer)

惠顿学院 Blanchard 座席神学教授

普拉默的《释经学40问》清楚易懂,引人入胜。本书的组织结构和论述范围使之读起来有趣,又富于启发。每一章都附带反思性问题和进深学习的推荐资源。在释经学方面,我想不到有比本书更有帮助的入门指导。

——布鲁斯·韦尔(Bruce A. Ware)

美南浸信会神学院基督教神学教授

本书的讨论既细致入微,可以满足神学院的课程要求,又通俗易懂，可供小组使用，有助于学生和教会领袖了解释经学的核心原则，以及比如默示、正典、翻译和当代热点问题等相关内容。这部充满热情、引人入胜的著作，对大学和神学院释经学课程而言，是一本极佳的教科书。

——克里斯托弗·摩根（Christopher W. Morgan）

加利福尼亚浸信会大学神学教授

教授别人圣经很好，但更好的是教他如何自己学习圣经。普拉默的研究对我们理解圣经大有帮助，你会从中大大受益。

——杰里·瓦因斯（Jerry Vines）

杰克逊维尔市第一浸信会荣休牧师

《释经学 40 问》是针对圣经研究的初学者所提出的各种重要问题进行的浓缩讨论。问答的形式可以很好地调动学生的兴趣，同时也就他们的问题提供答案。

——保罗·韦格纳（Paul D. Wegner）

凤凰城神学院旧约教授

献给

马克・西弗(Mark Seifrid)

罗伯特・斯坦(Robert Stein)

学者、老师和朋友

目 录

序 言

我们现在所使用的圣经,是谁首先把经文划分为章和节呢?"原稿"(autographs)是什么意思?怎样正确定义"无谬误"(inerrancy)?圣经手稿是如何抄录并流传至今的?新约圣经现存最古老的残片是什么,有多古老?由谁来决定正典包含哪些书卷?什么是次经(Apocrypha)?正典已经封闭了吗?哪种英文圣经译本最好?圣经的总体信息是什么?为什么人们在整本圣经说了什么这一点上不能达成一致意见?

在这本引人入胜、精心撰写的书中,罗伯特·普拉默讨论了以上问题以及其他有关圣经理解方面的问题。本书参考了近代学术研究成果,编排上实用方便,读起来令人爱不释手。我们面前的这本关于释经的书,基本上是以一种被分解成小块、使我们容易理解消化的形式呈现出来。这种形式把一些难题变得更容易消化理解,而初学者往往被这些难题困住。

普拉默曾引用他的一位导师罗伯特·斯坦的话。斯坦告诉他:"我之所以自己写一本关于释经学方面的书,是因为我看不明白其他人关于这个主题的著作。"因为我正在尝试写一本关于释经学方面的书(《释经学入门》[*Invitation to Biblical Interpretation*]，Kregel 出版社即将出版)，而且又在大学生、研究生和博士生中教授释经学超过 15 年，所以我很了解写一本读者能够明白的释经学著作所要面对的挑战。

面前的这本书极其成功地把释经的任务和过程清晰地呈现出来，并将初学者带入对神话语的终生学习之中。正如保罗写给提摩太的话："你当竭力在神面前得蒙喜悦，作无愧的工人，按着正意分解真理的道。"(提后 2：15)对于任何一个渴望掌握必备技巧，以便按正意分解真道的人来说，本书极具参考价值，故此我热忱推荐。

安德烈亚斯·J. 科斯敦伯格(Andreas J. Köstenberger)

"圣经根基"机构创办人

美东南浸信会神学院新约和圣经神学教授

前　言

　　本书致力于帮助你理解圣经。我在肯塔基州路易斯维尔美南浸信会神学院担任新约圣经教授,教授释经学基础入门课程。在教学中,我发现很难找到一本既简明又准确地概括这门课程内容的教科书。(这门课程的内容包括正典、手稿流传、英文圣经翻译、一般解释问题、圣经主要文学类型的研究方法和当前释经学争论。)本书的写作目的,就是要探讨这些问题。本书非常适合作为大学或神学院的圣经入门课程教材,但我也努力使这本书给任何充满求知欲的基督徒带来益处。① 我的目标是使本书通俗易懂却不流于肤浅,有学术价值却不至于太学究气,同时着眼于基督徒读者的实际问题,以及如何将其应用于现实生活中。

　　你当然可以按顺序从头至尾通读整本书,不过本书的编排使你即便不了解之前的内容,仍不妨碍阅读特定主题的内容。我鼓励你在开始阅读之前,先浏览一遍目录中的 40 个问题。有没有一个特

---

① 与这本书配套的免费教学资源可以从笔者的个人网站下载:www.robplummer.com/resources/。

定主题引起你的注意？如果有，为什么不从那儿开始？每一章的结尾都以讨论问题和提供进一步阅读的推荐书目作为结束。

我要感谢许多人，在他们的帮助下这本书得以顺利出版。首先，我要特别感谢美南浸信会神学院的理事和行政人员，是他们准许我在 2008 年有安息年假，因此我得以写成本书。还要感谢我亲爱的朋友，也是我著作的丛书主编本·默克尔（Ben Merkle），他给了我许多鼓励。我也要感谢我的助手安迪·哈斯勒（Andy Hassler）、本·斯塔布菲尔德（Ben Stubblefield）和马特·斯梅瑟斯特（Matt Smethurst），他们帮助我校对和做研究的辅助工作。其他提供有益建议的人包括罗伯特·斯坦、丹尼·埃金（Danny Akin）、查克·戴格罗（Chuck Deglow）、劳拉·罗伯茨（Laura Roberts）、韦斯·史密斯（Wes Smith）、乔纳森·彭宁顿（Jonathan Pennington）和罗伯特·彼得森（Robert Peterson）。特别要感谢为我核对圣经索引的瓦莱丽·安杰尔（Valerie Angel）。也要感谢美南浸信会神学院图书馆的所有员工，尤其是迈克尔·斯特拉克勒雅恩（Michael Strackeljahn）。

我亲爱的妻子尚迪（Chandi）和三个可爱的女儿（萨拉·贝丝［Sarah Beth］、克洛艾［Chloe］和安娜贝拉［Anabelle］）给了我莫大帮助。当我在写作中殚思竭虑时，是她们的支持使我牢牢扎根在现实当中。的确，若没有她们，我可能就会变成隐士，甚至更糟。在写作本书期间，我常常想到我年幼的女儿，希望她们有一天能从爸爸的这本书中得到理解圣经的有益指导。如果将来有机会修订本书，我相信仍有可增改之处。

本书特别要献给我以前的两位老师：罗伯特·斯坦和马克·西弗。他们都是我博士论文委员会的导师。斯坦博士诠释方法上合乎常理，传递信息上的明晰堪称典范，都深深地影响了我。马克·西弗是我的博士论文导师，现在也是我的同事，在过去十年中成为我的挚友。他对圣经经文细微之处的关注，对几个有争议的释经问题的理解，帮助我看得更远。他真诚的基督徒友谊，对我而言弥足珍贵。

感谢在写作过程中所有提供帮助的人。本书存在的纰漏和其他责任，最终由我个人负责。神会使用一切——即便是我们的软弱和失败——最终叫我们得益处，使我们效法他儿子的模样，并高举耶稣为至宝（罗 8：28—30）。想到这一点，我就备受鼓舞。

缩略语

AB	Anchor Bible
ABD	*The Anchor Bible Dictionary*. Edited by D. N. Freedman. New York: Doubleday, 1992.
ANF	*Ante-Nicene Fathers*, ed. A. Roberts and J. Donaldson. 10 vols. 1885. Peabody, MA: Hendrickson, reprint, 2004.
BDAG	W. Bauer, F. W. Danker, W. F. Arndt, and F. W. Gingrich. *Greek-English Lexicon of the New Testament and Other Early Christian Literature*. 3rd ed. Chicago: University of Chicago Press, 2000.
BECNT	Baker Exegetical Commentary on the New Testament
BT	*The Bible Translator*
CEV	Contemporary English Version
DJG	*Dictionary of Jesus and the Gospels*. Edited by Joel B. Green, Scot McKnight, and I. Howard Marshall. Downers Grove, IL: InterVarsity Press, 1992.
DNTB	*Dictionary of New Testament Background*. Edited by Craig A. Evans and Stanley E. Porter. Downers Grove, IL: InterVarsity Press, 2000.
DPL	*Dictionary of Paul and His Letters*. Edited by Gerald F. Hawthorne, Ralph P. Martin, and Daniel G. Reid. Downers Grove, IL: InterVarsity Press, 1993.
EBC	The Expositor's Bible Commentary. Edited by Frank E.

Gaebelein.

EDNT	*Exegetical Dictionary of the New Testament*. Edited by H. Balz and G. Schneider. Grand Rapids: Eerdmans, 1990–1993.
HCSB	Holman Christian Standard Bible
ICBI	International Council on Biblical Inerrancy
JBR	*Journal of Bible and Religion*
JETS	*Journal of the Evangelical Theological Society*
JSNT	*Journal for the Study of the New Testament*
JSNTSup	Journal for the Study of the New Testament: Supplement Series
LB	Living Bible
MSG	The Message
NAC	New American Commentary
NCV	New Century Version
NICOT	New International Commentary on the Old Testament
NIDNTT	*New International Dictionary of New Testament Theology*. Edited by Colin Brown. 4 vols. Grand Rapids: Zondervan, 1975–1985.
NIGTC	New International Greek Testament Commentary
NPNF1	*Nicene and Post-Nicene Fathers*, 1st series. Edited by Philip Schaff. 14 vols. 1886–1889, reprint, Peabody: MA: Hendrickson, 2004.
NTS	*New Testament Studies*
OTP	*The Old Testament Pseudepigrapha*. Vol. 1. Edited by J. H. Charlesworth. New York: Doubleday, 1983.
REB	Revised English Bible
RSV	Revised Standard Version
SBJT	*The Southern Baptist Journal of Theology*
TDNT	*Theological Dictionary of the New Testament*
TEV	Today's English Version
TNIV	Today's New International Version
TNTC	Tyndale New Testament Commentaries
TrinJ	*Trinity Journal*
TS	*Theological Studies*

TynBul	*Tyndale Bulletin*
W. A.	*D. Martin Luthers Werke*，*kritische Gesammtausgabe*. Edited by J. K. F. Knaake et al. 57 vols. Weimar：Hermann Böhlau，1883 ff.
WTJ	*Westminster Theological Journal*

第一部分

准备开始：文本、正典和译本

问题1
圣经是什么 ❓

大多数拿起这本书的人都已经对圣经有所了解。然而,我首先提出这个最基本的问题,是出于两个原因:(1)有些恰巧拿到这本书的人,对基督教圣经知之甚少。如果你的情形与此相似,那么本章就是你开始认识圣经最好的地方。(2)即便是阅读圣经多年的人,重温一下根基性问题也会大有益处。我希望,不了解圣经的人能够明白下面的几点解答,而对圣经已经滚瓜烂熟的人,也不会觉得本章过于简单,读后一无所获。

圣经概览

基督徒认为,圣经是一部神特别默示和具有权威性的著作集。尽管圣经是一部主题统一的书,但它又由66卷篇幅较小的书卷或者说文学作品组成。这些作品的作者虽生活在不同的时代，有不同的背景、性格和文化，但都宣称圣灵是他们写作背后的最终权威和保障。正如《提摩太后书》3：16 所说，"圣经都是神所默示的"。

圣经分为旧约和新约两大部分。**约**这个字源于拉丁文的 *testamentum*，意思是"盟约"或"约定"。按照这一基本的分法，圣经记载了神和人之间两个约的关系。第一个约（旧约）是神和犹太民族在西奈山上确立的（出 19—31）。这个约是预示性的，指向一个新约。这新约是神在《耶利米书》31：31 中所应许的，那时，神要从万民中吸引一群人来到他面前，把他的话语写在他们的心上（赛 49：6）。事实上，这个新约正是神在历史中许多救赎性应许的应验，就是撒但要被夏娃的后裔所伤（创 3：15），以及地上万国都将因亚伯拉罕的后裔得福（创 22：18），等等。

旧约圣经包含了 39 卷书，由不同体裁（历史叙事、格言、诗歌和赞美诗等）组成。新约圣经包含了 27 卷书，也是由不同体裁（历史叙事、书信和比喻等）组成。要更多了解圣经如何编排（就是书卷的顺序、章节划分的起源等），请参看问题 2。此外，还可参照本书后半部分关于圣经各种体裁解释方法的介绍。

◗ 圣经的目的

圣经的一个主要宣告就是，创造天、地、海和其中万物的神是一位喜爱与人沟通的神，他乐意向我们这些偏行己路的人启示他自己。圣经本身就是这一宣告的证据。正如《希伯来书》1：1—2 所说:"神既在古时借着众先知多次多方地晓谕列祖;就在这末世借着他儿子晓谕我们,又早已立他为承受万有的;也曾借着他创造诸世界。"

《希伯来书》的这些经文指向圣经启示的顶点,就是神的永恒之子。神子道成肉身成为拿撒勒人耶稣,把神和人永远地联合在一个位格里——他是完全的神,也是完全的人(约 1:14)。旧约中的预言、应许、渴望和期待都在耶稣基督的生、死和复活中得到应验,找到意义,并达到圆满。正如使徒保罗在《哥林多后书》1:20 所说:"神的应许不论有多少,在基督都是是的。"

这样,圣经的目的就是使人"因信基督耶稣有得救的智慧"(提后 3:15)。而圣经本身并不是目的。正如耶稣对他那个时代的宗教专家所说:"你们查考圣经,因你们以为内中有永生,给我作见证的就是这经。"(约 5:39)所以,在神的照管之下,圣经的目的就是带领读者接受神在基督里的赦罪,进而因与三位一体的神建立关系而得到永生(约 17:3)。

圣经的基本故事线索

圣经解释了宇宙的起源(神创造了一切,创 1—2 章),也说明了世界为什么会有罪、疾病和死亡(人类悖逆神,把罪和死亡带进了这个世界,创 3 章)。还应许神将要差遣一位弥赛亚(耶稣),打败死亡和撒但,并最终更新一切(创 3:15;启 22:1—5)。

神把他启示性和救赎性的工作集中在亚伯拉罕后裔的身

上——也就是以色列人或犹太人身上，来预备这位弥赛亚的到来。尽管神唯独赐给以色列这一民族圣洁的律法，并差派先知到他们那里，但很清楚的是，神计划在将来要借着犹太人，赐下普世性的祝福。神应许亚伯拉罕，"地上的**万族***都要因你得福"（创 12：3）。同样，在《以赛亚书》中，我们读到神对将要到来的弥赛亚的预言："你作我的仆人，使雅各众支派复兴，使以色列中得保全的归回尚为小事；**我还要使你作外邦人的光，叫你施行我的救恩，直到地极。**"（赛 49：6）根据圣经，耶稣已经开始了这世界范围的救赎工作，直到耶稣再来时，这一工作才得以圆满。所有人都在神圣洁的愤怒之下被定罪，这显明了神的公义，但耶稣在十字架上的死却给那些信靠他的人以赦罪之恩。若有人转离自己的悖逆，并相信救主为他的罪代他而死，他就成为神百姓中的一员，即君王耶稣国度的臣民。正如《约翰福音》3：36 所说："信子的人有永生；不信子的人不得见永生，神的震怒常在他身上。"

神救赎计划的圆满还没有显现。圣经教导说，耶稣一定要再来（帖前 4：13—18）。尽管学者们对耶稣再来的一些细节还有争议，但圣经清楚表明，那时死亡和罪（这些现已被十字架打败）将会被永远除掉（启 20：14—21：4）。所有在基督里得到神赦免的人，必将和神一同享受无尽的喜乐，直到永远（约 14：2—3，17：24）。那些仍在悖逆中抵挡神的人，死后不会有第二次悔改的机会；他们将遭受刑

---

*　圣经经文粗体为本书作者所加，以示强调，以下不另注明。——编者注

罚,与神永远分离(约3：36;太25：46)。

▷ 圣经的功能

圣经总体的目的是启示神,并通过耶稣基督把人带入与神的救赎性关系中。在此之下,圣经还有许多与之相关的功能,包括:

- **让人知罪**。圣灵把神的话语应用于人心,使人确知他们不能达到神圣洁的标准,并说服他们相信自己被公义地定为有罪,且需要一位救主(罗3：20;加3：22—25;来4：12—13)。
- **纠正和教训**。圣经纠正和教训神的子民,教导他们神是怎样一位神,他们是谁,神要求他们做什么。神既使用信徒个人的学习,也使用教会有恩赐的教师,来造就和纠正他的子民(书1：8;诗119：98—99;太7：24　27;林前10：11;弗4：11—12;提后3：16,4：1—4)。
- **使灵命丰满**。神的话语在真信徒的生命中深深扎根,就会结出义的果子,即爱神爱人的真实表现(可4：1—20;雅1：22—25)。
- **帮助信徒坚忍**。靠着圣灵的力量,信徒面对生活中的各样试炼和试探时依然坚守圣经救恩的信息。因着这坚忍,他们对神应许保守他们到底的信心大大增长(约10：28—29;林前15：2;林后13：5;加3：1—5;腓1：6;西1：23;提前3：13;约一2：14)。
- **喜乐和愉悦的源泉**。对那些认识神的人,圣经是永不止息的

20

喜乐和愉悦的源泉。正如《诗篇》19：9—10 所说："耶和华的道理洁净，存到永远；耶和华的典章真实，全然公义。都比金子可美慕，且比极多的精金可美慕；比蜜甘甜，且比蜂房下滴的蜜甘甜。"

- **一切教义和行为的至高权威**。圣经对基督徒的行为和信念具有至高权威（路 10：26，24：44—45；约 10：35；提后 3：16，4：1—4；彼后 3：16）。一切的讲道、信条、教义或意见是否正确，最终都必然要回到这个问题：圣经怎么说？正如斯托得（John Stott）所说："圣经是君王耶稣治理他教会的尊贵权杖。"①

圣经成书的年代

旧约圣经的前 5 卷书，也就是摩西五经（《创世记》《出埃及记》《利未记》《民数记》《申命记》），最有可能写成于大约公元前 1400 年。② 由于这些书卷描述了之前几千年发生的事，所以几乎可以确定，很多口头和书面的原始资料，构成了我们现有的这些经文的基础。当然，摩西对这些原始资料的选择和编撰，是在神的监督之下进行的。旧约圣经的最后一卷书《玛拉基书》写成于公元前 430 年左右。这样算来，旧约圣经 39 卷书的写作横跨 1000 年，作者超过 40 位（有些书卷是由同一位作者所著，如《耶利米书》和《耶利米哀

---

① John R. W. Stott，*John Stott on the Bible and the Christian Life：Six Sessions on the Authority，Interpretation，and Use of Scripture*（Grand Rapids：Zondervan，2006）. 这句话引自该 DVD 课程第一课，"The Authority of Scripture"。
② 有些学者认为《约伯记》要早于摩西五经。

歌》。其他书卷如《列王纪上》和《列王纪下》并未明确说明作者是谁。再比如,《诗篇》和《箴言》则由多位作者写了不同部分)。旧约圣经大部分用希伯来文写成,少数用亚兰文写成(拉 4：8—6：18,7：12—26；但 2：4—7：28；耶 10：11)。③

　　新约圣经最早的一卷书(可能是《雅各书》或《加拉太书》)很可能写成于公元 1 世纪 40 年代中期到末期。大部分书卷都写成于 1 世纪 50 年代到 60 年代间,最后一卷书《启示录》,大约写成于公元 90 年。新约圣经是用当时的通用语希腊文写成的,夹杂了少许音译的亚兰文和拉丁文。

图表 1　圣经中事件发生和成书的时间线	
亚当和夏娃	很久以前④
挪亚	很久以前
亚伯拉罕蒙召	公元前 2000 年
出埃及	公元前 1446 年(摩西写了圣经的前几卷书)
王权时代开始	公元前 1050 年(神拣选扫罗)
大卫王	公元前 1010—前 970 年
所罗门王	公元前 970—前 930 年
王国分裂	公元前 931 年(以色列和犹大分裂)
被掳亚述	公元前 722 年(撒玛利亚被毁)
被掳巴比伦	公元前 586 年(耶路撒冷被毁)

③《创世记》31：47 有两个字词也是用亚兰文写成——*Jegar-sahadutha*(伊迦尔-撒哈杜他,意思是"以石堆为证")。
④ 虽然我相信亚当和夏娃是历史人物,但我不敢妄自揣测上帝创造他们的年份。至少我们都可以认同那是很久以前的事。

续　表

波斯王国时期	公元前 537 年(犹太人在居鲁士王统治下回归)
圣殿重建完成	公元前 515 年
尼希米/以斯拉	公元前 4 世纪中期
《玛拉基书》	公元前 430 年(旧约圣经最后一卷书)
两约之间	公元前 430—公元 45 年
耶稣诞生	公元前 7—公元前 4 年
耶稣传道	公元 27—30 年
耶稣被钉十字架	公元 30 年
新约圣经第一卷书写成	公元 45 年
《启示录》写成	公元 90 年(新约圣经最后一卷书)

22 问题与反思

1. 你学到的关于圣经的一个新认识是什么?（或者说你温故而知新的一个认识。）

2. 圣经的目的之一,就是通过耶稣基督把人带入与神的救赎性关系中。这个目的在你的生命中已经成就了吗? 你是怎么知道的?

3. 如果把对圣经的认识划分为 1—10 分,你给自己打几分? 你以前是如何认识圣经的?（或者说为什么你对圣经认识得很少?）

4. 你已经读完一遍圣经了吗? 如果没有,请下定决心下一年读完。

5. 你有没有一个关于圣经的总体性问题,是这一章没有回答的? 如果有,是什么问题?

 进深学习

圣经。(没有其他方式比自己读圣经更能让你认识圣经。关于阅读哪个英文译本的建议,可以参考问题 7。)

Carson,D. A. *For the Love of God:A Daily Companion for Discovering the Riches of God's Word*. vols. 1 and 2. Wheaton,IL:Crossway,1998,1999.(这些灵修书籍包含每日一页的灵修材料,也有每日读经安排,使你一年内可以读完旧约圣经一遍和新约圣经两遍。尽管卡森的书对不太熟悉圣经的人来说可能有点难,但它们是忠于圣经且有洞察力的。)(中文版参见卡森:《为了神的爱》,顾华德译,台北:天恩出版社,2006 年。——编者注)

问题 2
圣经是如何编排的 ❓

也许你是在教会里长大的，教会会组织儿童参加比赛，背诵圣经各卷书的名称和顺序。或者，也许你对圣经各书卷的顺序不确定，当有人请你找出某节经文时，你感觉紧张不安。圣经中的书卷顺序有没有可辨识的规律或逻辑？圣经章节的划分是从什么时候开始的？这些是我们在本章中要回答的部分问题。

基本划分——新旧约

圣经的前 3/4 篇幅，写于公元前 1400—前 430 年。它由用希伯来文写成的 39 部书卷组成（其中《但以理书》和《以斯拉记》的小部分由亚兰文写成。亚兰文是一种与希伯来文相关的闪族语言）。① 这部分圣经被称作旧约圣经。当然，不信基督教的犹太人也称这些书卷为他们的圣经，或"TANAK"（希伯来文首字母缩略语，指的是律法书、先知书和圣著）。拒绝承认耶稣是弥赛亚的犹太人不认同新约圣经是神默示的。

"约"这个词来源于拉丁文 *testamentum*，意思是"盟约"或"约定"。第一个使用这个词来描述圣经划分的人，据说是早期基督教护教学者德尔图良（Tertullian，公元 160—225 年）。② 然而，圣经围绕神和人之间的两个圣约编排成书的观点，并非源于德尔图良，而是源于圣经本身。这个观点能在几处经文中找到明确的支持。

《耶利米书》写于公元前 626—前 580 年，其中明确提到一个新约，预言弥赛亚到来：

> 耶和华说："日子将到，我要与以色列家和犹大家另立**新约**。不像我拉着他们祖宗的手，领他们出埃及地的时候，与他们所立的**约**。我虽作他们的丈夫，他们却背了我的**约**。"这是耶和华说的。耶和华说："那些日子以后，我与以色列家所立的**约**乃是这样：我要将我的律法放在他们里面，写在他们心上。我要作他们的神，他们要作我的子民。"（耶 31：31—33）

24

耶稣在被卖的那个晚上设立圣餐时，就暗指了**耶利米**的预言会

---

① 《耶利米书》10：11 也是用亚兰文写成。此外还有《创世记》31：47 的两个词，*Jegar-sahadutha*。
② *Against Marcion*，3.14；4.6.

在他的死上应验。他说:"这杯是用我血所立的**新约**,是为你们流出来的。"(路 22:20)耶稣教导说,他的受死和复活设立了神应许的新约,所以,见证并阐述这一事实的书卷被称为新约圣经,就是很自然的了。因此,基督徒把出自耶稣的使徒及其同工的 27 卷书称作新约圣经。这些书卷写于公元 45—90 年间,构成全部圣经篇幅的后四分之一。

旧约圣经书卷的卷数和排序

旧约圣经包含 39 卷书。这些书卷的体裁丰富多样,含括从历史叙事到浪漫诗歌。它们在我们的英文圣经中大致是按主题编排的(见图表 2)。

图表 2　旧约圣经			
律法书	历史书	智慧书	先知书
			大先知书
创世记	约书亚记	约伯记	以赛亚书
出埃及记	士师记	诗篇	耶利米书
利未记	路得记	箴言	耶利米哀歌
民数记	撒母耳记上、下	传道书	以西结书
申命记	列王纪上、下	雅歌	但以理书
	历代志上、下		
	以斯拉记		**小先知书**
	尼希米记		何西阿书到玛拉基书(共十二卷)
	以斯帖记		

- **律法书**(《**创世记**》—《**申命记**》)。这五卷书也叫做摩西之书或　25
  摩西五经(*Pentateuch*,这原是个希腊词,意思是"五卷书")。
  这些书卷描述了世界的起源,以色列民族的开端,神拣选以色
  列民,向他们颁布律法,带他们来到应许之地的边界上。
- **历史书**(《**约书亚记**》—《**以斯帖记**》)。这十二卷书主要以历史
  叙事的方式记述了神在以色列民中的工作。
- **智慧书和诗歌**(《**约伯记**》—《**雅歌**》)。这五卷书包含了格言、
  其他古老的智慧文学和诗歌。
- **大先知书**(《**以赛亚书**》—《**但以理书**》)。这五卷书之所以被称
  作大先知书,是因其篇幅比其他先知书长,而非更重要。这些
  书卷见证神借着他神圣的代言人(即先知)传达给以色列的许
  多警告、训诫和应许。
- **小先知书**(《**何西阿书**》—《**玛拉基书**》)。这些书卷篇幅相对较短,
  因此被称作小先知书。在犹太人的圣经古卷中,这十二卷书被看
  成一卷书,故称作"十二先知的书卷"(也就是十二卷先知书)。

如果你去参观现代的犹太人会堂("圣殿"),翻开希伯来文圣
经,就会发现它和基督徒的旧约圣经内容完全相同,但编排却不同。
早在古时候,犹太人就把他们的圣经划分成三个主要部分——律法
书(*Torah*)、先知书(*Nebi'im*)和圣著(*Kethubim*)。前五卷希伯来文
圣经和基督徒旧约圣经的排序是一样的,这五卷书被称为摩西五经

或律法书。然而，自此以下的经书排序则有显著不同，希伯来文圣经有时候把几卷书合成一卷，其最后一卷书是《历代志下》。

在《路加福音》11：49—51 中，耶稣很可能暗指了犹太人传统的希伯来文圣经排序，他说：

> 所以神用智慧曾说："我要差遣先知和使徒到他们那里去，有的他们要杀害，有的他们要逼迫。"使创世以来所流众先知血的罪，都要问在这世代的人身上，就是从亚伯的血起，直到被杀在坛和殿中间撒迦利亚的血为止。我实在告诉你们：这都要问在这世代的人身上。

根据犹太人的正典顺序，希伯来文圣经从《创世记》开始，以《历代志下》结束。因此，亚伯是第一个殉道者（创 4：8），撒迦利亚是最后一个殉道者（代下 24：20—22）。耶稣也提到了犹太正典可划分为三部分，也就是"摩西的律法、先知的书和诗篇"（路 24：44）（有时，圣著部分也被称为诗篇，因为这是该部分中最常用的书卷）。③ 当希伯来文圣经被翻译成希腊文和拉丁文时，人们开始把这些书卷按主题编排，我们今天使用的英文圣经的排序就来源于此。尽管如此，早期希腊文和拉丁文抄本，以及后来的不同译本，彼此间书卷的排序并不完全一致。了解到抄本的多样性可以防止现代解释者误以为目前

---

③ Paul D. Wegner 写道，即使到了 10 世纪，阿拉伯历史学家 al-Masudi 提到犹太教正典时，说的也是"律法、先知和诗篇，就是 24 部书卷"（*The Journey from Texts to Translations: The Origin and Development of the Bible* [Grand Rapids: Baker, 1999], 109）。

通用的英文圣经书卷顺序是神所认可的,或有什么从神而来的含义。

新约圣经书卷的卷数和排序

耶稣在地上传道的时候,使用了多种令人印象深刻的助记法(比如押韵、出乎意料的细节描述和引人入胜的故事)。而且,他应许门徒,圣灵会让他们想起他的教训(约 14:26)。耶稣复活和升天后,关于耶稣的故事很有可能在一段时间内主要是以口述的形式,由亲眼看见的人小心地保存并传播开去(路 1:1—4)。过了一段时间,有人提笔作书,把这些故事写成有权威性的合集,且被教会承认是获得使徒认可的——它们就是四福音书:《马太福音》《马可福音》《路加福音》和《约翰福音》。路加另外还写了一卷书,就是《使徒行传》。这卷书告诉我们圣灵是怎样按照预言降临,并如何推动初期教会向外邦人见证耶稣就是弥赛亚。

当使徒在罗马帝国各处建立教会时,他们通过书信继续教训信众。从一开始,这些使徒书信就被抄写、传阅,并在教会生活中被认可具有永久权威(西 4:16;彼后 3:15—16)。使徒保罗一共写了新约圣经中的 13 封书信(《罗马书》到《腓利门书》)。保罗书信在新约圣经中是按照篇幅长短编排的,先是写给群体,后是写给个人。④ 如果给同一群体或者个人写的信超过一封,这些信就会被编排在一起

---

④ 《加拉太书》是一个例外,它比《以弗所书》篇幅稍短。"之所以放在《以弗所书》之前,可能是为了作为监狱书信(《以弗所书》《腓立比书》《歌罗西书》)的'卷首插页',因为这卷书用了'道'('法则'或'理')这个字眼(加 6:16)。"(William W. Klein, Craig L. Blomberg, and Robert L. Hubbard, *Introduction to Biblical Interpretation*, rev. ed. [Nashville:Thomas Nelson, 2004],114)

（如《哥林多前书》《哥林多后书》）。一封匿名的书信"致希伯来人书"（也就是写给犹太基督徒的书信），被放在保罗书信之后，似乎是因为初期教会有人认为保罗或保罗的一个同伴写了这封信。

　　其他新约书信是由雅各、彼得、约翰和犹大写的。这些书信也许是按照作者的声望从高到低排列的。保罗在《加拉太书》2：9 提到"雅各、矶法（彼得）、约翰"是耶路撒冷教会的"柱石"。保罗提及的顺序，反映他们各自写的书信在新约中的排序（《雅各书》《彼得前书》《彼得后书》《约翰一书》《约翰二书》《约翰三书》）。在这之后是耶稣的同母异父兄弟犹大的书信。新约圣经的最后一卷书是《启示录》。这卷书融合了不同的体裁，包括书信、预言和启示文学。由于这卷书包含很多指向末世的异象和象征性的画面，因此把它放在整部新约圣经正典 27 卷书的结尾是非常合适的（见图表 3）。

图表 3　新约圣经

福音书和使徒行传	保罗书信	其他书信和启示录
马太福音	罗马书	希伯来书
马可福音	哥林多前后书	雅各书
路加福音	加拉太书	彼得前后书
约翰福音	以弗所书	约翰一书、二书、三书
使徒行传	腓立比书	犹大书
	歌罗西书	启示录
	帖撒罗尼迦前后书	
	提摩太前后书	
	提多书	
	腓利门书	

值得一提的是,把不同的书卷合并成一卷书的做法,最早在公元 2 世纪才广泛推行。此前,圣经中的大多数书卷都是作为单独书卷流传。一群信徒很可能把不同的书卷保存在一个柜子里,在每卷书的卷轴末端标记上书的内容。然而,到了公元第 2、3 世纪,分页的书籍(抄本)开始大量出现。一些学者认为,早期基督徒保存正典的努力,促成了抄本的出现。

章的划分

早期基督徒和犹太教徒通常根据书名、作者或圣经事件引用圣经,但极少给出更具体的细分。例如,耶稣论到摩西的记载时,只用了一个短语"荆棘篇上所载的"(可 12：26;路 20：37)。当圣经被更广泛地抄写、阅读和注释时,人们做了许多尝试进一步细分和给它们加上标签。比如,早期教会著名历史学家优西比乌(Eusebius,约260—340)把四福音书划分为几个"正典"(或"部分")。优西比乌编制的"正典"被收录在一些古老的抄本里,比如西奈抄本。同样,古代的犹太拉比也运用各种编排方法细分圣经。

我们现在的旧约和新约圣经普遍使用的章的划分,是 13 世纪早期坎特伯雷大主教斯蒂芬·兰顿(Stephen Langton,1150—1228)在巴黎大学讲课时引入的。[5] 兰顿在拉丁文圣经版本中加入了这些划分,随后出版的圣经都沿用了他的格式。大约 1330 年,萨罗门·

28

---

[5] Bruce M. Metzger, *Manuscripts of the Greek Bible*：*An Introduction to Palaeography* (New York：Oxford University Press, 1981),41.

本·伊斯梅尔(Salomon Ben Ishmael)对兰顿的划分进行了修正，并把它引入希伯来文版本的圣经中。⑥ 故此，声称兰顿对章的划分方法背后有任何属灵意义，似乎并不明智，因为人们普遍看得出，他的划分在某些地方很不自然地割裂了文本的意涵。比如，《哥林多前书》10 章和 11 章之间的划分，就生硬地割裂了保罗的思想。

⚬ 节的划分

　　现代英文旧约圣经中节的划分，始于公元 900 年左右的本·亚瑟家族(Ben Asher，犹太文士)。后来伊斯梅尔把兰顿对圣经的划分引入希伯来文圣经时，有时为了适应本·亚瑟的划分而作了相应调整。因此，希伯来文和英文圣经的章节划分有些微出入。学者们一般认为，希伯来文圣经的划分更多地考虑到作者思想的统一性。

　　1551 年，巴黎的一个印刷商罗伯特·"斯特凡努斯"·艾蒂安(Robert "Stephanus" Estienne)，在一本拉丁文和希腊文双语新约圣经中加入了节的划分。⑦ 基于艾蒂安儿子的一段含糊评语，有的学者宣称，这位印刷商是在从巴黎到里昂旅行时坐在马背上划分圣经经节(这解释了为什么有的地方划分得不大自然)。更有可能的是，艾蒂安儿子的意思是，他父亲是在那次旅行中于小旅馆休息时做的这事。⑧

⑥ Wegner，*Journey from Texts to Translations*，176.
⑦ Wegner，*Journey from Texts to Translations*，176.
⑧ Metzger，*Manuscripts of the Greek Bible*，41n.106.

在艾蒂安之前,圣经学者提到圣经经文时,不得不如此说:"《加拉太书》4 章的中间部分。"尽管艾蒂安的划分有缺陷,但在具体引用圣经方面确实是个巨大进步。第一本划分节的英文圣经是 1560 年出版的日内瓦圣经。尽管有人还是挑剔艾蒂安的一些划分,但很难想象会有另一种划分取而代之并被人普遍接受。此外,当我们认识到圣经经节划分的历史后,我们就不会从数字的角度去挖掘属灵的内涵。

29

💬 问题与反思

1. 你以前谈论旧约和新约圣经时,有没有把"约"理解为一种"盟约"？把圣经看成是基于神和人之间的盟约,这对你阅读圣经会产生什么影响？

2. 在读本章之前,你怎样看待圣经中章节的划分？

3. 从本章中,你学到的关于圣经的一个新的知识是什么？

4. 读了本章之后,你有没有新的问题？

5. 你能按顺序背诵旧约和新约圣经的书卷名称吗？如果不能,请把它当作你下周的一个目标。

💻 进深学习

Patzia,Arthur G. *The Making of the New Testament*:*Origin*,*Collection*,*Text and Canon*. Downers Grove,IL:InterVarsity Press,1995.

Wegner,Paul D. *The Journey from Texts to Translations*:*The Origin and Development of the Bible*. Grand Rapids:Baker,1999.

问题 3

谁写了圣经——是人还是神 ❓

"神这样说,我就这样信。问题就这样解决了。"这是基要派对待圣经广为人知的口头禅。但如果是神写了圣经,为什么保罗在写给腓利门的书信里说:"这是我保罗亲笔写的"(门 19)? 又比如,在《约翰福音》的末尾我们读到:"为这些事作见证,并且记载这些事的,就是这门徒。"(约 21:24)那么,到底是谁写了圣经——是人还是神?

🔖 默示理论

所有自称是"基督徒"的人都会同意,圣经是神所默示的。然而,对于"默示"一词的理解却众说纷纭。关于默示的主要理论有哪些呢?

- **直觉理论**。根据这一观点，圣经作者拥有一种天然的宗教直觉。这种宗教直觉也存在于其他伟大的哲学家或宗教思想家身上，比如柏拉图或孔子。显然，持有这种默示观点的人否认圣经是绝对真理。

- **光照理论**。这种观点主张，圣灵确实以某种方式客观地在圣经作者的意识上动工，但与在其他所有人类身上动工的方式并无本质不同。圣灵的影响仅仅是程度上的不同，而非本质上的不同。

- **动态理论**。这种观点断言，神给了圣经作者特定、具体的印象或概念，但允许他们用自己的言语表达出来。也就是说，圣经具体的遣词造句有赖于人的选择，而主要内容是由神决定的。

32

- **听写理论**。这种观点主张，神用听写的方式把确切的字词传达给圣经作者。就像法庭的书记员，圣经作者在撰写书卷时并无个人意志掺入其中。有时，那些持有完全字句默示理论观点的人（见下文），被错误指责相信这种机械的听写理论。

- **完全字句默示理论**。我相信这是唯一符合圣经的观点。这种观点断言，圣经有双重作者。圣经作者在写作时仍是有思维和感受的人，与此同时，神也以奥秘、超自然的方式主导了整个过程，使其所写的每一个字词都是他想要的，而且没有任何错误。下面会更详细探究。①

圣经的双重作者

当保罗写信给哥林多信徒时，他并没有进入一种出神状态，把信中将要说的内容叙述给秘书听，说完了，就拿起写好的信，说："嘿，咱们看看神写了些什么！"然而，作为一名使徒，保罗期待读者完全顺服和相信他的教导——其实是作为神自己的话来接受（林前7：40，14：36—37；林后 2：17，4：2；西 1：25；帖前 2：13；帖后 3：14）。类似地，《诗篇》95 篇显然是由古代一位带领以色列会众敬拜的以色列人写的。这首诗开头就这样写道："来啊，我们要向耶和华歌唱，向拯救我们的磐石欢呼。我们要来感谢他，用诗歌向他欢呼。"（诗 95：1—2）几百年以后，《希伯来书》的作者以"圣灵有话说"来引用《诗篇》95 篇（来 3：7）。保罗是作者，但他传递的是神的话；一位古代的以色列人和圣灵同被看作是同一篇诗篇的作者。这一点看似矛盾，事实上表达了关于圣经的深邃真理——圣经具有双重作者。圣经中的每一个字词，既是一个有意识的人写下的，同时也是神有意要用来启示他自己的确切字词。

双重作者中的差异

浏览圣经就可以清楚地知道，神启示他自己是"多次多方"（来

---

① 五种理论的总结，引自 Millard J. Erickson, *Christian Theology*, 2nd ed.（Grand Rapids: Baker, 1998），231 - 233。Erickson 称完全字句默示理论为"字句理论"。

1：1)的。一些旧约时代的先知开口发出公开谴责时,常常以这样的　33
话开头:"主耶和华如此说"(例如,赛7：7;结2：4;摩1：3;俄1：1;
弥2：3;鸿1：12;哈1：5;番1：3;玛1：4)。在另一些地方,神把一
些异象和预言赐给作他启示管道的仆人,有时这些先知也承认他们
对自己所宣讲的信息不是完全明白(但12：8—9,参照彼前1：10—
12)。在圣经其他的文学体裁中,作者在撰写或选材过程中的有意
识参与,从经文上可以更容易看出来。比如说,路加在其福音书的
开始部分写道:

> 提阿非罗大人哪,有好些人提笔作书,述说在我们中间所
> 成就的事,是照传道的人从起初亲眼看见又传给我们的。这些
> 事我既从起头都详细考察了,就定意要按着次序写给你,使你
> 知道所学之道都是确实的。(路1：1—4)

请注意,路加不是说:"我祷告了,然后圣灵就把要写的关于耶
稣的故事放进我的脑中。"路加是一个历史学家,从事真正的历史研
究。然而,作为一个有圣灵默示的使徒的同工,他也是神赐下启示
的管道。类似地,从经文也可以看到保罗在撰写书信时的角色。比
如,在《加拉太书》4：19—20中,保罗因加拉太信徒暗中背弃他所传
给他们的福音而恼怒。他写道:"我小子啊,我为你们再受生产之
苦,直等到基督成形在你们心里。我巴不得现今在你们那里,改换
口气,因我为你们心里作难。"毫无疑问,根据具体情况,圣经作者或

多或少意识到他们传递的是神的启示(比如,传递"主耶和华如此说"的预言和撰写个人书信就有所不同)。

圣经很多内容是以一种情境文献的形式呈现的(也就是对处于某个特定历史情境的某些具体人物说的话),所以人们有理由问,这情境文献怎么会是神不受时间约束的话语呢? 比如说,伊斯兰教徒的《古兰经》大部分都是赞美安拉属性的抽象诗。他们宣称,这些诗是穆罕默德在一种出神状态中临到他的。与此对照的是,圣经见证神是在历史当中反复、一致、预示性地启示他自己。也就是说,神反复对他子民说话;他所启示的信息是一致的。虽然神按他子民当时的境况对他们说话,但他早期的启示却预示并指向将来那个终极启示,这在基督的降生、受死和复活中最终得到实现。然而,神的话是在日常生活而非抽象的诗歌中启示出来的。引人注目的是,当神的道成了肉身时,他还是以平凡百姓生活的样式显现。

34 ▷ 双重作者的几点意义

圣经是一本有双重作者的书,这对我们如何看待圣经提供了一些实际指引。

1. 人类作者明确的写作目的,是帮助我们理解圣经的一个良好出发点。圣经的意思不可能比人类作者有意识要传递的**更少**。诚然,在几个地方,人类作者承认他们并不理解所收到的启示信息（比如，但 12：8—9），但这是例外情况。一般来说，人类作者似乎清楚地意识到，自己要向当时的听众传递适时的信息。

2. 作为历史和启示的主，神把人类作者没有完全意识到的一些模式和预兆放进圣经。在神的主权之下，他先前在历史中的介入本身就是预言性的——指向后来的基督。关于神赐给以色列的旧约典章，《希伯来书》的作者说："律法既是将来美事的影儿，不是本物的真像。"（来 10：1）类似地，保罗提到，神把外邦人和犹太人一起包括在基督救赎工作中，这是圣经已有的一个"奥秘"，但在圣灵通过新约的先知和使徒宣告这真理之前，这奥秘并未完全显明出来（弗 3：3—6）。我们应该根据后来启示的明确陈述，理清神的意图。对于任何新约作者都未曾作过权威性解释的旧约经文，我们要警惕，不要试图从中寻找象征性的或预言性的细节。

3. 有人断言，在写作过程中，圣经绝不会记述那些人类作者没有清楚意识到的内容。尽管我们并不认同这种观点，我们却可以认可基于作者意图的一种释经方法。圣经的人类作者意识到神在使用他们传达他的话语，并且相信他们传达的启示是神对历史宏伟计划的一部分。旧约圣经的作者知道，他们处在启示阶梯的某个地方，但很少有人（也许一个也没有）知道，他们离阶梯的最高层（也就是基督）有多近。尽管他们不能知晓未来的所有事件,却一定不会否认神对历史护理性的掌管,虽然这超越他们的自觉反思[请参看问题 24,"如何解释预言?(预表)"]。

圣灵默示圣经和基督道成肉身

有人常说,可以把圣经的神人双重作者身份与主耶稣基督的独特身份作对比,因他既是完全的人,又是完全的神。这个比较在某种程度上是有帮助的。正如没有人能够确切解释,耶稣一个位格中怎么会完全容纳神人二性,同样也没有人能够充分解释,神如何掌管圣经的记载,使每个字词既是神所默示的又是人类作者选用的。要想认同基督的神人二性和圣经的双重作者,我们不必非得能完全解释这些启示真理的奥秘。

哈蒙德(T. C. Hammond)对圣经默示和道成肉身的精辟比较,值得在此大段引用:

神以活生生的方式所启示的那一位,是以奥秘的方式来到世间,无需有一位肉身的父亲介入。圣灵是神指派做成此事的使者。用文字写下来的启示,其形成过程也类似,无需借助人类哲学的抽象思维。圣灵再次充当神指派做成此事的使者。我们主的母亲仍是一个人,她看起来和任何一位母亲没有区别。唯一不同的是,神让她晓得,她所孕育的这个孩子是以色列长久盼望的救赎主。圣经书卷的作者仍是人,他们的经历看起来也很平凡，但他们有时候也意识到，神是通过他们传递给世界一个非常重要的信息（比如，"我当日传给你们的，原是从主领受的……"[林前 11：23]）。我们主的母亲马利亚，很可能通过正常的方式生了其他几个孩子。圣经书卷的作者很可能还写过其他的私人书信，但它们没有被列入正典。更重要的是，所有学生都要明白这个事实，就是我们主神人二性的位格是合一的，是不可用人类的任何分析工具割裂的。圣经记载中没有任何一个场合，我们能说这一次**完全**出于他的**神性**，或者那一次**完全**出于他的**人性**。他的二性在一个不可分解的位格当中联合起来。从马槽到十字架，对主的认识和描述务必从这个角度进行。类似地，尽管这种对应关系并非完全一致，但如果能注意到，在圣经中神人两个作者的元素如此和谐地结合在一起，以至于我们几乎无法确切地分析出所记载的内容完全是出于人的元素，那么就可以避免很多不纯正的思想、不必要的疑惑和对信心的伤害。②

我们也应当留意，圣经的神人双重性指的是它的作者身份，而非它的本质。我们恭敬地聆听圣经的话语，以它为写下来的神的话，但我们敬拜道成肉身的神子耶稣。

36

---

② T. C. Hammond, *In Understanding Be Men*: *An Introductory Handbook of Christian Doctrine*, rev. and ed. David F. Wright, 6th ed. (Leicester: Inter-Varsity Press, 1968), 34 - 35.

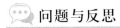 **问题与反思**

1. 一个已死了的人给同样已死了的人的信（比如，保罗给加拉太信徒的书信）如何能对现代人有意义？

2. 除了以上所列的经文，你能否再列出一些经文说明圣经有双重作者？

3. 如果忽略或否认圣经写作过程中人类作者的成分，我们会不会有任何损失？如果只是说，"神写了圣经"，这会不会太简单化了？

4. 如果你承认圣经的双重作者，哪些要素可防止你在每一个地方发现隐藏的"属灵含义"？

5. 耶稣的神人二性与圣经的神人双重作者有什么相似和不同？

进深学习

Carson，D. A. "Approaching the Bible." In *The New Bible Commentary*：*21st Century Edition*，edited by D. A. Carson et al.，1 - 19. Downers Grove，IL：InterVarsity Press，1994.

Erickson，Millard J. *Christian Theology*. 2nd ed. Grand Rapids：Baker，1998. (See chap. 10，"The Preservation of Revelation：Inspiration，" 224 - 245). (中文版参见埃里克森：《基督教神学》，郭俊豪、李清义译，台北：华神，2000年。——编者注)

Marshall，I. Howard. *Biblical Inspiration*. Grand Rapids：Eerdmans，1982. 这本书已由 Regent College Publishing 再版。

问题 4
圣经有误吗 ❓

断言圣经有误的人并不少见。然而,这种观点与圣经自身的宣称及基督教会在历史上的观点并不一致。当我们说圣经无误时,这到底意味着什么?既然圣经里有所谓的不一致之处,我们怎能支持圣经无误这个断言?

表达无谬误的词汇

直到 17 世纪中期,基本上所有自称是基督徒的人都承认,圣经所断言的一切都是完全真实的。然而,随着启蒙运动高举人类理性,一些人开始怀疑先前被看为神圣不可侵犯的经文。有人开始按照人类理性来评判启示(也就是圣经),并以在他们看来是合理或可能的为标准,拒绝和批判圣经的不同部分。许多持这类批判观点的人，一边想和基督教会保持某种联系，一边又想当真理最终的裁决者。当然，在重重挑战中，教会对圣经完全真实性的历史见证依然坚立，尽管反对者至今不绝。[1]

在过去的 50 年中，基督徒对圣经真实性的辩论不断升温，随之发展出一套词汇，用来概括对此教义的不同观点。以下是一些常用术语。

38

- **无谬误**。无谬误的教义，或声称圣经是无谬误的，意思是圣经在其作者断言的一切事上是完全真实的——不论是地理、年代或神学方面的细节都是如此。持无谬误论的人肯定整本圣经字句默示论的观点。也就是说，尽管在撰写圣经时人类作者具有思维能力，神却监督写作的整个过程，确保写下来的**每一个字词**都是根据他的旨意。这就使每一个字词都受到神圣的保护，毫无错误。古德恩（Wayne Grudem）对此下了一个很有帮助的定义："圣经的无谬误是指，圣经的原稿绝不肯定任何与事实相反的事。"[2]类似地，肯尼思·坎茨（Kenneth Kantzer）写道："简单地说……无谬误表示圣经告诉我们真理，它绝不会告诉我们谬误。"[3]

---

① 针对圣经无谬误的挑战不断出现。为无谬误辩护，回应当代批判，请参考 G. K. Beale, *The Erosion of Inerrancy in Evangelicalism：Responding to New Challenges to Biblical Authority* (Wheaton, IL：Crossway, 2008)。
② Wayne Grudem, *Systematic Theology：An Introduction to Biblical Doctrine* (Grand Rapids：Zondervan；Leicester：Inter-Varsity Press, 1994)，90.
③ Kenneth S. Kantzer, foreword to *Encyclopedia of Bible Difficulties*, by Gleason L. Archer (Grand Rapids：Zondervan，1982)，7.

- **真确性**。根据现代词典的解释，"真确"一词意味着"没有犯错的能力"。④ 然而，这个词在当代关于圣经的争论中含义更为狭窄。宣称圣经的真确性就等于说，在神学或信仰的领域上圣经毫无错误。这种观点有时也叫作"有限的无误性"。拥护圣经完全无谬误的人，当然也会肯定圣经的真确性，但并非每个肯定圣经真确性的人，都拥护圣经完全无谬误。"真确"一词的含义要弱一些，本身并不包含圣经是**完全**无误（有意的或无意的，神学的或非神学的错误）的宣告。那些不了解**真确**一词狭义内含的人，可能会不经意地把它当作**无误性**的同义词。

- **默示**。宣称圣经是神所默示的，也就是说神以某种方式参与了圣经的写作。如果没有作进一步澄清，这一断言会比这个术语本身更模糊。一些人宣称圣经是神所默示的，他们也认为其他非圣经文本同样是被默示的，或者认为神今天还在用同样的方式给人默示。主张圣经无谬误的人宣称，圣经是以一种独特的、完全字句的方式由神默示。关于默示的不同观点的简短讨论，可以参考问题 3（"谁写了圣经——是人还是神？"）。

- **新正统神学**。顾名思义，新正统神学意味着"新的正统"，这个术语是用来描述 20 世纪 20 年代到 60 年代的一场神学运动。39 新正统神学家一般都主张，神通过他大能的作为在历史中启

---

④ 这是韦氏官网词典对 *infallible* 的第一个定义，www.merriam-webster.com（2008 年 3 月 31 日上网检索）。

示了他自己,但会出错的人类却不完美地记载了这些作为。根据新正统神学家的说法,当这些记载被重新宣告出来,人与永生的神有了存在性的相遇时,它们就变成了神的话。尽管新正统神学不再是一个引人注目的运动,但新正统神学家的作品(比如卡尔・巴特[Karl Barth],埃米尔・布龙纳[Emil Brunner])仍旧发挥着影响力。

* **可靠的/真实的/有权威的**。有时批判者说,像无谬误、真确这类词并不能从圣经中找到,并且这些词错误地聚焦在否定的方面(也就是,没有错误)。他们问,用一些正面的、历史性的术语,例如**真实的、可靠的**或**有权威的,**岂不是更好吗? 这种正面的肯定固然有益,但现代对于圣经的争论,已经使准确用词,比如像**无谬误**(并进一步解释**无谬误**的意思是什么,不是什么),变得很有必要。稍微浏览基督教神学历史,就可以看到人们常常需要用新的总结词汇和限定条件来驳倒神学谬误。

圣经的自我宣称

我们在圣经中所找到的大量宣告和认定,都指明圣经在其断言的一切事上都是完全真实的(有意的或无意的宣告,神学上的或非神学上的信息都是如此)。以下是几处有关经文,并有一些解释性的评论。

- 《民数记》23：19："神非人，必不至说谎；也非人子，必不至后悔。他说话岂不照着行呢？他发言岂不要成就呢？"如果神是完全信实的，圣经是神对人说的话（来 1：1—3），那么因为圣经就是神的话，所以它也是完全信实的。

- 《诗篇》12：6："耶和华的言语是纯净的言语，如同银子在泥炉中炼过七次。"《诗篇》和《箴言》充满了关于神话语之完美的反复颂赞。特别参见《诗篇》119 篇。

- 《提摩太后书》3：16："圣经都是神所默示的，于教训、督责、使人归正、教导人学义，都是有益的。"这节经文宣称，虽然圣经有人类作者，但是他们写下的话最终必须归因于神所呼出的气（默示）。

- 《彼得后书》1：21："因为预言从来没有出于人意的，乃是人被圣灵感动，说出神的话来。"这处经文再次提醒我们，记载在圣经中的每个字词都是神要写下来的确切字词。

- 《约翰福音》10：35："经上的话是不能废的。"在耶稣的教导和辩论中，他再三诉诸旧约圣经，显然默认那些经文在所报告的一切事上都是完全真实的。耶稣引用了旧约圣经的许多人物和事件，坚信所有细节都是事实。虽然耶稣常常批判人们歪曲了圣经的意思，但他从未质疑圣经本身的真实性。⑤ 像（福音书中所记载的）耶稣一样，所有新约圣经的作者都把他们所

---

⑤ 见 John Wenham 的权威研究，*Christ and the Bible*, 3rd ed. (Grand Rapids：Baker，1994)。

引用的旧约圣经看为一部具有历史准确性的著作。⑥

- 《希伯来书》1：1—2："神既在古时借着众先知多次多方地晓谕列祖，就在这末世，借着他儿子晓谕我们，又早已立他为承受万有的，也曾借着他创造诸世界。"如果神之前预先的启示（旧约圣经）是完全真实的（"神说"），那么神在基督里启示的顶峰，更是应当被接受为完全可信和具有权威性的。

基督教会的历史观点

从 19 世纪末到 20 世纪，圣经的真实性问题成为美国基督徒的一道主要分水岭。经过这场辩论，出现了宗派分裂，新的宗派、学校和宣教机构建立了。一些否认圣经无谬误的人声称，所谓圣经无谬误实际上是现代新教保守人士的发明，而非基督教会的历史见证。⑦作为回应，人们已经拿出压倒性的证据证明这种观点是错误的。虽然我们在初期教会、中世纪或改教时期的教会中找不到"无谬误"这个术语，但无谬误这个**概念**或**观念**，是历世历代教会一直持守的立场。⑧ 从 1977—1988 年，圣经无谬误的拥护者通过国际圣经无误协

---

⑥ 见 Grudem 对四福音书之外所列的参考书目（*Systematic Theology*，94）。

⑦ 见 Jack B. Rogers and Donald K. McKim，*The Authority and Interpretation of the Bible：An Historical Approach*（San Francisco：Harper & Row，1979）；类似的观点，见 Russell H. Dilday，*The Doctrine of Biblical Authority*（Nashville：Convention Press，1982），57 - 59。

⑧ 见 John D. Woodbridge，*Biblical Authority：A Critique of the Rogers and McKim Proposal*（Grand Rapids：Zondervan，1982）。Erickson 同意此说："教会在整个历史上一直都相信圣经没有任何错谬。"（Millard J. Erickson，*Christian Theology*，2nd ed. ［Grand Rapids：Baker，1998］，252）同样，请看《芝加哥圣经无误宣言》第 16 条："我们确认：圣经无误的教义，是教会从古至今的重要信仰。我们否认：圣经无误的教义是新教经院哲学的发明，或是为回应否定性的高等批判而设定的。"

会,推出并签署了三份关于圣经无谬误和释经的正式宣言。⑨　其中 41
最重要的是《芝加哥圣经无误宣言》(1978),该宣言至今仍是对无谬
误定义的一块试金石。

无谬误的限定条件

为避免产生误会,无谬误的教义必须加上恰当的解释和限制条
件。以下是关于这个教义的一些重要限制条件。

1. **无谬误只针对圣经原稿**。⑩ 没有人会否认,圣经的每一本希
   伯来文或希腊文抄本都有一些抄写错误(特别是数字)。然
   而,因为有大量的希腊文和希伯来文抄本,并且它们被小心翼
   翼地流传下来,所以我们能够极准确地重建新旧约圣经的原
   始文字。⑪ 更多关于抄本准确性的细节,请阅读问题 5("圣
   经古代抄本是否被准确传递?")。

---

⑨ 根据 1980 年国际圣经无误协会的一份出版物,"国际圣经无误协会是一个成立于 1977
年,以加利福尼亚为基地的组织。该组织的目的是捍卫和应用圣经无谬误的教义,以
它为圣经权威一个必不可少的要素。这一教义对教会的健康也必不可少的。该协
会的建立,是为了反击福音派中很大一部分群体对此重要根基性教义的偏差,以及其
他教会运动对此教义的完全否定。"引自以下这本书封二: R. C. Sproul, *Explaining
Inerrancy: A Commentary*, ICBI Foundation Series, vol. 2 (Oakland, CA: International
Council on Biblical Inerrancy, 1980)。
⑩ 《芝加哥圣经无误宣言》第 10 条说:"我们确认:'默示',严格说来,仅是针对圣经原稿
说的。在神的护理保守下,从现存许多抄本可相当准确地确定原稿。我们更确认:圣
经的抄本与译本,如忠实表达原稿,即是神的话。我们否认:原稿不复存在,使基督教
信仰的主要内容受到影响。我们更否认:原稿的不复存在,使'圣经无误'的宣称变为
无效或无关紧要。"
⑪ Grudem 写道:"有了圣经中 99% 以上的字词,我们便知道原稿说的是什么。"(*Systematic
Theology*, 96)。D. A. Carson 列出了新约圣经 96%—97%的字词。("Who Is This Jesus? Is
He Risen?",一档由 D. James Kennedy 和 Jerry Newcombe 主持的纪录片[Fort Lauderdale,
FL: Coral Ridge Ministries, 2000])经文差异没有造成任何教义问题。

2. **无谬误尊重作者对经文的写作本意和文学惯例**。如果作者
的意图是按字面意思表达一段陈述,我们就应这样理解。同
样,如果经文是个比喻,我们就当按比喻去解释。我们必须
尊重作者想要达到的准确度,以及当时的文学传统惯例。比
如,在《马可福音》1:2—3,马可引用了三处不同的旧约经文
(出 23:20;赛 40:3;玛 3:1),他是这样开始的:"正如先知
以赛亚书上记着说。"如果按照我们现代关于引用的惯例,这
里就犯了一个错误,因为引言的一部分出自《出埃及记》和
《玛拉基书》。但是,早期的犹太人有时在引用合并的经文时
只会提到一位先知发言人。这样,我们就应当尊重马可时代
的文学惯例。⑫

3. **另一个例子是符类福音中事件发生的顺序**。显然,福音书作
者并不打算将耶稣服侍中发生的事件按照时间顺序记载下
来。⑬ 材料的顺序常常是按主题排列的。因此,当我们发现在
《路加福音》4:1—13 和《马太福音》4:1—11 中记载耶稣受试
探的顺序不同时,不要觉得奇怪。因为在《路加福音》中,圣殿

---

⑫ J. Marcus 写道:"这种把旧约经文合并的做法,与后旧约时代的犹太教,尤其是死海古卷的
做法很相似。"(*Mark 1-8: A New Translation with Introduction and Commentary*, AB 27 [New
York: Doubleday, 2000], 147)

⑬ 甚至帕皮亚(Papias, 约 70—155 年)也写道:"那位长老(也许是使徒约翰?)曾说,'自从
做了彼得的翻译,马可准确地记录下他所记得的一切,尽管没有按照基督说话或做事
的顺序。因为他既未听过主说话,也未跟从过他,但后来,正像我所说的,他跟从了彼
得,按需要整编了他的教导,但没有想过要按照顺序把主的话语整理出来。结果,马可
按自己记得的,把一些事记下来,这并没有什么错,因为他的唯一关注点,是不要漏掉
或错述他所听见的任何话。'"(*Fragments of Papias* 3.15 in *The Apostolic Fathers: Greek
Texts and English Translations*, ed. and trans. Michael W. Holmes, 3rd ed. [Grand
Rapids: Baker, 2007], 739-741)

是一个主题(例如,路 1：9,18：10,23：45,24：53;徒 2：46,5：20,26：21),所以,看来路加重排了耶稣受试探的顺序,把在圣殿高处的试探当成受试探的高潮。⑭ 或者,由于在《马太福音》中,山常常是一个象征(太 5：1,8：1,14：23,15：29,17：1,28：16),所以也可能是马太调整了试探的顺序。忠实释经的一个方面,就是尊重不同作者各自要强调的重点和目的,并在我们的教导和讲道中把原来的重点忠实地传达出来。

4. **无谬误允许部分叙述、解释和总结**。比如,一个发言人的话可能被人加以总结或解释,而不是一字不漏地复述。只要准确传达了发言人的意思,这个叙述就是完全真实的。还有,就像现代作者在写作时可能会选择省略某些细节或强调其他方面一样,圣经的作者也是从他们各自不同的角度去叙述同一事件。比如,约翰更多是叙述耶稣在耶路撒冷的服侍,而马太、马可和路加则侧重耶稣在加利利的巡回服侍。

5. **无谬误允许使用现象学的语言(也就是说,从作者观察和体验的角度去描述现象)**。人们经常从自身体验的角度,而不是客观的科学角度描述所看见的事件。因此,当说到日出时,我们不应该指责圣经作者是错的(诗 19：6),就像我们指责现代气象学家预告明天日出的时间一样。无论是《诗篇》作者还是气象学家,都并未否认太阳是太阳系的中心(日心说)。

⑭ "圣殿"一词在《路加福音》和《使徒行传》中出现了 46 次(NIV 译本)。

6. **无谬误允许人叙述,但并不支持这叙述的真实性(或并不暗示那个人所说的其他一切话都是真实的)**。《诗篇》14 篇说,"没有神"。当然,联系上下文,这节经文是说:"愚顽人说,'没有神。'"显然,在记录愚顽人的言谈时,《诗篇》的作者并不同意他们的观点。类似地,保罗(也可以包括路加,因为他记录了保罗的传道)在雅典人面前布道时引用异教徒作者的话(徒 17:22—31),但这并不表明他拥护埃庇米尼得斯(Epimenides)或亚拉图(Aratus)所写的其他一切话(徒 17:28)。

7. **无谬误不是说圣经对每个主题都提供确定的、详尽的信息**。例如,没有一个圣经作者试图在圣经中对软体动物进行分类或对亚原子物理学做一番讲解。圣经对这些事物稍有涉及,意在宣告神是万物的创造者,不管是海里的,还是亚原子里的,所以我们不能硬要在圣经提供的信息之外要求更多。比如,如果你想学习如何烘焙法式甜点,我没有可以提供给你的经文。不过,我会劝你凡事为着主的荣耀去行(西 3:17),也不要暴饮暴食(箴 23:20)。而且,我会很高兴试吃你做的甜点。

8. **无谬误并不因为口头的或非标准的语法或拼写而无效**。群体中的语言、文化、地理和经济状况不同,其间的拼写和语法也会有所不同,但这些不同并没有影响交流本身的真实性。正如古德恩所说,"一个住在穷乡僻壤、没受过什么教育的人,即便他的语法很差,他却可能是当地最值得信赖的人,因为他赢得了绝不会说谎的好名声。类似地,圣经中(原文)有几处经文不是那么符合语法（按照当时的语法标准），但因为它们是完全真实的，因此仍是无谬误的。问题的关键是说话的**真实性**。"[15]

对疑难经文的处理建议

以下是处理圣经中所谓有矛盾的经文的几点建议。

1. **确定你是在与真实的经文展开互动**。不要让别人出于无知的怀疑毒害你自己的思想。

2. **以信心而非怀疑的态度去读经**。研究基督教的真实性，这是值得鼓励的。[16] 基督教没有必要惧怕面对事实。到了一定时候，人们会认识到圣经具有内在的一致性，并且圣经所宣称的也常常被外部可验证的资料（比如其他古代文献、考古学等等）所证实。就像一桩健康的婚姻，一方信任配偶，就不会活在怀疑或猜忌中。同样，基督徒相信圣经所说的，即便有些地方找不到可证实的外在证据也是如此。比如，我们在圣经之外找不到任何关于东方博士拜访希律的记录（太 2：1—12）。然而，《马太福音》中记载的那个又嫉妒、又不信任别人的希律王的品格，却和圣经外的史料记录是吻合的（参见约瑟夫，《犹太古史》17.6.5）。

---

[15] Grudem, *Systematic Theology*, 92.

[16] 比如，见 Lee Strobel, *The Case for Faith：A Journalist Investigates the Toughest Objections to Christianity* (Grand Rapids：Zondervan, 2000)；Craig A. Evans, *Fabricating Jesus：How Modern Scholars Distort the Gospels* (Downers Grove, IL：InterVarsity Press, 2008)；and J. P. Moreland, *Scaling the Secular City：A Defense of Christianity* (Grand Rapids：Baker, 1987)。

3. **面对难解的经文时，要祷告**。神是一位爱护他孩子的慈爱父亲。耶稣教导说：

> 你们祈求，就给你们；寻找，就寻见；叩门，就给你们开门。因为凡祈求的，就得着；寻找的，就寻见；叩门的，就给他开门。你们中间谁有儿子求饼，反给他石头呢？求鱼，反给他蛇呢？你们虽然不好，尚且知道拿好东西给儿女，何况你们在天上的父，岂不更把好东西给求他的人吗？（太7：7—11）

4. **遇到难解的经文时，回想"无谬误的限定条件"（见上文）**。不要强求古代作者会和你拥有一样的标准（比如，要完全对等、逐字引用等）。

5. **遇到难解的经文时，要咨询**。把你的问题告诉你的基督徒朋友、牧师或教授。有时，当你把问题清楚地表达出来的时候，问题本身也就迎刃而解了。就你的问题去参考最优秀的福音派注释书。⑰

---

⑰ 推荐最佳的注释书的著作，请参看：Tremper Longman, *Old Testament Commentary Survey*, 4th ed. (Grand Rapids: Baker, 2007); and D. A. Carson, *New Testament Commentary Survey*, 6th ed. (Grand Rapids: Baker, 2007)。也可以查看 Gleason L. Archer, *Encyclopedia of Bible Difficulties* 或一本福音派研读版圣经，比如 *The Zondervan NIV Study Bible*, ed. Kenneth Barker et al., rev. ed. (Grand Rapids: Zondervan, 2008)[《新国际版研读本圣经》，米尔敦：更新传道会，1996 年。——编者注]；或者 *The ESV Study Bible* (Wheaton, IL: Crossway, 2008)[《圣经(新约)研修本》，南京：中国基督教两会，2015 年。——编者注]。

6. **把不能协调一致的经文暂时搁置，而不要去强解**。奥古斯丁

   （Augustine，354—430）关于如何以信心和耐心学习正典经

   文如此说道：

   > 我已经学会只给予圣经正典这种尊重和敬畏：我坚信
   > 唯有圣经作者是完全脱离谬误的。如果在这些记载当中，我
   > 因为任何看起来违反真理的言词而感到困惑，就会毫不犹豫
   > 地认为，要么是［抄本］出错了，要么是翻译的人没有抓住原
   > 文的意思，要么就是我自己还不能明白。[18]

问题与反思

1. 有没有人曾向你指出某处经文有所谓的错误，以此辩论圣经不可能是完全真
   实的？你当时是怎么回应的？

2. 你最感到困惑的圣经经文有哪些？

3. 为什么人们对圣经的真实性持不同意见——有人把它看作是神无谬误的话
   语，有人却认为是不可靠的自相矛盾的文献汇编？

4. 如果有个邻居告诉你，他不相信圣经，因为它"错误百出"，你会怎么回应？   46

5. 你有没有遇到过一个"不敬虔的无谬误主义者"（一个口头上承认圣经真实
   性，却没有敬虔行为的人）？圣经对这种人是如何说的？

进深学习

Archer，Gleason L. *A Survey of Old Testament Introduction*. Rev. ed. Chicago：

---

[18] Augustine，*Letter* 82.3. Translation by J.G. Cunningham，*NPNF1* 1：350.

Moody Press，1994.（中文版参见艾基新：《旧约概论》，梁洁琼译，香港：种籽
出版社，1985 年。——编者注）

————. *New International Encyclopedia of Bible Difficulties*. Grand Rapids：
Zondervan，2001.

Beale，G. K. *The Erosion of Inerrancy in Evangelicalism：Responding to New Challenges to Biblical Authority*. Wheaton，IL：Crossway，2008.

Blomberg，Craig L. *Making Sense of the New Testament：Three Crucial Questions*. Grand Rapids：Baker，2004.

Bruce，F. F. *The New Testament Documents：Are They Reliable?* 6th ed. Downers Grove，IL：InterVarsity Press；Grand Rapids：Eerdmans，1981.

Geisler，Norman L.，and Thomas Howe. *The Big Book of Bible Difficulties：Clear and Concise Answers from Genesis to Revelation*. Grand Rapids：Baker，2008.

Kaiser，Walter C.，Jr.，Peter H. Davids，F. F. Bruce，and Manfred T. Brauch. *Hard Sayings of the Bible*. Downers Grove，IL：InterVarsity Press，1996.

Kitchen，K. A. *On the Reliability of the Old Testament*. Grand Rapids：Eerdmans，2003.

《芝加哥圣经无误宣言》全文链接可通过维基百科查看。

问题 5
圣经古代抄本是否被准确传递 ❓

在与非基督徒讨论圣经时，我们可能会听到这样的反对意见："好吧，就算今天的圣经读起来是这样的，但大家都知道它已经发生了变化。"①这个反对意见有什么根据吗？我们怎么知道，今天我们手里的圣经忠实于受默示作者的原著？

📖 文本问题概览

旧约圣经最初是在公元前 1400—前 430 年间用希伯来文写成（也有少量亚兰文）。新约圣经是在公元 45—90 年间用希腊文写成。古

---

① 事实上，伊斯兰教护教者声称穆罕默德似乎接受新旧约圣经（《古兰经》3：3），但是他们争辩说圣经文本后来出现讹误。当然，我们现在有早于穆罕默德（约 570—632 年）两百多年的新旧约圣经完整抄本。尽管这些抄本存在异文，但它们和现代圣经翻译的基础文本基本上一致。

老文献的原始版本叫原稿（*autographa*）。圣经书卷的所有原稿都已经丢失或被毁坏，但是数以千计的古老抄本流传了下来。对比和研究这些抄本以恢复原稿文字的过程叫文本批判（textual criticism）。文本批判在 16 世纪的欧洲开始大行其道，基于几个原因。第一，印刷机在 15 世纪中期开始引入，使得同一本书可以印刷出很多一模一样的副本——这便于对不同抄本进行整理和比较。[②] 第二，在欧洲开始了文艺复兴，导致人们对古代语言、文化和文本产生很大兴趣。第三，新教改革和天主教的反改革运动都从学术的角度关注圣经。

48

文本批判学持续发展，并且，由于 19 世纪与 20 世纪发现了更多古老抄本而达到高潮。像任何科学一样，文本批判也非常复杂（比如，为了准确确定一份手稿的日期和辨认字迹，就需要借助考古学、古文书学和语言学的专业知识）。同时，不管是自由派还是保守派，大多数学者都认同，文本批判有助于确保旧约和新约圣经手稿可靠地传递。优秀的圣经学者卡森（D. A. Carson）指出，新约圣经手稿按照原稿修复的准确率高达 96%—97%。[③] 而且，不确定的文本都

---

② 第一本（用印刷机）印刷的希伯来文旧约圣经出现于 1488 年。红衣主教希梅内斯（Cardinal Ximenes）主持下印刷的希腊文新约圣经（康普路屯多语圣经）于 1514 年完成。第一本印刷出版的希腊文新约圣经是 1516 年伊拉斯谟（Erasmus）的版本。详见 Paul D. Wegner, *The Journey from Texts to Translations：The Origin and Development of the Bible* (Grand Rapids：Baker, 1999)，266 - 267。

③ 卡森认为，"几乎所有的文本批判学家都承认，希腊文新约圣经至少有 96%，甚至 97% 是绝对确定、毫无争议的。"（见 D. James Kennedy 和 Jerry Newcombe 主持的一部纪录片："Who is This Jesus? Is He Risen?"［Fort Lauderdale, FL：Coral Ridge Ministries, 2000］）Klein, Blomberg 和 Hubbard 也有类似的评论，"有人评估说，大约 97%—99% 的原文新约圣经可以通过现存的抄本得到重建，所以新约圣经不存在任何站得住脚的疑点。旧约重建后的正确率要稍低一些，但至少超过了 90%。"（William W. Klein, Craig L. Blomberg, and Robert L. Hubbard, *Introduction to Biblical Interpretation*, rev. ed.［Nashville：Thomas Nelson, 2004］,122）

不影响基督教教义。也就是说,无需诉诸有争议的文本,基督教的
所有教义都可以牢固建立。多数有待解决的文本问题,只有轻微或
根本没有教义方面的意义。

现代圣经译本(比如 ESV,NIV,NLT 等)附有关于重要异文的
脚注。比如,你会看到类似于"有些抄本说……"或"多数早期抄本
不包括……"的评注。快速浏览一下这些脚注,就会发现还存在哪
些有争议的文本问题。

古老文本的抄写过程

因为我们的现代文化对技术先进的交流方法习以为常,所以我
们有时会质疑古老的文学作品的生产方法。尽管如此,我们应该认
识到,古代的犹太拉比和早期基督徒抄经员通常在抄写圣经经文
时,表现出极大的精确性。犹太抄经员使用一套复杂的体系来计算
手稿的字数,检查偶有出现的异文。[④] 同样地,基督徒抄经员也非常
谨慎,常常请多位校对人员检查抄本错误。即便如此,所有手抄本
都不可避免存在一些异文,但大多数古老的旧约和新约圣经抄本都
显示了高度惊人的准确性。

旧约圣经

49

1947 年,人们在死海附近的洞穴里发现了隐藏的古代犹太文献

---

④ 见 Wegner, *Journey from Texts to Translations*,167,171 – 172。

的第一部分。据说，一个年轻的阿拉伯牧羊人把一块石头扔进一个洞穴，听到了陶罐（保存古老经卷的坛子）被打碎的声音，随即就搜查了这个洞穴。洞穴中发现的经卷看起来属于犹太教的一个派别，即艾赛尼派。这个派别的成员住在死海附近的犹大旷野，生活在一个主张分离主义的群体里。当艾赛尼派在公元 70 年左右躲避发动攻击的罗马人时，他们为现代文本批判学者留下了一座文本宝库。除了大量有趣的宗派文献和其他经外文献，学者还找到了除《以斯帖记》和《尼希米记》以外的所有旧约圣经书卷。这些抄本后来被称为死海古卷。这些文献代表了大约从公元前 250—公元 50 年间的手稿及其副本。在死海古卷发现之前，现存最重要的希伯来文旧约圣经抄本是列宁格勒抄本（1008 年）和阿勒坡抄本（约 900 年）。死海古卷把希伯来文抄本的证据向前推进了 1000 年。⑤

　　尽管死海古卷在文本方面并不是完全没有令人困惑的地方，但它们还是证实了希伯来文圣经书卷是被细致、忠实地抄写下来的。列宁格勒抄本保存的旧约圣经和死海古卷（公元前 250—公元 50 年），基本上与现代英译本所依据的希伯来文基础抄本一致。任何重要的文本异文都会出现在现代译本的脚注中，有时异文前面注有缩略语"DSS"（死海古卷）。耶路撒冷希伯来大学的学者塔尔蒙（Shemaryahu Talmon）断言，即便把已知旧约圣经所有手稿及其异文考虑进去，"应该强调的是……不同抄本中文本上的差别和错误

---

⑤　然而，我们的确有很多七十士译本（旧约圣经的希腊文译本）的抄本，它们早于列宁格勒和阿勒坡抄本好几个世纪。

只在很少情况下影响内在的信息"。⑥

　　除了古老的希伯来文抄本,我们还有其他语言如希腊文、拉丁文和叙利亚文等的旧约译本的抄本。旧约圣经的古老译本,有时有助于解开一个难解的希伯来词和短语。更重要的是,这些文本有时有助于指出古希伯来文本中的异文(也就是说,它们译自一个和我们现在所知道的版本不同的希伯来文文本)。如果翻译者认为早期翻译的版本更能保留希伯来文原文的词语,他们就可能会在他们的英文译本中使用那个词语,或用脚注指出这处异文。再说一遍,可以参见任何相关的圣经脚注,看看它沿用的是马索拉抄本(希伯来文)、死海古卷、希腊文抄本(七十士译本),还是叙利亚抄本。如果你的圣经没有这样的脚注,可以在网上(www. bible. org)参照免费的《新英文译本》(NET),查看广泛而详细的翻译注解。

50

▷ 新约圣经

　　即便是从圣经本身,我们也能找到新约圣经被抄写和传阅的证据(西 4:16;帖前 5:27;彼后 3:15—16)。当不断增加并多次抄写时,某种统一抄写的趋势就体现在不同的文本系列中,这通常是以地域来分类——比如,西部、亚历山大、拜占庭和该撒利

---

⑥ Shemaryahu Talmon,"The Old Testament Text," in *The Cambridge History of the Bible: From the Beginnings to Jerome*, ed. P. R. Ackroyd and C. F. Evans (Cambridge: Cambridge University Press, 1970),1:162.

亚地区。说希腊语的拜占庭帝国是一个一直需要和生产更多新约圣经希腊文抄本的区域，所以拜占庭文本系列抄写得最多。然而，多数学者认为，拜占庭文本系列并不代表最早或最可靠的文本。

通过对比不同文本传统中的古代证据，我们能以极大的准确性接近原稿的字句。当说到文本系列和手抄本异文时，在这方面没有研究的读者可能会对古老抄本异文的数量和意义匆忙下错误的结论。多数异文对新约圣经整个统一的信息影响甚微，甚至毫无影响。在给中级希腊文学生上文本批判课的过程中，我发现，对文本批判的详细研究能够帮助学生增加对圣经的信靠。

我们大概有近 6000 份新约圣经的古老抄本或部分抄本（图表 4

图表 4　西奈抄本的《约翰福音》开篇

西奈抄本是公元 4 世纪晚期的抄本，查看抄本全文，请登陆网页：www. codexsinaiticus. org。

是一张最著名抄本的照片）。⑦ 现存最古老的新约圣经残篇大约写于公元 130 年。⑧ 圣经有大量的早期文本证据，这是其他任何古老文学作品望尘莫及的。对古典文学颇有研究的布鲁斯（F. F. Bruce），在将新约圣经的文本证据与古希腊罗马文学名著比较后写道：

　　　如果我们将新约圣经文本材料与其他古老历史著作相比较，或许就会领略到前者的抄本证据是何等丰富。比如，凯撒的《高卢之战》（*Gallic War*，写成于公元前 58—前 50 年）还有几份尚存的抄本，但只有 9 或 10 份较完整，并且最古老的也是凯撒之后约 900 年才出现的抄本。李维（Livy，公元前 59—公元 17 年）写的《罗马史》，142 卷中流传下来的只有 35 卷。有关的抄本不超过 20 份，其中只有 1 份最古老的文本（包含第 3 卷到第 5 卷的残篇）能追溯到 4 世纪。塔西佗（Tacitus，大约公元 100 年）的《历史》有 14 卷，只有 4 卷半保存下来。他的《编年史》有 16 卷，只有 10 卷是完整的，2 卷部分保存下来。他的这两本最著名的历史著作现存部分的文字，都完全依赖于两份抄本，一份写于 9 世纪，另一份写于 11 世纪。他的次要作品（《关于演说家的对话》《阿古利可拉传》《日耳曼尼亚志》）的现存抄

51

---

⑦ 最新的记录是 5752 份抄本，这一数字每年还在增加（Daniel B. Wallace，《21 世纪新约圣经文本批判的挑战》，2008 年 11 月 20 日于福音神学协会在美国罗得岛州普罗维登斯召开的第 60 届年会全体会议上的发言）。Wallace 是新约圣经手稿研究中心（www.csntm.org）的执行主任。

⑧ 《约翰福音》18：31—33,37—38，John Rylands 藏品残篇。

本，可追溯到 10 世纪的一个抄本。我们是从 8 份抄本知道修昔底德(Thucydides，约公元前 460—前 400 年)的《伯罗奔尼撒战争史》，最早的一份抄本也是写于约 900 年，还有几份纸莎草残片，写于基督教早期。希罗多德(Herodotus，约公元前 488—前 428 年)的《历史》也是如此。然而，没有任何一位古典文学学者会愿意听别人辩论说，因为希罗多德和修昔底德著作的最早抄本，晚于原作 1300 多年以后才出现，所以这两位历史学家的著作真实性就是可疑的。⑨

52　📖 文本异文示例

为了更直观地感受古代抄本中出现的异文，我们会列举几个例子。这些例子选自新约圣经，旧约圣经中也可以找到类似的例子。⑩

📖 无意的错误

根据一项统计，95%的文本异文是偶然的——由于抄经员誊抄时疲累或不胜任造成的无心之错。⑪ 这些异文包括：⑫

---

⑨ F. F. Bruce, *The New Testament Documents: Are They Reliable*, 6th ed. (Downers Grove, IL: InterVarsity Press; Grand Rapids: Eerdmans, 1981), 11.

⑩ 旧约圣经中的例子，见 Wegner, *Journey from Texts to Translations*, 180–181。

⑪ Arthur G. Patzia, *The Making of the New Testament: Origin, Collection, Text and Canon* (Downers Grove, IL: InterVarsity Press, 1995), 138.

⑫ 以下材料摘自 Patzia, *The Making of the New Testament*, 138–146。

1. **看错**。有时，抄经员誊抄时会反复地前后对照原本查阅。这种方法不可避免地会看错。比如，他把相近的字母抄混了，错误地分开一些词（最古老的圣经希腊文抄本中词和词之间是没有空格的），重复了某些词或者某些部分（也就是说，同样的话抄了两遍），偶尔漏掉了某些字母、单词或章节，或者把词的字母顺序或句子中词的顺序搞错了。

2. **听错**。有时，抄经员根据听写誊抄时（也就是说，抄经员抄写时，有人在诵读经文），由于听不准确而出错。比如说，把元音、双元音或其他的音听错（例如，在英语中，把"knight"写成"night"）。

3. **写错**。有时，抄经员因写错而造成错误。例如，抄经员可能不小心在词尾多加了一个字母，导致不同的意思。

4. **判断失误**。有时，抄经员判断失误，无意中把书边的注解（古代的脚注）抄入经文，或者偶尔做出其他类似的错误判断，结果改变了经文。

有意的错误

余下 5% 的文本异文，其错误是抄经员有意为之的。这些改变包括：

1. **修改语法和拼写**。为了使语法和拼写标准化，抄经员在抄写过程中有时会纠正在他们看来错误的拼写或语法。

2. **统一相似的段落**。抄经员倾向于统一平行的段落,使风格一致化。比如,几卷福音书中有关同一事件的细节,可能会在抄经员抄写任何一本福音书时被加进去。我在教授中级希腊语时,发现一个很有趣的现象,学生在翻译带有**耶稣**名字的段落时,有时会不自觉地加入**主**或**基督**。他们这么做时当然不是为了推崇一种更高等的基督论,而只是在提到救主时采用了一种一致的表达。古代抄经员的做法与此类似。

3. **消除明显的差异和难点**。有时,抄经员会修正他们认为是错误的地方。比如,《马可福音》1:2—3,有些抄本引用的合并经文开头是"众先知",而非像马可写的"以赛亚"。关于这处经文及其差异问题的进一步讨论,详见问题 4"圣经有误吗?"。

4. **合并经文**。有时,当抄经员知道他据以抄写的抄本中有不同说法时,他就会把这些不同说法都包括进他的抄本中,并把它们合并在一起。

5. **适应不同的礼仪传统**。在少数几个孤立的地方,有可能是教会礼仪(就是指风格化的祷告或赞美)影响了抄经员对经文的加添或字词的改变(比如《马太福音》6:13,"因为国度、权柄、荣耀,全是你的,直到永远。阿们。")。

6. **做出神学或教义的改变**。有时,抄经员会做一些神学或教义上的改变——要么省略他们认为是错误的,要么添加一些清晰的说明。比如在《马太福音》24:36,有些抄本省略了关乎子也不知道再来日期的内容,这显然是一处难懂的经文。⑬

当然,因为许多古代抄本都有自己的处理方式,文本批判学者可以忽略以上大部分的异文,也没有必要在现代译本中引述大多数异文。如果你想知道更多关于抄本异文的详细讨论,可以查阅文本批判的参考书、新旧约圣经的文本批判版本和学术性的注释书(见问题 13,"对释经有帮助的书籍或工具有哪些?")。

早期基督教正统信仰和其他古代抄本

一些追求轰动效应的文章断言,旧约和新约圣经仅仅呈现了那些在古代犹太教和早期基督教教义论战中获胜方的观点。换句话说,古代犹太教和早期基督教曾有过多种对立的宗教观。胜利方(一神犹太教或正统基督教)就会改写历史,而战败方则无权参与。在学术界,这种观点的代表是沃尔特·鲍尔(Walter Bauer)写的《早期基督教的正统和异端》(*Orthodoxy and Heresy in Earliest Christianity* [German Original:1934])。在大众层面,这种观点体现在丹·布朗(Dan Brown,*The Da Vinci Code**)和巴特·埃尔曼(Bart Ehrman,*Misquoting Jesus***)充满阴谋论主张的作品中。这些

---

⑬ 这处经文与其他几处一样(比如,约 4:6),看似从人性的角度谈论耶稣,但并不是要否认他神性的全知和全能。有人则认为这处经文表明,在耶稣升天之前,他把某些神性权利放在一旁(也就是虚己论)。
* 丹·布朗:《达·芬奇密码》,朱振武等译,北京:人民文学出版社,2013 年。——编者注
** 巴特·埃尔曼:《错引耶稣》,黄恩邻译,北京:生活·读书·新知三联书店,2013 年。——编者注

观点基于对圣经的极端怀疑，在更客观的评估下，它们根本站不住脚。全面反驳这种非正统观点，远超过了本书的写作范围，但如果你想进一步了解，请阅读达雷尔·博克（Darrell L. Bock）的《失落的福音书》（*The Missing Gospels*，回应鲍尔和布朗）、提摩太·琼斯（Timothy Paul Jones）的《错引真理》（*Misquoting Truth*，回应埃尔曼的《错引耶稣》）和克雷格·埃文（Craig Evan）的《编造耶稣》（*Fabricating Jesus*）。[14]

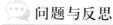 问题与反思

1. 在此之前，你有没有想过旧约和新约圣经古代抄本的传递问题？如果想过，是什么引起了你的兴趣？

2. 当读圣经时，你是否会看处理文本异文问题的脚注？为什么？

3. 你学到的关于圣经抄本传递的新内容是什么？

55 4. 你读过巴特·埃尔曼的《错引耶稣》或丹·布朗的《达·芬奇密码》等作品吗？或者你遇到过受到他们作品影响的人吗？

5. 还有哪些关于文本异文或文本批判的问题，是你还不明白的？

 进深学习

Bock，Darrell L. *The Missing Gospels：Unearthing the Truth Behind Alternative*

---

[14] Darrell L. Bock, *The Missing Gospels：Unearthing the Truth Behind Alternative Christianities*（Nashville：Thomas Nelson，2006）；Timothy Paul Jones, *Misquoting Truth：A Guide to the Fallacies of Bart Ehrman's Misquoting Jesus*（Downers Grove，IL：InterVarsity Press，2007）；and Craig A. Evans, *Fabricating Jesus：How Modern Scholars Distort the Gospels*（Downers Grove，IL：InterVarsity Press，2008）.

Christianities. Nashville：Thomas Nelson，2006.

Bruce，F. F. *The New Testament Documents*：*Are They Reliable?* 6th ed. Downers Grove，IL：InterVarsity Press；Grand Rapids：Eerdmans，1981.

Evans，Craig A. *Fabricating Jesus*：*How Modern Scholars Distort the Gospels*. Downers Grove，IL：InterVarsity Press，2008.

Jones，Timothy Paul. *Misquoting Truth*：*A Guide to the Fallacies of Bart Ehrman's Misquoting Jesus*. Downers Grove，IL：InterVarsity Press，2007.

Kaiser，Walter C. *The Old Testament Documents*：*Are They Reliable and Relevant?* Downers Grove，IL：InterVarsity Press，2001.

Wegner，Paul D. *The Journey from Texts to Translations*：*The Origin and Development of the Bible*. Grand Rapids：Baker，1999.

问题6

谁决定圣经包含的书卷 ❓

　　正典是指基督徒认为有神独特权威和默示的确定书目。希腊文 *kanōn*（正典）一词原意是指"芦苇"，或者是"度量的杖"，后来才变为"规范"或"原则"。[①] 虽然正典书卷数目有限这个观念在很久以前就有（申 31：24—26；但 9：2），但最先使用希腊文 *kanōn* 指代基督教特定的神所默示书卷书目的人，似乎是亚历山大主教阿塔那修（Athanasius，约 352 年，《尼西亚公会议法令》，5.18）。[②] 最先使用 *kanōn* 一词的教会公会议是老底嘉公会议（363 年）。[③] 随后，这个词

---

① *Kanōn*（正典）一词源于希伯来文 *qāneh*，意思是"芦苇"或"茎"。见 H. W. Beyer，"καυων"，*TDNT*，3：596 - 602。

② 尽管此次公会议关于新约圣经正典的书目和我们现有的相符合（除了缺少《启示录》），多数学者还是认为这个清单是后来增订的版本（Bruce M. Metzger，*The Canon of the New Testament：Its Origin，Development，and Significance* [Oxford：Oxford University Press，1987]，210）。

③ 引自 R. K. Harrison，*Introduction to the Old Testament* (Grand Rapids：Eerdmans，1969；Peabody，MA：Prince [Hendrickson]，1999)，261。

很快就被广泛接纳和使用。④

对于新教而言，正典并不是得到授权的书卷集（即指教会授权或许可的书卷书目），而是有权威性的书卷集。由于圣经书卷是神独特默示的作品，所以有着固有的权威性。正典形成的过程，就是承认这一固有权威的过程，而非外部授权的过程。

大多数基督徒没有思考过圣经书卷得到认可的过程，只是理所当然地接受了正典。通常，基督徒只有当面对完全否认圣经正典的人（非基督徒），或者认为正典包含不同书卷的人（比如，罗马天主教教徒接受次经属于正典），才会深入思考这个问题。到底是谁决定了旧约圣经要有 39 部书卷，新约圣经要有 27 部书卷呢？他们是在什么时候、为什么选择了这些书卷而没有选择其他的呢？正典已经确定了吗？还可以再加入其他书卷吗？

旧约圣经正典

旧约圣经的 39 部书卷大约写于公元前 1400—前 430 年。关于哪些书卷要被确定为旧约圣经而哪些书卷应被弃绝的讨论，我们没有详细资料。看起来，一些书卷的权威性很快得到承认，这是因为它们自我验证的性质，或者内中先知的话已经得到应验（出 24：3—7；申 18：15—22；但 9：2）。其他一些书卷可能花了些时间编辑，或

---

④ David S. Dockery, *Christian Scripture*：*An Evangelical Perspective on Inspiration*，*Authority and Interpretation*（Nashville：Broadman & Holman，1995），89.

者过了一段时间才获得完全承认(赛 30：8；篇 25：1)。沃特·凯瑟
(Walter Kaiser)这样总结旧约圣经正典形成的历史："正典的认可过
程始于最初的诵读人和听众,他们是作者的同时代人,所以他们处
于非常有利的情形之下,来决定作者所言是否可信。"⑤显然,到耶稣
的时代,多数犹太人已经对他们自己的正典达成了共识——这和我
们今天的旧约圣经书目是一致的。

耶稣时代的撒玛利亚人(半犹太血统)只承认经过编辑的摩西
五经(旧约圣经的前五部书)为他们的圣经,但是犹太人从不把撒玛
利亚人看作是亚伯拉罕的正统后代(太 10：5—6；路 17：18)。撒都
该人在耶稣生活的时代人数虽不占优势,却代表主流信仰,他们把
摩西五经以外的书卷视为权威性较小的或者较少默示的(太 22：
23；徒 23：8)。耶稣否认撒都该人的看法,按当时的做法支持犹太
人的三重正典(律法书、先知书和圣著)(路 24：44 提到《诗篇》。《诗
篇》在整个圣著中篇幅最长,有时就被用来指代整个圣著)。对基督
徒来说,承认旧约圣经 39 部书卷为正典是一件相对容易的事。他
们可能会说,"耶稣和使徒都承认那时犹太人的希伯来文圣经正典。
作为耶稣的跟随者,我也应该承认"。

在近期历史上,有些旧约圣经学者声称,直到公元 90 年雅尼亚
(又称吉伯尼,Jamnia or Jabneh)会议之前,犹太人的正典并未最终
形成。⑥ 但是,**公会议**(council)一词和某一具体日期是容易误导人

---

⑤ Walter C. Kaiser Jr., *The Old Testament Documents：Are They Reliable and Relevant?*
(Downers Grove, IL：InterVarsity Press, 2001),31.
⑥ H.H. Graetz 似乎最先提出了这个观点(*Kohélet oder der Salominishe Prediger* (转下页)

的。实际上,在公元 70 年罗马人摧毁耶路撒冷圣殿之后,犹太拉比 59

在雅尼亚就不同议题展开讨论,持续了 60 年之久。[7] 后来关于雅尼亚犹太拉比讨论的再研究,更多支持了传统基督教的观点,即正典早在公元 1 世纪就已经被多数犹太人确定下来了。[8] 雅尼亚只是提供了一个场所,讨论旧约圣经中的难解经文,但并未公告任何对正典带有约束力的决定。[9] 约瑟夫宣称,与我们现代旧约圣经内容一致的犹太人正典,早在波斯王亚达薛西(公元前 465—前 423 年)时代就被确定了。约瑟夫和耶稣时代的犹太人排定的希伯来文圣经与我们今天的不同,最终形成 24 卷,相当于我们今天的 39 卷(见图表 5)。[10] 约瑟夫对希伯来文正典(见下一页)的陈述很有说服力。很难理解为什么我们不去相信他毫不含糊的宣称,而要接受那些空洞的现代重建理论。

（接上页）[Leipzig: Winter,1871],160 - 163),后继者是 H. E. Ryle (*The Canon of the Old Testament* [London: Macmillan, 1892])。最近的例子可以参见 Bernhard Anderson, *Understanding the Old Testament*, 4th ed. (Englewood Cliffs, NJ: Prentice-Hall, 1986), 641。有关正典构成的自由派理论,同样把旧约圣经的成书时间推后了许多。

[7] Jack P. Lewis, "Jamnia (Jabneh), Council of," *ABD* 3: 635 - 636.

[8] Jack Lewis 写道:"[吉伯尼会议上]做了一项包括全部圣经的有约束力的决定,这种老调看起来充其量不过是猜想而已。"("What Do We Mean by Jabneh?" *JBR* 32 [1964]: 132)根据 Sid Leiman 的说法:"认为吉伯尼会议最终定下了圣经正典,或者决定了哪一部书卷为正典,这一观点得不到证据支持,也无需再认真坚持。"("The Canonization of Hebrew Scripture: The Talmudic and Midrashic Evidence," *Transactions of the Connecticut Academy of Arts and Sciences* 47 [Hamden, CT: Archon, 1976], 124)

[9] 不得不承认的是,当时的确有少数犹太人质疑一些书卷(例如《雅歌》《传道书》)的合理性,但事实上,这种质疑甚至继续存在于今天的一些犹太学者当中。布鲁斯给吉伯尼会议作了最中肯的评价,他写道:"[吉伯尼会议的参与者]决定要承认为正典的那些书卷,尽管曾经出现过一些争议,但已经被广泛接纳。那些他们拒绝承认为正典的书卷,从来就没有被纳入正典。他们没有从正典中排除任何以前被承认是正典的书卷。就像 J. S. Wright 说的,吉伯尼会议'是对公共意见的肯定,而非塑造'。"(F. F. Bruce, *The Books and the Parchments*, rev. ed. [London: Marshall Pickering, 1991], 88 - 89)

[10] 约瑟夫把《士师记》和《路得记》当做一卷书,《耶利米书》和《耶利米哀歌》当做一卷书,故此书卷总数就被减到了 22 卷。

◈ 新约圣经正典

与旧约圣经正典相比,我们对新约圣经书卷被正式确定的过程了解得更多。在讨论正典时,早期教会坚持,被承认的书卷必须具有以下特点:

- **使徒性**。由使徒(公认亲眼见证耶稣作为的人)或与使徒关系密切的人亲笔撰写。

60

- **大公性**⑪。即便不是普世的,也至少被众教会广泛承认。

- **正统性**。不和已被承认的任何使徒书卷或教义相矛盾。

> 非基督徒犹太历史学家约瑟夫(公元 37—100 年)在谈论希伯来文正典时如此写道:"因我们没有无数互相矛盾、彼此冲突的书卷(像希腊人有的那样),而只有包含着记录过去一切的 22 部书卷。我们相信它们是神圣的,其中 5 部是摩西写的,包括神的律法和从人类起源直到摩西死时的传统。这一历史时期将近 3000 年。从摩西之死到薛西斯之后的波斯王亚达薛西之间,摩西之后的众先知把发生在各自时期内的事件记载下来,共形成 13 部书卷。余下的 4 部书卷包含了向神吟唱的诗歌和人类生活行为的准则。确实,我们的历史自从亚达薛西王开始就记载得很详细,但这段历史没有被看成与我们先辈以前的作品有同等权威,因为自那时之后就没有先知的传承。此外,我们的民族坚定地相信这些书卷,这通过我们的行为表现出来,因为在已经过去的悠久历史中,没有人敢贸然给它们加添什么,或删减、改变什么。所有犹太人从出生就有一种自然倾向,把这些书卷尊崇为含有神圣的教义,并坚持按此生活,如果有机会,他们也愿意为之献身。"(《驳阿皮安》[*Against Apion* 1. 38 - 42,Whiston 译本])

---

⑪ **大公性**的意思是普世的。这个词在这里的用法不应该混淆于一些人用它指称基督教不同流派(比如,罗马大公教会[罗马天主教])。

第一个与我们今天新约圣经 27 卷书完全一致的正典书目，是公元 367 年阿塔那修在他的复活节书信中(《书信》39)提到的书目。两次早期教会会议(希波会议，公元 393 年；迦太基会议，公元 397 年)证实了这份 27 卷书的书目。 61

哈蒙德的以下表述虽然过于简化，但它对新约圣经正典形成的总结还是有用的。

- 新约圣经书卷写成(公元 45—100 年)。
- 它们被收集起来并在众教会中传诵(公元 100—200 年)。
- 它们被仔细考证，并与伪作对比(公元 200—300 年)。
- 达成完全一致的意见(公元 300—400 年)。⑫

学生们有时会感到不解，因为他们发现公元 367 年阿塔那修书信之前没有更早的、与现在新约圣经完全一致的正典目录。然而，我们必须铭记几个事实。第一，到了公元 90—100 年，所有新约文件都已被看作是有权威的，并在众教会中传诵(西 4：16；彼后 3：16)。第二，从最早的后新约圣经时代的基督徒作品(使徒教父著作)中可以清楚看出，默认的正典是存在的。从教父们频繁地引用经文可以看到，使徒教父把一种独特权威归于后来被称为新约圣经

---

⑫ T. C. Hammond, *In Understanding Be Men: An Introductory Handbook of Christian Doctrine*, rev. and ed. David F. Wright, 6th ed. (Leicester: Inter-Varsity Press, 1968), 29. 哈蒙德认为，新约圣经书卷的形成日期在公元 50—100 年，所以我在这里把他的时间调整了 5 年。此外，关于正典的争论在东方持续的时间更长。

的书卷。[13] 第三，由于当时没有统一的教会等级制度，并且文件是用手抄写的，所以教会为哪些书信是真正的使徒性书卷而争辩，就不足为奇了。优西比乌提到他那个时代把书卷分为三大类——普遍承认的、备受争议的和伪作。[14] 第四，我们必须留意，在公元 4 世纪罗马帝国皇帝归信基督教之前，早期基督徒团体之间在地理位置上相距甚远，并且他们还遭遇逼迫，这使得彼此交通、聚在一起讨论和做出决定几乎是不可能的。

贝克(Baker)、雷恩(Lane)和迈克尔斯(Michaels)的评论很恰当：

62

图表 5　公元 1 世纪希伯来圣经顺序	
犹太圣经 （24 部书卷）	基督教旧约圣经 （39 部书卷）
律法书	**历史书**
创世记 出埃及记 利未记 民数记 申命记	创世记　　　路得记 出埃及记　　撒母耳记上下 利未记　　　列王纪上下 民数记　　　历代志上下 申命记　　　以斯拉记 约书亚记　　尼希米记 士师记　　　以斯帖记
先知书	**智慧书**
前先知书 约书亚记 士师记	约伯记 诗篇 箴言

[13] John Barton 写道："新约圣经大多数著作的重要意义早在 2 世纪早期就确立了。"(*Holy Writings*，*Sacred Text*：*The Canon in Early Christianity*［Louisville, KY：Westminster John Knox，1997］，64)

[14] Eusebius，*Historia Ecclesiastica* 3. 25. 1 - 5.

撒母耳记 列王纪	传道书 雅歌
后先知书 **大先知书** 以赛亚书 耶利米书 以西结书 **小先知书** 何西阿书—玛拉基书(12卷)	
圣著	**先知书**
诗篇 约伯记 箴言 路得记 雅歌 传道书 耶利米哀歌 以斯帖记 但以理书 以斯拉记—尼希米记 历代志	**大先知书** 以赛亚书 耶利米书 耶利米哀歌 以西结书 但以理书 **小先知书** 何西阿书—玛拉基书(12部)

　　当我们想到,事实上,几乎所有教会都逐渐承认同样 27 部 　63

书卷为新约圣经正典,而这结果并不是人为谋划的,那么这一

事实就非同一般。整个帝国的众教会所能做的,只是见证他们

自己使用这些文件的经历,分享他们关于这些文件起源和特性

的认识。考虑到不同文化背景,以及教会内对基督教信仰之本

质理解的角度多种多样,能够就哪些书卷属于新约圣经达成

共同一致的意见，就暗示这一最后决定绝不单单来源于人的层面。⑮

除了以上关于正典形成历史的合理问题之外，基督徒思考圣经正典的方法还基于某些前设。如果神能够在旧约圣经中把自己先前的启示准确地保留下来（这是由耶稣证实的），那么这启示的顶点——他儿子的位格和教训——怎么可能不被记录并保留下来呢？（来 1：1—2）的确，耶稣应许使徒们，圣灵要与他们同在，让他们准确地想起他说过的话，并且进一步向跟随他的人传达必要的信息（约 14：26）。

次经

罗马天主教徒和正教基督徒（东正教、俄国正教、埃塞俄比亚正教等）的旧约圣经中，有不被新教基督徒承认的一些书卷⑯（见图表 6）。新教基督徒称这些书卷为 Apocrypha（次经，字面意思是"隐藏的"），而罗马天主教徒称之为 deuterocanonical（第二正典，字面意思是"其次的"，因为它们是在后期才被正式承认属于正典——以区别于原始正典[protocanonical]或"首先被奉为正典"的经卷）。这些书卷是犹太人大概在两约之间的 500 年间写成的（公元前 430—公元 40 年）。

---

⑮ Glenn W. Barker，William L. Lane and J. Ramsey Michaels，*The New Testament Speaks*（New York：Harper & Row，1969），29.
⑯ 见 Hans Peter Rüger，"The Extent of the Old Testament Canon,"*BT*40（1989）：301 - 308。

新教基督徒不承认次经为圣经,有以下几个原因。

1. 这些书卷的犹太作者也从未把它们纳入他们的正典。这是
   一个很有力的论据,因为撰写和保存这些书卷的犹太人,把
   它们和已承认的希伯来文圣经分成不同类别。的确,次经自
   身的评论也把这一时期的作者和受神默示、已经沉默良久的
   先知区别开来(《马加比一书》4:41—46,9:27,14:40)。

图表 6　不同基督教传统的正典		
新教	罗马天主教	希腊东正教
旧约	旧约	旧约
摩西五经(创到申) 先知书 前(书到王上下) 后大(赛,耶,结) 小(十二部) 圣著	摩西五经(创到申) 先知书 前(书到王上下) 后大(赛,耶,结) 小(十二部) 圣著	摩西五经(创到申) 先知书 前(书到王上下) 后大(赛,耶,结) 小(十二部) 圣著
	次经	次经
	多比传 犹滴传 以斯帖记补编 所罗门智训 便西拉智训 巴录书(及耶利米书信) 亚撒利雅的祷告 苏撒拿传 贝耳与大龙 马加比一书 马加比二书	多比传 犹滴传 以斯帖记补编 所罗门智训 便西拉智训 巴录书(及耶利米书信) 亚撒利雅的祷告 苏撒拿传 彼勒与大龙 马加比一书 马加比二书 以斯德拉一书(或以斯拉记三)

续　表

新教	罗马天主教	希腊东正教
		玛拿西的祷告 马加比三书 马加比四书(附录) 诗篇 151
新约	新约	新约
福音书 使徒行传 保罗书信(及希伯来书) 一般书信 雅各书—犹大书 启示录	福音书 使徒行传 保罗书信(及希伯来书) 一般书信 雅各书—犹大书 启示录	福音书 使徒行传 保罗书信(及希伯来书) 一般书信 雅各书—犹大书 启示录

65

2. 次经含有很明显的事实错误,而且从新教基督徒的观点来看,它也有神学上的错误(比如为死人祷告,见《马加比二书》12:43—45)。[17]

3. 直到 1546 年的特兰托公会议,罗马天主教才正式承认次经属于正典。事实上,武加大译本(1000 多年来,是罗马天主教正式的拉丁文圣经)的译者哲罗姆(Jerome,340—420)宣称,次经能造就基督徒,但"不可用来奠定教会教义的权威"。[18] 在特兰托公会议上,罗马天主教认可次经,是为了回应当时新教领袖呼吁基督徒回归符合圣经的基督教,除去后来的加添和歪曲。罗马天主教把次经算入他们的旧约圣经正典,有时是加入整

[17] 错误的例子,见 Paul D. Wegner,参见表 8.4("Inaccuracies in the Apocryphal Books") in Paul D. Wegner, *The Journey from Texts to Translations: The Origin and Development of the Bible* (Grand Rapids: Baker, 1999),125。
[18] Jerome, *Prologus Galeatus*, as cited in Gleason L. Archer, *A Survey of Old Testament Introduction*, rev. ed. (Chicago: Moody Press, 1994),81n.8.

卷书,有时是把部分次经加进新教人士承认为正典的书卷(比如,《但以理书》有三个附加部分——《亚撒利雅的祷告》《苏撒拿传》以及《贝耳与大龙》)。这些附加经卷和合并部分,就使罗马天主教的旧约圣经正典增加到 46 部书卷。[19]

4. 虽然新约圣经中一些有争议之处暗指次经,但新约圣经作者从未引用过次经作为经文(即采用模式化的"经上说")。相反,旧约圣经几乎每一卷书都被引用过。[20]

次经有助于理解新约圣经背后动荡的历史背景和文化变迁。比如,阅读《马加比一书》和《马加比二书》,我们就可以了解修殿节的起源(约 10：22 有所提及)。次经还包括一些有趣的故事(比如,《多比传》可以拍成一部很精彩的迪斯尼电影;《苏撒拿传》和《贝耳与大龙》,读起来就像侦探小说)。次经其他部分读起来像是《诗篇》及《箴言》(比如《便西拉智训》)。事实上,新教基督徒有时候不经意间会唱一些根据次经写成的赞美诗(比如《夜半歌声》依据《所罗门智训》18：14—15,《齐来谢主》依据《便西拉智训》50：22—24)。不过,宗教改革领袖带领教会回到对次经最初的理解,认为它是有趣的,有时还是有益的,但并非默示的文字,这显然是明智之举。[21]

66

---

[19] *Catechism of the Catholic Church* (Liguori, MO：Liguori Publications, 1994), 34.

[20] Gleason Archer 指出,除了《路得记》《以斯拉记》和《雅歌》以外,旧约圣经几乎每一卷书都被新约圣经引用或暗指过(*A Survey of Old Testament Introduction*, 83n. 16)。多数旧约圣经书卷都是毫不含糊地被引用。

[21] 在宗教改革时期,路德宗和英国国教安立甘宗(与加尔文派及重洗派相反)更愿意宣称,次经有益于灵修。(Norman L. Geisler and Ralph E. MacKenzie, *Roman Catholics and Evangelicals：Agreements and Differences* [Grand Rapids：Baker, 1995], 157n. 1)

正典确定成形了吗？

根据初期教会对正典的看法（使徒性、大公性和正统性——见前文），正典绝不可能再有添加。比如，即便突然发现了使徒保罗的一封真实而又正统的书信，但这封书信没有在早期教会中被广泛传阅（也就是，不可能宣称它是大公性的），所以，它就不能被纳入正典，故此圣经的正典已经确定成形了。

问题与反思

1. 在阅读本章之前，你曾经研究过正典吗？是什么引起你研究这个问题的兴趣？

2. 请解释"得到授权的书卷集"和"有权威性的书卷集"的区别。这个区别重要吗？

3. 如果一位罗马天主教信徒问你："你们新教信徒为什么把一些书卷从圣经里删去？"你会如何回应？

4. 一个人有没有可能是基督徒，却对正典的理解有误（比如埃塞俄比亚正教徒对正典的理解）？请加以解释。

5. 读完以上对正典的概览，你还有什么问题没弄明白吗？

进深学习

Archer, Gleason L. *A Survey of Old Testament Introduction*. Rev. ed. Chicago: Moody Press, 1994 (see chap. 5, "The Canon of the Old Testament," 75–88).

Bruce，F. F. *The Books and the Parchments*. Rev. ed. London：Marshall Pickering，1991.

————. *The Canon of Scripture*. Leicester and Downers Grove，IL：InterVarsity Press，1988.（中文版参见布鲁斯：《圣经正典》，刘平、刘友古译，上海：上海人民出版社，2008 年。——编者注）

Carson，D. A.，and Douglas J. Moo. *An Introduction to the New Testament*. 2nd ed. Grand Rapids：Zondervan，2005（see chap. 26，"The New Testament Canon，"726 - 743）.（中文版参见 D. A. 卡森、道格拉斯·J. 穆尔：《新约导论》，沈小龙、张杰克等译，上海：同济大学出版社，2017 年。——编者注）

Geisler，Norman L.，and Ralph E. MacKenzie. *Roman Catholics and Evangelicals：Agreements and Differences*. Grand Rapids：Baker，1995（see chaps. 9 - 10）.

Harrison，R. K. *Introduction to the Old Testament*. Grand Rapids：Eerdmans，1969；reprint，Peabody，MA：Prince（Hendrickson），1999（see part 4，section 4，"The Old Testament Canon，"260 - 288）.

Wegner，Paul D. *The Journey from Texts to Translations：The Origin and Development of the Bible*. Grand Rapids：Baker，1999（see pp. 101 - 151）.

67

问题 7
哪个英文圣经译本最好 **?**

人们一旦发现我是新约教授，就会问我他们感兴趣的宗教问题。最常见的问题是：你会推荐哪个英译本圣经？我大女儿出生时，主治医师竟然在我妻子生产过程中问我这个问题！只可惜我并没有因此而享受医药费打折。

◈ 圣经的原文

圣经最初以三种语言写成，历时近 1500 年（大约前 1400—公元 90 年）。旧约主要以希伯来文写成，另有少部分亚兰文，而新约是用希腊文写成。由于旧约的部分内容已经提前被翻译成少数其他语言（主要是希腊文），所以，随着基督教福音开始传入其他文化，整本圣经被迅速翻译成了许多语言——叙利亚语、科普特语、埃塞俄比亚语、拉丁语等等。

英语的历史

　　任何一种活的语言都处在变化之中。现代英语（Modern English，语言学家所命名）的历史并不是很古老——仅有几百年之久。英语这一语言的"爷爷"是古英语（Old English），它是盎格鲁-撒克逊方言，由 5 世纪日耳曼诸部落征服英国时带来（"英语"一词来自"盎格鲁"［Angles］，盎格鲁是这些部落中的一支）。后来，征服者威廉（William the Conqueror）在黑斯廷斯战役（1066 年）中击败日耳曼部落，威廉以及其他诺曼征服者也带来了法语的影响力。打个比方说，英语的盎格鲁-撒克逊爷爷娶了一位法国太太。日耳曼语和法语联姻，所生的"混血儿"从 11 世纪成长到 15 世纪，就成为人们所知的中古英语（Middle English，即现代英语的父亲）。拉丁语，作为几百年来教会使用的官方用语，也对英语语言的发展产生了一些影响。

70

英语圣经历史

　　从公元 7 世纪到 11 世纪，尽管教会的官方语言是拉丁语，却有一小部分圣经被翻译为古英语（盎格鲁-撒克逊语言）。1382 年，著名的教会改革领袖约翰·威克里夫（John Wycliffe，1330—1384）把整本圣经翻译成他那个时代的英语（中古英语）。这个译本根据拉丁文武加大译本翻译，而且是用手抄写的，因为当时印刷术还没有传到欧洲。① 威克里夫的跟随者继续呼吁按照他们在圣经中看到的真理改革教会和君主政体。教会神职人员和国王很快意识到，英文版圣经的存在是对现实的威胁。在 1414 年，阅读英文圣经被定为死罪（即被判死刑）。1428 年，威克里夫的尸体被挖出来，并被象征性地施以火刑。②

1526 年，威廉·丁道尔（William Tyndale，1494—1536）首次出版了印刷机印制的英文新约圣经——直接从希腊文翻译的。丁道尔在欧洲大陆印刷新约圣经，然后偷运到英国。最早的印刷版全本英文圣经出现于 1535 年，该圣经被称为科弗代尔圣经（Coverdale Bible），因为它是在丁道尔的助手科弗代尔的主持下出版的。丁道尔被国王亨利八世的手下抓获，1536 年他先是被绞死，而后尸体又被挂在柱子上焚烧。有记载说丁道尔临死前大声祷告："主啊，开英王的眼睛！"仅仅过了一年，丁道尔的祷告便蒙应允，因为国王下令准许发行英文圣经（关于早期英文圣经译本的概况，见图表 7）。在此之后的 100 年间，大量英译圣经问世，其中绝大多数都是在丁道尔开创性工作之基础上进行翻译的。

现代英文圣经

在过去 100 年，尤其是过去 50 年间，出现了许多质量上乘、值得信赖且可读性很高的英文圣经。现代英语世界的人比过去任何世

① 1454 年欧洲才开始使用印刷术，而中国人在此前很久就掌握了印刷术。
② 正如一位朋友所言，这当然比活活烧死要好。

代的人都面临更多译本的选择。与其问"哪个译本最好",倒不如承认所有译本都各有其优缺点。事实上,基督徒最好拥有多种译本。唯一可称为"糟糕译本"的是那些异端群体翻译的译本,比如新世界译本(NWT)。这是"耶和华见证人"的译本,旨在把有关基督神性的经文从圣经中剔除掉。

图表 7　早期英文圣经译本

时间	作品	描述
1382 年	威克里夫译本	第一本完整英文圣经(手写),基于武加大译本
1526 年	丁道尔译本	第一本印刷版英文新约圣经,译自希腊文
1535 年	科弗代尔译本	第一本印刷版全本圣经,主要参考丁道尔译本、几个德文版本以及武加大译本
1537 年	马太译本	由约翰·罗杰斯(John Rogers)* 编辑,第一本得到正式许可出版的英文圣经。参考了丁道尔译本和科弗代尔译本。
1539 年	大圣经	经科弗代尔修订之后的马太译本,参考丁道尔译本、希伯来文圣经和希腊文圣经。
1560 年	日内瓦圣经	新约部分是修订后的丁道尔译本,旧约部分在参考希伯来文圣经的基础上修订。第一本对经文进行分节的英文圣经。脚注极具加尔文主义色彩。
1568 年	主教圣经	根据大圣经修订,由一个安立甘宗主教委员会完成。
1610 年	杜埃-海姆斯版圣经	罗马天主教学者从武加大译本直译。
1611 年	钦定本圣经	由一个包含很多学者的委员会翻译。

---

* 马太是其笔名。——编者注

◈ 翻译理念

圣经翻译有两种主要理念,而所有译本都处在对立二者中间的某个位置(见图表8)。一端是功能对等(functionally equivalent),有时被称为动态对等(dynamically equivalent,或译为"灵活对等")。这种翻译理念力求准确传达原文意思,却又不执着于保持对等的单词数目或对应的语法结构。新普及译本(NLT)是体现功能对等翻译理念的一个值得信赖的译本。③ 另一端是形式对等(formally equivalent),这种翻译理念力求尽可能保持原文的单词数目和语法结构。由于不同语言差别很大,所以形式对等方法几乎不可避免地导致生硬的英语风格。新美国标准译本(NASB)和英文标准译本(ESV)属于形式对等译本。新国际版(NIV)介乎两种翻译理念之间靠近中间的位置,比英文标准译本更加功能对等,却比新普及译本更加形式对等。

如果是阅读大段经文(比如,一年读完一遍圣经),读者可以选择功能对等译本。如果是逐节仔细研究,可以选择偏重形式对等的译本。如果是在讲道或教导中向别人解释某一难解经文,有时需要引用其他译本来清楚呈现经文的意思。另外,在个人研经时,经常参考多种译本有助于加深理解。一个值得推荐的方法是,经常阅读不同版本,以便让经文如清风拂耳。

---

③ 2008 年 10 月出版的新译本《声音》(*The Voice*)尽管被宣传为动态对等译本,却似乎已经偏向意译本(paraphrase)。再者,《声音》译本似乎过多受到新兴教会运动之神学的影响。

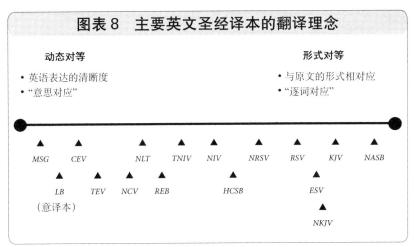

图表 8　主要英文圣经译本的翻译理念

动态对等
- 英语表达的清晰度
- "意思对应"

形式对等
- 与原文的形式相对应
- "逐词对应"

MSG　CEV　NLT　TNIV　NIV　NRSV　RSV　KJV　NASB

LB　TEV　NCV　REB　HCSB　ESV

（意译本）

NKJV

资料来源：Clinton Arnold，"It's All Greek to Me：Clearing Up the Confusion About Bible Translations，"*Discipleship Journal* 132（*November-December* 2002）：35。

意译本

　　意译本（paraphrase）圣经并不是真正意义上的圣经译本，而是灵活地表达出圣经文本的意思。意译本圣经通常出自一人之手，更多是对原文的解释性评述，而不是功能对等的翻译。有时，某个意译本圣经努力把圣经叙事放置在某个亚文化中讲述。《街头圣言》（*The Word on the Street*）是出自罗伯特·莱西（Robert Lacey）之手的圣经意译本，他用"城市表演艺术"的方式重述圣经故事。克拉伦斯·乔丹（Clarence Jordan）的著名圣经意译本棉布译本（*The Cotton Patch Version*），将耶稣的事工放置于 20 世纪 50 年代的美国南方，以白人至上主义者代替法利赛人，以非洲裔美国人代替撒玛利亚人。毕德生（Eugene Peterson）的信息版圣经（*The Message*）试图以丰富多

73

彩的日常用语,清晰解释圣经中的模糊经文。

最早的当代圣经(*Living Bible*)是泰勒(Kenneth Taylor)针对美国标准译本(1901 年完成的形式对等译本)所作的意译。泰勒利用每日乘坐通勤车的时间,为自己的孩子们创作了这一圣经的意译本。④（但请注意,新普及译本［NLT］并非意译本,而是一个功能对等译本。)与意译本截然相反的是,圣经译本总是基于希腊文和希伯来文文本,由包括很多学者组成的译经委员会完成。委员会阻止对圣经的狭隘解释,并保证最后的作品是一个译本,而不是沦为改变圣经意思的解释或释义。

钦定本圣经

最好的圣经译本是基于最可靠的旧约和新约古代抄本(见问题 5："圣经古代抄本是否被准确传递？")。钦定本圣经不值得高度推荐,原因有二。一是该译本并非基于最好的抄本;二是 17 世纪的英语对绝大多数现代人而言很难理解。不幸的是,很多宾馆放置的圣经以及其他赠送的圣经都是钦定本圣经。它诚然是那一时代的优秀译本,但现在已经被许多现代译本所超越——不论是在可读性方面,还是在忠于原始抄本方面。有人激情澎湃却错误地声称,钦定本圣经是所有英文圣经译本中最优秀的,但历史和语言学的事实都

---

④ Paul D. Wegner, *The Journey from Texts to Translations : The Origin and Development of the Bible* (Grand Rapids: Baker, 1999),372 - 373.

不支持这种观点。⑤ 对那些依然坚持这种认定的人,新钦定本圣经或许是个更好的选择。该译本采用了与钦定本圣经相同的抄本传统,但在语言上有些更新。

近年来的译本争论

近些年来,针对如何翻译通用代词以及类似的结构,在信仰保守的圣经翻译者当中展开了激烈的争论。例如,在较早的英文圣经以及古希腊文圣经中,代词**他**(希腊文 *autos*)经常用于泛泛指代男人和女人。50 年前,所有英语老师都会说:"如果哪位同学课后想找我谈话,他可以留在教室。"近年来,英语语言中出现一个变化,就是开始使用非正式的普通代词"他们"或"他们的"("如果哪些同学课后想找我谈话,他们可以留在教室。")或者颇为累赘地说:"如果哪位同学课后想找我谈话,他或她可以留在教室。"将 *autos*(他)翻译为"他或她",将 *anthrōpos*(man)翻译成"人",是否忠实地传递了原文的意思? 圣经翻译者对此争论不休。表面看来双方的争论非常激烈,然而实际上双方的观点相当接近。因为二者都承认:当原初受众听到圣经中具有性别特点的语言(gender-specific language)时,他们清楚知道那同样也指向女性。例如,所有圣经翻译者都认同,保罗写给教会中"弟兄"(*adelphoi*)的信实际上是写给所有基督徒的——既

74

---

⑤ 见 James R. White, *The King James Only Controversy*: *Can You Trust the Modern Translations*? (Minneapolis: Bethany, 1995)。

包括弟兄，也包括姊妹。然而，仍需思考这一问题：翻译圣经时应该把 *adelphoi* 一词翻译成"弟兄姊妹们"，还是翻译成"弟兄们"。"弟兄姊妹们"这一表述到底是解释还是翻译？正如你所看到的，这一争论涉及形式对等和功能对等这两种翻译理念的区别。青睐不带性别色彩之翻译（gender-neutral translations）的学者，通常更倾向于功能对等翻译理念。喜爱更严格表达上对应的学者，通常更偏向于形式对等翻译理念。然而无论如何，信仰保守且信奉圣经的学者都同意，指向上帝的希腊文和希伯来文的阳性代词，应该翻译成英文阳性代词（主格"他"，宾格"他"以及"他的"），因为上帝自我启示为"父"。

问题与反思

1. 你拥有哪个（哪些）圣经译本？（翻看一下圣经的前几页就可知道）你为什么使用这本（或这些）圣经？

2. 如果你们教会有自备圣经，是哪个版本？你是否曾经因某位信徒使用某个版本的圣经而对他妄加评判？

3. 你更喜欢读形式对等译本（字词对字词翻译），还是功能对等译本（意思对意思翻译），为什么？

4. 如果你要购买更多圣经译本以帮助你研读经文，你会选择哪个译本？

5. 在以下情况中你使用哪个圣经译本：（1）仔细研究每节经文；（2）送给国际学生；（3）与一群大学生一同在一年内读完整本圣经。

75

进深学习

Brake，Donald L. *A Visual History of the English Bible*：*The Tumultuous Tale of the World's Bestselling Book*. Grand Rapids：Baker，2008.

Fee，Gordon D.，and Mark L. Strauss. *How to Choose a Translation for All Its Worth*. Grand Rapids：Zondervan，2007.

Wegner，Paul D. *The Journey from Texts to Translations*：*The Origin and Development of the Bible*. Grand Rapids：Baker，1999.

White，James R. *The King James Only Controversy*：*Can You Trust the Modern Translations?* Minneapolis：Bethany，1995.

www. biblegateway. com（各种圣经译本的免费链接）.

www. multilanguage. com（英语之外语言的圣经和基督教资源）.

第二部分

研究圣经的总体方法

A 篇

关于解释方面的问题

问题 8
为什么释经很重要 ❓

　　虽然基督徒、摩门教徒和耶和华见证人阅读的是同一本圣经，但他们却可以得出令人吃惊、截然不同的结论。比如，基督徒相信只有一位神，这位神是昔在、今在、永在的三位一体（父、子和圣灵）的神。摩门教徒引用经文断言，圣经中的神只是诸神中的一位，并且就连我们自己，如果是男性，也能变成神。耶和华见证人声称，说耶稣或圣灵也是神的一个位格，这是亵渎。即便自称为基督徒的人，也在圣经是否以同性恋为罪的问题上意见严重分歧。另一方面，相信圣经的基督徒也会对旧约经文关于皮肤病的处理和古代以色列分地的方法感到疑惑（见问题 19："圣经所有的命令在今天都适用吗？"）。这些经文今天如何应用？显然，单单说"我相信圣经"是不够的。我们应该正确地解释圣经。

什么是解释?

解释一个文献,就是用口头或书面的方式阐述它的意思。进行解释本身就等于认定,一个文本的意思有正确和不正确的理解方式,因此我们必须小心,不要曲解了文本的意思。正确地解释一段经文,就是忠实地传达受圣灵默示的作者在经文中表达的意思,同时也不忽略神的意图(见问题 3,"谁写了圣经——是人还是神?")。

圣经表明了释经的需要

圣经中有大量经文都清楚证明,对经文的理解有正确和不正确之分。以下是一些例子,并附上简要说明。

- 《提摩太后书》2:15:"你当竭力在神面前得蒙喜悦,作无愧的工人,按着正意分解真理的道。"在这节经文中,保罗忠告提摩太要"按着正意"或者说"正确解释"(*orthotomounta*)真理的道,也就是圣经。这样的警告暗示,人有可能会错误地处理或解释圣经。

- 《诗篇》119:18:"求你开我的眼睛,使我看出你律法中的奇妙。"诗人祈求神让他明白圣经,并以圣经为乐。这表明,明白圣经并从中经历喜乐,并不是一件普遍或自然而然的事。

- 《彼得后书》3:15—16:"并且要以我主长久忍耐为得救的因

80

由,就如我们所亲爱的兄弟保罗,照着所赐给他的智慧写了信给你们。他一切的信上也都是讲论这事。信中有些难明白的,那无学问、不坚固的人强解,如强解别的经书一样,就自取沉沦。"从彼得的教训可以明显地看到,人有可能曲解圣经。彼得不仅没有纵容这种随意解经,还说曲解经文是一种后果严重的罪。

• 《以弗所书》4:11—13:"他所赐的有使徒,有先知,有传福音的,有牧师和教师。为要成全圣徒,各尽其职,建立基督的身体,直等到我们众人在真道上同归于一,认识神的儿子,得以长大成人,满有基督长成的身量。"如果每个人自然而然都能够正确理解圣经,神就没有必要设立领受教导恩赐的人,让他们来教训和造就教会。神在教会设立教导的职分,表明教会需要有人能够正确理解和解释圣经。

• 《提摩太后书》4:2—3:"务要传道,无论得时不得时,总要专心,并用百般的忍耐,各样的教训,责备人,警戒人,劝勉人。因为时候要到,人必厌烦纯正的道理,耳朵发痒,就随从自己的情欲,增添好些师傅。"保罗教训提摩太的话表明,圣经的启示有正确的传讲方法,但也会遭人强解。

81 ▶ 语言和文化表明需要释经

大多数人如果从《创世记》1:1 读到这样一句话:

בְּרֵאשִׁית בָּרָא אֱלֹהִים אֵת הַשָּׁמַיִם וְאֵת הָאָרֶץ׃

或从《马太福音》1：1 读到这样一句话：

Βίβλος γενέσεως Ἰησοῦ Χριστοῦ υἱοῦ Δαυὶδ υἱοῦ Ἀβραάμ.

他们马上就会发现需要经文翻译。在某种程度上，翻译是解释的最基本形态。一群新的读者对原文一窍不通，所以原文必须被翻译成一种新的语言。然而，文本翻译并不像用不同符号简单地重复数学公式。所有语言都有各自的文化因素和既定的历史背景，这使翻译不可能用完全相同的字数或确切平行的语法结构来置换。因此，有必要对文本进行额外研究、解释或阐述。比如，在《马太福音》1：18，马利亚和约瑟的关系被描述为"许配"，然而，下一节说约瑟正在思考要"休"掉马利亚。与现代美国人的订婚习俗不同，古代犹太人要通过离婚来解除婚约。当然，我们可以解释这个概念，但是，要翻译得精确却不容易。的确，即便我们用自己的语言进行交流，还是要经常用额外的解释来澄清含糊的概念。

　　好几年前，我了解到一些初信的中国基督徒当中有一种奇怪做法。这些初信者觉得，随身携带一个小小的木制十字架是真信心的标志。显然，他们这么做是出自《路加福音》9：23（"若有人要跟从我，就当舍己，天天背起他的十字架来跟从我"），后来他们逐渐以为，在口袋里放一个木制十字架是基督的命令。然而，"背起他的十字架"只是一个比喻，意思是要抛弃自己的野心和私欲，顺服基督的主权。

　　如果我们熟悉圣经记载的不同的年代、体裁、盼望及应验，就会更有信心来看圣经中的每一部分,相信圣经的统一性和神的计划之渐进展开(来 1:1—3)。很明显,一个对神总体目的有确定理解的人,会更好地理解故事的各个部分。当然,要想对圣经熟悉到这样的程度,需要付出时间来努力学习。

82　　有时,我们听人说圣经是它自己最好的解释者。这句话的意思是说,广泛的经文背景会帮助你正确理解任何一处经文。比如,如果不了解《约翰一书》整卷书,那么其中 5:6—7 就会显得晦涩难懂("这藉着水和血而来的,就是耶稣基督;不是单用水,乃是用水又用血,并且有圣灵作见证,因为圣灵就是真理")。一旦知道这封书信广义的语境,相信新约圣经信息的统一性,再了解一下初期诺斯替主义的文化背景,我们就可以合理地下结论说,这节经文是要确认基督的神性和人性,这可以从他受洗(水)和死亡/复活(血)中体现出来。①

正确理解作者原意,也是我们今天正确应用经文的基础。比如,《箴言》22:28 说:"你先祖所立的地界,你不可挪移。"地界是古代划定私人财产界限的标志,这节经文是指禁止不诚实获取邻居土地的行为。若更广泛地应用,这节经文是指神对任何暗中偷窃行为的不悦——不论是挪移一块古代的石头,还是参与电子邮件网络欺诈,或者任何其他的暗中行窃。我们必须从受文化影响的命令("你先祖所立的地界,你不可挪移")中提炼归纳出一般性原则("不要暗

---

① 见 John R. W. Stott, *The Letters of John*, rev. cd., TNTC 19 (Grand Rapids: Eerdmans; Leicester: Inter-Varsity Press, 1988),179 - 182。

中偷窃")。

　　谨慎的解释之所以重要,是因为人所相信的神学前提经常会影响解释。比如说,一些解经者有时坚持比喻性的语言应该按字面意思解释,尽管他们没有任何站得住脚的理由去这样做。[②] 通过谨慎的、符合圣经的解释,圣经学习者能够逐渐认识到别人的偏见,也能够渐渐承认和评估自己的释经偏好。

💬 问题与反思

1. 在阅读圣经时,你意识到错解圣经(也就是误解,或向别人解释时歪曲它的意思)的危险吗?

2. 解释圣经和解释其他文学作品有什么不同?

3. 回想一下你所读过或听过其他基督徒对圣经的解释。你认为谁的解释最可靠? 为什么?

4. 如何才能成为更忠实于圣经的释经者?

5. 你有没有意识到你研读圣经时所带的神学或解释偏见? 你可以根据圣经来为你的这种偏见辩护吗?

83

🖥 进深学习

Brown,Jeannine K. *Scripture as Communication*: *Introducing Biblical Hermeneutics*.

　　Grand Rapids: Baker,2007.

Fee,Gordon D.,and Douglas Stuart. *How to Read the Bible for All Its Worth*. 3rd

---

② 见 Richard D. Patterson 对比喻语言的巧妙阐释,"Wonders in the Heavens and on the Earth: Apocalyptic Imagery in the Old Testament," *JETS* 43, no. 3 (2000): 385 – 403.

ed. Grand Rapids：Zondervan，2003.（中文版参见戈登·菲、道格拉斯·斯图

尔特：《圣经导读：解经原则》，魏启源等译，上海：上海人民出版社，2013

年。——编者注）

Stein，Robert H. *A Basic Guide to Interpreting the Bible：Playing by the Rules*. Grand

Rapids：Baker，1994.

问题 9

教会历史上是如何解释圣经的 ❓

　　"忘记过去的人一定会重蹈覆辙。"①这是一句著名的格言。就像聪明的孩子从父母和祖父母的成败中学习功课一样，一个有智慧的基督徒也从他的信仰先辈——在他之前历代的基督徒——那里学习。历史上的基督徒是如何解释圣经的呢？我们从他们的方法中能学到什么呢？我们要在他们哪些失足之处格外当心？下面，我们试图概要性地回答这些问题。首先我们要指出，我们必须使用简单的概括才能在短短的篇幅内总览近两千年的释经史。关于更详细的分析，请阅读本章末尾所推荐的书目。

---

① George Santayana，*The Life of Reason or the Phases of Human Progress*：*Introduction and Reason in Common Sense*（New York：Charles Scribner's Sons，1905），284.

新约圣经中对旧约圣经的引用(公元 45—90 年)

基督徒解释圣经,最先见于新约作者对旧约圣经的引用。对这些经文的引用有以下几个特征:

1. 新约作者和叙述中的人物引用旧约圣经,视其为对神先前干预人类事务和传递信息的可靠记录(比如,太 12:40—41;罗 4:1—25)。[2] 对新约作者来说,圣经是神默示的、无谬误的话语(见问题四,"圣经有误吗?")。

86

2. 新约作者尊重他们所引用的经文上下文。有时,新约作者被错误地指责随意引用经文。但如果以认真和体谅的态度去检查他们对旧约经文的引用,就会知道那种指控是毫无根据的。[3]

3. 新约作者以预表弥赛亚的方式引用旧约圣经[更详细的阐述,可以参见问题 24,"如何解释预言?"(预表)]。这意味着,他们把神先前的启示看成是前瞻性的——启示随着弥赛亚耶稣的到来而达至顶峰。神先前的干预都指向耶稣的到来,展望在漫长历史之后出现的最终献祭、最终救赎、最终释放和最终解决罪之问题的方案。

4. 新约作者没有寓意性地引用旧约圣经。也就是说,他们并没有给旧约经文的细节加上原作者不会赞同的意思。诚然,新

---

[2] 见 John Wenham, *Christ and the Bible*, 3rd ed. (Grand Rapids: Baker, 1994)。

[3] 见 G. K. Beale 和 D. A. Carson eds., *Commentary on the New Testament Use of the Old Testament* (Grand Rapids: Baker; Nottingham, England: Apollos, 2007)。

约圣经中有一处经文(加 4：24)，保罗说到夏甲和撒拉可以按"寓意"或"比喻"理解为两个约，一个出于为奴的，一个出于应许的。即便在这里，保罗也没有宣称他是在解释相关的旧约经文，而是坦承自己是在提出一种反思，把它明确地归为比喻性的。

一些基督徒学者辩论，新约作者引用旧约经文的方法是否应该成为现代释经的规范。这里的主要问题是对旧约圣经预表性的使用，特别是广泛出现在《马太福音》和《希伯来书》中。似乎可以肯定地说，对旧约圣经进行任何预表性的解释，如果在新约圣经中没有明确加以认可，都要极其谨慎地对待。相反，我们应该关注经文的字面意思。④

基督徒学者讨论的另一个问题是，早期犹太人的解经方法，以及这种方法是否影响了耶稣和新约作者。不可否认的是，一些犹太人的解经(比如米德拉什[Midrash]和伯释尔[Pesher])常常偏离了作者的意图，有时甚至根据某个字词出现的次数，或者字母的形状提出一些不着边际的隐晦意思。⑤ 新约中引用旧约圣经时使用的弥赛亚式预表解经方法，与拉比异想天开的解释相去甚远，拉比的解释是根据米德拉什(拉比释经著作集)和伯释尔(昆兰人的解经

---

④ Richard N. Longenecker, *Biblical Exegesis in the Apostolic Period* (Grand Rapids: Eerdmans, 1975), 218-219.
⑤ Henry A. Virkler 和 Karelynne Gerber Ayayo, *Hermeneutics: Principles and Processes of Biblical Interpretation*, 2nd ed. (Grand Rapids: Baker, 2007), 45.

方法）。

寓意解经的兴起（公元 100—500 年）

新约圣经写成不久以后，很多早期教父就开始使用寓意解经方法。寓言是一种文学体裁，就是给文本的细节加上象征意义。比如，约翰·班扬的名著《天路历程》就是一种寓言体裁，其中每个人物都代表了基督徒生命的一个方面。考虑到作者的意图和读者的理解，寓言可以成为强有力的文学体裁。然而，当作者并没有这个意图，读者却按照寓意解释时，就可能发生误传作者意思的危险。以下是早期基督徒误用寓意解经的几个原因。

1. 早期基督徒沉溺于寓意解经的原因之一，是因为圣经本身在不多的地方使用了寓言这一体裁。是的，耶稣至少在一处比喻中使用了寓意性的解释（可 4：1—20；也参见太 13：24—30，36—43）。保罗似乎也使用过一次寓意解经（加 4：24，见上文）。显然，在新约圣经中当耶稣和保罗**有意**使用寓意时，读者若要按正意解释，就有必要尊重这一强有力的文学体裁。在释经时不合宜地使用寓意解经法，是问题所在。

2. 对历史和当代社会粗略一瞥就会发现，人性往往迷恋隐秘之事。人人都喜欢消息灵通，或了解更多事实真相。很可能的是，一些早期基督徒作者和演讲者把经文寓意化，是为了赢得能够传递神深层、奥秘之事的名声。同样，这种教导广受欢迎——不管是在古代还是现代——常常是受到对玄秘之事的喜好所驱使，反倒忽略了持守圣经显明的真理（比如，广受欢迎的《圣经密码》，或《达·芬奇密码》）。圣经确实声称启示了神的奥秘，但这是通过使徒清楚的宣讲启示出来的（林前 2：1—7）。

3. 或许最重要的是，寓意解经法是古希腊罗马时代对疑难宗教文本常用的解经方法。[6] 古希腊罗马诸神放荡、肆意的行为借用寓意解释，变得令人愉快和有教育意义。很可能这种寓意方法根源于柏拉图式的世界观——在可见世界或文本的背后寻找终极现实。[7] 随着基督教信仰的普及，过去是异教徒的归信者把这种众所周知的文学传统应用在他们新读到的圣经难解经文上。比如说，旧约圣经中不寻常的律法，或圣经人物的奇怪或不道德的行为，都是以寓意的方式来解释。由于早期基督徒面对来自异端马西昂（Marcion）（马西昂拒绝承认旧约圣经）和持守类似观点群体的威胁，证明旧约圣经是神默示的，就显得极为重要。[8] 不单单是早期基督徒，还有生活在古希腊罗马文化中的早期犹太人也采用寓意解经法。公元 1 世纪住在亚历山大的犹太人斐洛（Philo，公

88

---

[6] Jean Pépin, *Mythe et Allégorie：Les origines grecques et les contestations judéo-chrétiennes*, rev. ed. (Paris：Études Augustiniennes, 1976). 特别参见本书第二部分。

[7] William W. Klein, Craig L. Blomberg and Robert L. Hubbard, *Introduction to Biblical Interpretation*, rev. ed. (Nashville：Thomas Nelson，2004)，25－26.

[8] David S. Dockery, *Biblical Interpretation Then and Now：Contemporary Hermeneutics in the Light of the Early Church* (Grand Rapids：Baker，1992)，45.

元前 20—公元 50 年），常常使用寓意解经法解释旧约圣经。比如《创世记》9：20—21，我们读到洪水之后挪亚栽种了一个葡萄园，后来醉酒。我们都知道圣经并不许可醉酒（箴23：29—35），但《创世记》9 章并没有明显责备挪亚的行为。斐洛是怎么解释这位信心伟人醉酒的行为呢？他并未认识到圣经里描述的所有行为不都是规范性的，所以写道：

> "挪亚醒了酒。"（创 9：24）这个陈述是什么意思呢？
>
> 字面上的意思让人觉得挪亚声名狼藉。因此，我们只需考虑这里的内在意思。当理智强大的时候，就能够在一定程度清醒地分辨万事，不管是之前的，还是之后的。我的意思是，不管是现在的，还是未来的。但是，一个人若不能看清现在和未来，他的眼睛是蒙蔽的；一个人若能看清现在，却不能预知未来，就根本不是谨慎的人，这样的人被醉酒征服；最后，一个人若能环顾四周，观察、识别、理解周围各种事物不同的性质，不管是现在还是未来，警醒谨慎之心就在这人里面了。⑨

因此，就像斐洛一样，生活在异教文化下的犹太人，习惯于用这种广为接纳的文学方法来解释希伯来文旧约圣经。同样，处在类似

---

⑨ *Questions and Answers on Genesis* 2.73, in *The Works of Philo*：*New Updated Edition*，trans. C. D. Yonge (Peabody，MA：Hendrickson，1993)，838.

处境下的基督教传道人和学者,也都使用寓意法解释圣经。

早期基督徒寓意解经的一个令人惊讶的例子,出现在《巴拿巴书》9.6—9。在这段文字中,作者合并了《创世记》14:14 和 17:23,声称亚伯拉罕对他家里的 318 个成员行了割礼。而数字 318 的希腊文大写字母简写为 *IHT*,作者据此认为亚伯拉罕行割礼是指向耶稣(希腊文的字母简写是 *IH*)和十字架(十字架的形状刚好和希腊字母 *tau* [*T*] 很相近)。

的确,一些人逐渐认为,一段经文的寓意性意义是其最高意义。杰出的早期教父奥利金(Origen,185—254)引用《箴言》22:20—21 和《帖撒罗尼迦前书》5:23 作为他释经方法的基础。[⑩] 奥利金声称,就像人由三部分(体、魂和灵)组成一样,经文也有它的体(字面意义),魂(道德意义—伦理教导)和灵(属灵或寓意的含义)。尽管奥利金对他的释经方法加了一些警告说明,也就是说绝不可使用与"信仰准则"(早期基督教教义的概括)相反的寓意解释。[⑪] 不过,即便有这一重保障,释经者所加添的意义,并不是受默示的作者要表达的。注意到这一点相当重要。

---

⑩ Origen, *De Principiis*(《原则》)4.2.4 - 17(ANF:4:359)。奥利金引用了《箴言》22:20—21 的另一个抄本(不是马索拉抄本)。该译文也为杜哀圣经美国版本(Douay-Rheims American Edition,1899)所用:"看啊,我已经通过思想和知识,用了**三种不同的形式**去描绘,好使我向你表明确定无疑的真理之言,回答那派你来的"(粗体为本书作者所加)。杜哀译本是对拉丁文武加大译本的字面翻译。《帖撒罗尼迦前书》5:23 说道:"愿赐平安的神亲自使你们全然成圣。又愿你们的灵与魂与身子得蒙保守,在我们主耶稣基督降临的时候,完全无可指摘。"

⑪ Dockery, *Biblical Interpretation Then and Now*,89 - 91. 阿奎那(1225—1274)主张,所有的寓意解经都必须根植于经文的字面意思。(*Summa theologica* 1.1.8,引自 Robert M. Grant with David Tracy, *A Short History of the Interpretation of the Bible*, 2nd ed. [Philadelphia:Fortress,1984],89)

虽然寓意解经法成为早期教会的主流，但当时还是有人不断呼吁，要按照字面意思读经，尊重受默示作者的意图。其中的代表是安提阿学派教父卢奇安（Lucian，240—312）、大数的迪奥多若（Diodore of Tarsus，约 394 年去世）、克里索斯托（John Chrysostom，347—407）、摩普绥提亚的西奥多（Theodore of Mopsuestia，350—428）、狄奥多勒（Theodoret，393—457）等等。不幸的是，安提阿学派只是早期教会解经家中的少数派，8 世纪时基本就消失了。

尽管早期教父的解经在总体上看通常合乎基督论和正统教义，却也往往严重偏离作者的原意。在这样的情况下，建立客观的神学保障就变得越来越重要。如此一来，异端分子就无法声称他们那些毫无根据、又非正统的解经同样是正当的。"信仰准则"（被广泛采纳的、常常被认作是正统基督教教义的总结）以及日益得到尊重的传统和信条，就是服务于这个目的。[12] 对教会传统的反复强调和对正式教义的总结（也就是信经），在功能上代替了圣经的首要位置。

圣经的四重含义（公元 500—1500 年）

从教父时期到中世纪，寓意解经一直存在，并赋予圣经解释第四层意思。早在约翰·卡西安（John Cassia，360—435）和奥古斯丁（354—430）的著作中，我们就发现了有人断言，圣经每一处经文都包含四重含义：字面的、道德的、属灵的（寓意性的）和属天的（末世

---

[12] Dockery，*Biblical Interpretation Then and Now*，45 - 73.

性的）。[13] 这第四重含义本质上是另一层寓意，带有关于天堂或末世
（末后时代）的色彩。比如说，关于耶路撒冷的解释就会涉及这四个
维度：[14]

- **字面的**：巴勒斯坦的一片土地
- **道德的**：人的灵魂
- **属灵的**：基督教教会
- **属天的**：天上之城，新耶路撒冷

一首耳熟能详的韵律诗总结道：[15]

- **字义**表示神和我们的祖先所做之事；
- **寓意**表示我们信心所藏之处；
- **道德意义**提供我们日常生活之准则；
- **属天意义**显明我们冲突的止息之地。

这种四重解释法逐渐广泛流传并得到认可。的确，中世纪多数的圣
经研究并非真正的解经，而是收录教父关于不同经文的解释。[16] 教
会传统超过了圣经的首要位置。同时，我们也要留意，回归圣经字

---

[13] Grant with Tracy，*A Short History of the Interpretation of the Bible*，85.
[14] Ibid.
[15] Ibid.
[16] Ibid.，83.

面意义解释的呼声虽然微小，仍然不绝。[17]

回归到更忠实的释经法（公元 1500 年至今）

宗教改革呼吁回归本源。随着新教改教家不断呼召人们重新回到圣经的权威（"唯独圣经"，*Sola Scriptura*），所谓的四重释经法越来越受到仔细审视和批判。马丁·路德称以前的寓意式解经是"愚蠢的""出奇的胡扯""荒谬"和"无用的"。[18] 他还承认说："当我年轻的时候，我在寓意解经的尝试上比较成功……但是，请问，这难道不是对神圣著作的一种亵渎吗？"[19] 约翰·加尔文同样说："我们应该对圣经抱有更深的尊重，而不应认为我们有自由对它原本的意义涂脂抹粉。"[20] 加尔文在其他地方写道："这是一种极其大胆的做法，与亵渎结盟，就是轻率地以我们喜欢的任何方式解读圣经，以娱乐的态度放纵我们的幻想；这是以前很多人所做的。"[21]

尽管新教宗教改革的继承者仍然堕入寓意式解经的陷阱，但经

---

[17] 比如，在公元 8 世纪 Isho'dad 的 *Introduction to the Psalms* (Grant with Tracy，*A Short History of the Interpretation of the Bible*，64 – 65）；位于 Wigmore 的一个英国修道院的院长 Andrew of St. Victor（12 世纪）所著的圣经注释（Klein, Blomberg, and Hubbard，*Introduction to Biblical Interpretation*，44）；Nicolas of Lyra（1270 – 1340）的作品影响了路德（L. Berkhof, *Principles of Biblical Interpretation*，2nd ed.［Grand Rapids: Baker, 1952］,25）；以及 15 世纪的 Geiler of Keiserberg（Klein, Blomberg, and Hubbard，*Introduction to Biblical Interpretation*，46）。

[18] Martin Luther, *Lectures on Genesis，Chapters 1 – 5*, in *Luther's Works*, ed. J. Pelikan (St. Louis: Concordia, 1958),1: 91,98,233.

[19] Ibid.，232.

[20] John Calvin, *Commentary on a Harmony of the Evangelists，Matthew，Mark，and Luke*, trans. William Pringle (Edinburgh: Calvin Translation Society, n. d. ; reprint, Grand Rapids: Baker, 2003),3: 63 (vol. 17 in reprint series).

[21] John Calvin, *Commentaries on the Epistle of Paul the Apostle to the Romans*, trans. and ed. John Owen (Edinburgh: Calvin Translation Society, n. d. ; reprint, Grand Rapids: Baker, 2003), xxvii (vol. 19 in reprint series).

过一段时间之后，圣经学者达成了共识，（非作者意图的）寓意解经是对经文的曲解。20 世纪最著名的新约圣经学者鲁道夫·布尔特曼（Rudolf Bultmann，1884—1976），提出了正确的圣经研究必不可少的前提："一处经文要按照它的文法规则和字词意思去解释，这属于历史的方法。"[22]也就是说，要想理解圣经，我们就必须按照语言和文法的通则查考作者用词的具体意义。

尽管现代圣经研究最终抛弃了寓意式解经法，[23]许多流行的基督教布道和教导仍然偏爱天马行空的寓意解经。比如，查尔斯·司布真（Charles Spurgeon，1834—1892）在他的《注意！牧者们》（*Lectures to My Students*）一书中，积极评价了一些寓意式讲道（或者，他称之为"灵意解经"）。[24]

过去的 60 年中，对圣经进行研究且忠于信仰的基督徒学者群体人数迅速增加。他们以这样的身份自觉研究圣经。福音派神学协会（Evangelical Theological Society）是一个成立于 1949 年的宗教学教授专业协会，旨在坚守圣经的权威和无谬误。这个组织的成员现已超过 4600 名[25]（并非所有成员都是教授，但所有正式成员的最低学位必须是神学硕士）。另外，福音派每年都出版大量的

[22] Rudolf Bultmann，"Is Exegesis Without Presuppositions Possible?" in *Existence and Faith*：*Shorter Writings of Rudolf Bultmann*，trans. Schubert M. Ogden（New York：Meridian，1960），291.

[23] 比如，Adolf Jülicher 在他的 *Die Gleichnisreden Jesu*（Freiburg：Mohr，1888）里给比喻的寓言化以致命一击。

[24] C. H. Spurgeon，*Lectures to My Students*：*Complete and Unabridged*（London：Marshall，Morgan & Scott，n.d.；reprint，Grand Rapids：Zondervan，1954），97-98.同时，司布真警告说："要回避那些对圣经幼稚的轻慢和令人愤怒的曲解，这样做是要使你们成为愚昧人中的智慧人，也要使你们成为智慧人中的愚昧人"（Ibid.，100）。

[25] 2009 年 1 月来自福音派神学协会的一封正式邮件，标明在册会员人数有 4667 名。

重要注释书和圣经参考书。尽管释经方法在具体细节上有所不同，但强调字义的、历史的、文法的释经方法为多数福音派人士所接受。对福音派人士来说，圣经的人类作者（无论是原初作者，还是后来引述原初作者话语的圣经作者）的意图是他们释经的标准。

现代学术研究中的反超自然偏见和怀疑论（公元 1650 年至今）

与回归更加忠实于圣经的方法平行出现的是，一种反超自然的怀疑论的现代释经学开始在世俗学院中流行起来。这种怀疑论释经法根源于启蒙运动及其对人类理性的高举。20 世纪著名的新约圣经学者鲁道夫·布尔特曼是其代表。在一篇重要的文章中，他提到了圣经解释的一个必要前提。他写道：

> 历史方法包含一个前提，就是历史在某种意义上是一个整体，也就是一个封闭的连续体，其中各独立事件借着一连串因果关系联系起来……这种封闭性意味着，历史事件发生的连续性不能够被超自然、神奇力量的干预所撕裂，因此没有任何字面意义上的"神迹"。这样的神迹发生的原因在历史之外。[26]

---

[26] Bultmann, "Is Exegesis Without Presuppositions Possible," 291-292.

换言之，布尔特曼宣称，对圣经做学术性研究的一个必要前提，就是否认超自然现象。由于圣经包含了对超自然现象事件的大量描述，因此那些认可布尔特曼前提的学者，必然对圣经历史的可靠性抱有极度的怀疑。这些学者们最后得出结论说，描述神迹事件的圣经作者是受蒙骗的、有误的，或者是试图用"神话词汇"去传达某些真理。然而，这三种解释都没有尊重圣经文本的体裁或其作者的品格和智力。㉗ 反超自然现象的学者的作品有时仅仅起到筛子的作用，也就是筛选出所谓的原始文献，用假设去重构产生这些经文的所谓"真实事件"或情形。

另有一些学者用社会学比较方法或其他不同哲学视角（例如马克思主义、女权主义和同性恋主义等）去评估圣经。最近，一些学者试图保留对圣经的敬畏和顺服的态度，避免谈及那些关于真理或历史可靠性的棘手问题。这种所谓的"正典的"或"神学的"释经方法，坚持把圣经书卷当作已经完结、相互关联的整体去阅读。㉘ 另一些学者建议使用不同文学或叙事分析的形式，也试图把圣经看作一个整体。㉙ 类似地，研究接受史的学者，试图通过思考教会历史上如何

㉗ 比如，关于《约翰福音》，C. S. Lewis 写道："我一辈子都在读诗歌、浪漫史、异象文学、传说和神话。我知道它们是什么样的。我知道它们没有一样是像[福音书]一样的。"("Fern-seed and Elephants," in *Fern-seed and Elephants and Other Essays by C. S. Lewis*, ed. Walter Hooper [London: Fontana/Collins, 1975], 108)

㉘ 比如，Brevard S. Childs, *Biblical Theology in Crisis* (Philadelphia: Westminster, 1970); idem, *The New Testament as Canon: An Introduction* (Philadelphia: Fortress, 1984); Daniel J. Treier, *Introducing Theological Interpretation of Scripture: Recovering a Christian Practice* (Grand Rapids: Baker, 2008)。

㉙ 比如，David G. Firth and Jamie A. Grant, eds., *Words and the Word: Explorations in Biblical Interpretation and Literary Theory* (Downers Grove, IL: InterVarsity Press, 2009)。

理解圣经,来获得经文的意义和统一性。[30] 就帮助读者聆听经文而言,这些解经方法是有益的。不过,任何用心的读者最终都必定会问,"这是真的吗? 神是否真的说……?"圣经让读者面对人的处境(悖逆和定罪)和神的属性(圣洁和慈爱)的终极宣称,叫人无法回避。在这种意义上,圣经学术研究绝不可能有中立地带。耶稣说,"不与我相合的,就是敌我的;不同我收聚的,就是分散的。"(太 12:30)

问题与反思

1. 当阅读新约圣经时,你会留意其中引用的旧约圣经吗? 你曾经查看过所引用的旧约经文吗?

2. 你曾经听过寓意式的讲道吗? 或者在灵修书籍中读过寓意式释经吗? 当时,你意识到那种释经方法是寓意性的吗? 你当时有什么想法?

3. 有句名言说:"我们之所以能够看得那么远,是因为我们站在巨人的肩膀上。"[31]这个说法怎样应用在圣经解释上?

4. 你手头在读的书中有没有以上所提到的解释倾向?

5. 教父寓意性的释经有什么价值?

---

[30] 比如,见古代基督徒圣经注释系列(the Ancient Christian Commentary on Scripture series,Downers Grove,IL:InterVarsity Press)。类似地,对效果史(effective history)的研究也可以追溯经文对思维、文化和艺术各方面所带来的影响。

[31] 索尔兹伯里的约翰(John of Salisbury)在《元逻辑》(*Metalogicon*,1159)中指出,沙特尔的伯尔纳(Bernard of Chartres)是这句名言的原创者。"沙特尔的伯尔纳以前说,我们是站在巨人肩膀上的矮子,我们之所以能看到比他们更多、更远的事,这不是因为我们的视力更好,或者有什么身体上的优势,而是因为我们被他们巨大的身躯抬举得更高。"(www. wikipdia. org,"Standing on the shoulders of giants," accessed December 4,2008)

进深学习

Dockery，David S. *Biblical Interpretation Then and Now：Contemporary Hermeneutics in the Light of the Early Church*. Grand Rapids：Baker，1992.

Grant，R. M.，with David Tracy. *A Short History of the Interpretation of the Bible*. 2nd ed. Philadelphia：Fortress，1984.

Hauser，Alan J.，and Duane F. Watson，eds. *A History of Biblical Interpretation：The Ancient Period*. Vol. 1. Grand Rapids：Eerdmans，2003（Additional volumes forthcoming）.

Klein，William W.，Craig L. Blomberg，and Robert L. Hubbard. *Introduction to Biblical Interpretation*. Rev. ed. Nashville：Thomas Nelson，2004（See chap. 2，"The History of Interpretation，" 23 - 62）.（中文版参见 W. W. 克莱恩、C. L. 布鲁姆伯格、R. L. 哈伯德：《基督教释经学》，尹妙珍等译，上海：上海人民出版社，2011 年。——编者注）

McKim，Donald K.，ed. *Dictionary of Major Biblical Interpreters*. Downers Grove，IL：InterVarsity Press，2007.

问题 10

解释圣经的一般原则是什么(1)

尽管优秀的圣经解释是领受(也就是,从阅读和聆听优秀解经者而得到)多于传授,但列举一些释经学的一般原则,依然会对人有帮助。经过一段时间不断运用这些原则,它们就会成为你解释圣经的第二本能。

以祷告来学习圣经

圣经告诉我们,人心比万物都诡诈,坏到极处(耶 17:9)。的确,人类对神自然启示(通过良心或大自然)的基本回应,就是用偶像崇拜来压制它(罗 1:18—23)。即使是神的子民,虽然从神那里得到新的性情,有圣灵引导,也一定要警惕残留的罪的本性。《诗篇》119 篇的作者(传统上认为是大卫王),在理解圣经方面,给我们树立了一个诚实地进行自我省察的好榜样。他在祷告中反复地祈求智慧的引领和指引。以下是他在《诗篇》中的一些祈求例子。用《诗篇》119 篇中节选的经节祷告，是开始学习圣经的一个不错方式。

- 第 5 节："[对神说]但愿我行事坚定，得以遵守你的律例。"
- 第 10 节："我一心寻求了你，求你不要叫我偏离你的命令。"
- 第 12 节："耶和华啊，你是应当称颂的，求你将你的律例教训我。"
- 第 17—20 节："求你用厚恩待你的仆人，使我存活，我就遵守你的话。求你开我的眼睛，使我看出你律法中的奇妙。我是在地上作寄居的，求你不要向我隐瞒你的命令。我时常切慕你的典章，甚至心碎。" ₉₆
- 第 34—37 节："求你赐我悟性，我便遵守你的律法，且要一心遵守。求你叫我遵行你的命令，因为这是我所喜乐的。求你使我的心趋向你的法度，不趋向非义之财。求你叫我转眼不看虚假，又叫我在你的道中生活。"

伟大的改教家马丁·路德认同《诗篇》119 篇对学习圣经是非常有益的指导。他说道：

> 这样，你看到了大卫怎样在这《诗篇》中不断地祷告，"主

啊,求你教导我,指教我,引导我,向我显现。"还有很多诸如此类的话。尽管他已经非常熟悉并常常聆听和阅读摩西五经和其他书卷,但他还是想紧紧抓住能教导他圣经的真正教师,这样他就不会胡乱地依靠自己的理性去理解圣经,局限于一己之见。因这样做会导致内心悖逆上帝,养成一种错觉,即认为圣经是服从于他们的,是他们的理性可以轻而易举驾驭的,仿佛圣经就是马尔可夫(Markolf)*或者伊索寓言,因此就不需要圣灵和祷告。①

当我们学习圣经时,我们需要意识到,罪影响了我们全人的方方面面——我们的情感、意志和理性能力。我们很容易自欺,或被别人欺骗。我们需要圣灵来指导和引领我们。因此,祷告对任何圣经学习都是必不可少的出发点。②

把圣经当做一本指向耶稣的书去读

耶稣在耶路撒冷与犹太教领袖辩论时说:"你们查考圣经,因你

---

*　马尔可夫(Markolf)是所罗门王宫里最有名的俳优。欧洲中世纪流传许多故事,都讲"智不可及"的所罗门难不倒"愚不可及"的马尔可夫。14 世纪有首德文诗就叫《所罗门与马尔可夫》。——译者注

① Martin Luther, "Preface to the Wittenberg Edition of Luther's German Writings" (1539), in *Martin Luther's Basic Theological Writings*, ed. Timothy F. Lull, 2nd ed. (Minneapolis: Fortress, 2005), 72.

② 司布真建议年轻的牧师:"祷告是最好的学习。路德也认同那句老话:'Bene orasse est bene studuisse'(祷告得好就是学得好)。经典谚语经得起重复。在读圣经时祷告,就好像榨葡萄汁时踩葡萄,在谷场上打麦子,从矿里炼金子。"(C. H. Spurgeon, *Lectures to My Students: Complete and Unabridged* [London: Marshall, Morgan & Scott, n.d.; reprint, Grand Rapids: Zondervan, 1954], 86)

们以为内中有永生,给我作见证的就是这经。然而你们不肯到我这里来得生命。"(约 5:39—40;参路 24:25—27)如果我们学习或教导圣经中任何部分时,没有提及救主耶稣,那么我们就没有忠实地解释圣经。当然,不是所有的经文都以同样的方式指向耶稣。旧约圣经中有应许、预见和预备。耶稣论到关于在他之前神所有的启示都有这种前瞻性时说:"因为众先知和律法说预言,到约翰为止。"(太 11:13)新约圣经宣告,以色列的所有律法、历史、预言和制度都在基督里得到了实现。圣经中的每段经文都应该被当作整体中的一部分去阅读。当我们知道故事是怎样在基督的生、死和复活中成就的时候,我们就必须始终在问,前面的章节是如何引向那个顶点的。要想知道更多关于圣经以基督为中心的性质,请见问题 18("圣经真的都是在讲耶稣吗?")。

❧ 以经解经

关于以经解经的释经原则,至少早在奥古斯丁和爱任纽(公元130—200 年)的时代就已为基督徒解经家所提倡了。[3] 如果我们相信圣经都是神所默示的,经文之间没有矛盾,那么就应该用意思更清楚的经文阐明不那么清楚的经文。邪教和异端分子往往会抓住几处难解的经文,赋予它们似是而非的意思,然后以此去解释圣经的其余经文。

---

③ Bernard Ramm, *Protestant Biblical Interpretation: A Textbook of Hermeneutics*, 3rd ed. (Grand Rapids: Baker, 1970), 36 - 37; Robert M. Grant with David Tracy, *A Short History of the Interpretation of the Bible*, 2nd ed. (Philadelphia: Fortress, 1984), 49 - 50.

另一点就是思考与一个主题有关的所有经文。比如,读《创世记》17:10—12中神对亚伯拉罕说的话,我们可能会得出结论说,即便是今天,所有敬拜神的男性都必须受割礼。④ 然而,我们在《哥林多前书》7:19中读道:"受割礼算不得什么,不受割礼也算不得什么,只要守神的诫命就是了。"通过明白圣经的发展进程(从应许到在基督里的应验),我们知道割礼在犹太民族中起到预表性的作用,但是神已经不再要求他子民遵守。正如《希伯来书》的作者所说:"律法既是将来美事的影儿,不是本物的真像。"(来 10:1)保罗为了未重生的犹太人,可以给他的同工行割礼,这是作为一种宣教策略(使 16:3),但当论到人怎样才能得救时,保罗并不妥协(加 2:3)。以上概述表明,要想理解一个主题的细微差别,有必要对多处涉及这个主题的经文进行周全考虑。

98 ⟩ 默想圣经

圣经不是一本可以浅尝辄止的读物。尽管一次读大段的经文肯定会使你受益,然而若没有在小段经文上充分沉思,你从圣经得到的营养就不会完全。圣经本身充满大量关于默想的训诲。根据《诗篇》119 篇,马丁·路德找到以下规律。

---

④《创世记》17:10—12:"你们所有的男子都要受割礼,这就是我与你,并你的后裔所立的约,是你们所当遵守的。你们都要受割礼,这是我与你们立约的证据。你们世世代代的男子,无论是家里生的,是在你后裔之外用银子从外人买的,生下来第八日,都要受割礼。"

其次,(在你研读圣经的过程中)你应该默想经文,也就是不仅仅用心,也借助外在形式,如通过复述经文、比较其中口语和书面文字,在反复阅读中努力领受和反思,以便能够知道圣灵借着这些经文要说的话。并且要小心,不可倦怠,也不要以为你读了、听了或者复述了一两次,就足够了,你就完全理解了。如果是这样,你永远也不会成为一个优秀的神学家,因为你就好像是半熟的果子,过早掉在地上。

因此,在这同一篇诗篇中(119篇),你看到大卫怎样坚定宣称,他要昼夜不住地谈论、默想、言说、歌颂、倾听、阅读神的话语和诫命,除此以外不做别的。因为神是借着外在的话语,才赐给你圣灵;所以这是我们的榜样。神命令我们通过写作、宣讲、阅读、倾听、歌颂、讲论等方式表达我们的信仰。⑤

很多基督徒都发现,开始祷告前最好先安静并默想一小段经文,这对我们是有启发的。我们当记得,我们是两手空空来到神面前,神亲自在圣经中供应我们祷告用的话语。清教徒托马斯·曼顿(Thomas Manton,1620—1677)写道:

默想可算是介于听神话语和祷告之间的一种本分,并与这两方面密切关联。神的话语喂养默想,默想喂养祷告;我们必

---

⑤ Luther,"Preface,"72 - 73.

须听神的话,好使我们不致出错,也必须默想,好使我们不致荒芜不结果子。这些本分必须彼此相连;默想必须紧跟聆听神话语之后,在祷告以先。只聆听不默想,这并不结果子。我们可能在不断地听,但这就好像把东西放进有漏洞的袋子里……没有默想的祷告是轻率的。我们通过神话语吸收进来的,通过默想消化,通过祷告流出。这三样本分必须有序地进行,免得一样会把另一样排挤出去。缺乏用圣洁的思想来操练自己,祷告就荒凉、干枯、毫无生气。⑥

99   ▌凭信心和顺服学习圣经

圣经不是一本供人辩论的哲学教科书,而是神的启示,要求人相信和顺服。当我们相信和顺服神的话语时,我们不但体会到喜乐(诗 119:72),更重要的是,我们还体验到神的祝福和称赞。雅各写道:

> ……只是你们要行道,不要单单听道,自己欺哄自己。因为听道而不行道的,就像人对着镜子看自己本来的面目,看见,走后,随即忘了他的相貌如何。惟有详细察看那全备、使人自由之律法的,并且时常如此,这人既不是听了就忘,乃是实在行出来,就在他所行的事上必然得福。(雅 1:22—25)

---

⑥ Thomas Manton, *The Complete Works of Thomas Manton*, vol. 17, *Sermons on Several Texts of Scripture* (reprint, Birmingham, AL: Solid Ground Christian Books, 2008), 272–273.

　　同时,我们必须牢记,顺服神的话语绝不是靠个人更多努力就能做到。人要相信和顺服神的话语,重生和神能力的浇灌是必不可少的。只有通过基督,人才能顺服。正如使徒约翰写道:"我们遵守神的诫命,这就是爱他了,并且他的诫命不是难守的。因为凡从神生的,就胜过世界;使我们胜了世界的,就是我们的信心。胜过世界的是谁呢? 不是那信耶稣是神儿子的吗?"(约一 5:3—5)

　　只听道不行道的人是自己欺骗自己(雅 1:22)。宣称认识神,却故意不顺服神的话语,这就等于说他所宣称的是假的。使徒约翰写道:"人若说'我认识他',却不遵守他的诫命,便是说谎话的,真理也不在他心里了。"(约一 2:4)

　　以信心和顺服回应神,尤其是在艰难的时候依然如此,这似乎是一条神选择让人成熟的途径(罗 5:1—11;雅 1:1—12;彼前 1:1—12)。当我们在生活中遭遇试炼,以信靠神和他的话语来面对那些困难时,我们可以期待神会使我们更符合他儿子的形象。我们可以从保罗在《罗马书》8:28—29 说的话中得着安慰:"我们晓得万事都互相效力,叫爱神的人得益处,就是按他旨意被召的人。因为他预先所知道的人,就预先定下效法他儿子的模样,使他儿子在许多弟兄中作长子。"

　　马丁·路德指出,大卫在《诗篇》119 篇中多次提到试炼和敌人,这对面临同样处境的基督徒来说大有启发。他写道:

这样，你们看到在刚刚提到的诗篇中，大卫如何经常抱怨他必须忍受各种敌人、自大的王子或暴君、虚伪的灵或派系之争，都是因为他以各种方法专注于神的话语（如前所述）。因为，一旦神的话语在你生命中扎根成长，魔鬼就会折磨你，使你变成一个真正的神学博士，它的攻击促使你寻求并爱慕神的话语。我自己（请允许我说，我在此只不过像是掺在胡椒粒中的老鼠屎——滥竽充数）要深深感谢教皇党人，因为他们依仗魔鬼的怒气，使我受到诸多的鞭打、压迫和烦恼。这就是说，他们使我成为一位相当好的神学家，若没有他们，这是不会发生的。因此，我也把这样做得到的回报送给他们，这也是他们所求的，就是荣耀与得胜。[7]

像路德一样，我们也能够在面对生活中的艰难时，信靠神，倚赖他帮助我们顺服他的话语。

问题与反思

1. 祷告和默想在你现在的圣经学习中起到什么样的作用？

2. 你能采取什么方法，使祷告和默想成为你读经的一个固定部分？

3. 你学习圣经时，是否把所有经文都看成指向耶稣？哪一部分看起来是最难做到的？为什么？

4. 以经解经是什么意思？

---

[7] Luther，"Preface，" 73.

5. 不顺服圣经就能相信和理解圣经,这有可能吗? 你能找到圣经依据支持你的

　　回答吗?

进深学习

Luther，Martin. "Preface to the Wittenberg Edition of Luther's German Writings"

　　(1539). In *Martin Luther's Basic Theological Writings*. Edited by Timothy F.

　　Lull. 2nd ed. Minneapolis：Fortress，2005.

Roberts，Vaughan. *God's Big Picture：Tracing the Storyline of the Bible*. Downers

　　Grove，IL：InterVarsity Press，2002.（中文版参见沃恩·罗伯茨：《上帝的蓝

　　图》,田春风译,台北：改革宗出版社,2013 年。——编者注）

问题 11
解释圣经的一般原则是什么(2) ❓

我们在本章会继续纵览圣经解释的一般原则。在前一章,我们更多地关注了圣经学习的灵修方面(祷告、默想和顺服)。这一章,我们则要更多关注技术性或文学方面的指导原则。

▷ 留心你所阅读的圣经书卷的体裁

如果你的儿子放学回家说他有一吨作业,你不会因为他撒谎管教他。因为你知道他是在用夸张的说法表达他强烈的感受。同样,我们读圣经,应该尊重不同的体裁和与这体裁相契合的作者意图。比如,格言体裁通常都会默认有例外情况。《箴言》是智慧的建议,不是百分之百不会失败的应许。例如,我们在《箴言》10:4读到:"手懒的,要受贫穷;手勤的,却要富足。"我们根据自己的人生经历,都能想到一些例子来证明这则箴言。同时，我们也看到一些懒惰却富有的人。但这些例外并不能说明格言是错的。相反，这些例外符合一般规律。《箴言》10：4 不是一张期票。格言提供智慧建议来管理我们的生活，但多数建议都假定会存在例外。关于解释《箴言》的更多细节，请见问题 28（"如何解释《箴言》？"）。

历史叙事的体裁同样包含作者的一些假定。比如，圣经作者使用历史叙事体裁报告的事件，有些未必是他们认同的。很显然，《士师记》的作者虽然没有在紧接的上下文评论耶弗他的行为，却也不赞同用亲生女儿献祭（士 11 章）。《士师记》中反复出现的悖逆行为，以及随后的总结陈述："那时以色列中没有王，各人任意而行"（士 21：25），向读者暗示了神和圣经作者都不喜悦耶弗他的行为。类似地，许多经文都教导醉酒是错误的，而使徒约翰并不认为自己在《约翰福音》2：10 中有必要指出这一点。约翰在这里提及醉酒状态（我的一个朋友曾经以《约翰福音》2：10 为证，说过量饮酒是"合乎圣经"的！）。历史叙事的作者并不总是对他所报告的行为明确表示认同或谴责。要想理解一小段经文的目的所在，常常需要仔细阅读整卷书。读者必须谨慎判断，哪些只是报告事实，哪些是作为规范。关于如何解释历史叙事的更多细节，请见问题 22（"如何解释历史叙事？"）。

对不同体裁释经原则的研究和应用，有时被称为特别释经学（special hermeneutics）。本书后半部分会集中探讨。

要注意历史和文化背景的问题

圣经 66 卷书常常假定,读者熟知各种文化习俗、地理位置或政治人物。因此,没有受过训练的读者打开《以赛亚书》,读到那些不复存在的民族和复杂的政治同盟时,或许会合上圣经说:"这太难理解了。"就像学习其他历史文献一样,圣经读者也需要借助工具书来查考具体背景细节。当然,圣经中一些书卷相对容易理解一些,不需要读者具备很多知识。《约翰福音》就因此被当作福音礼品发给人。读者对圣经熟悉的程度不同,对背景问题的了解也就不同。你知道逾越节是什么吗? 如果知道,你就不会对施洗约翰描述耶稣是(逾越节的)羔羊感到难以理解(约 1:29)。你熟悉以色列人 40 年在旷野漂泊的事件吗? 如果熟悉,你就能更多理解耶稣在旷野中 40 天受试探而不犯罪的意义(太 4:2;路 4:2)。

你越熟悉圣经,就越少倚赖注释书或工具书去解答一些基本问题。有许多关于新旧约圣经导论性的纵览,也有具体探讨历史背景的书籍,为希望进一步学习的学生提供了丰富资料。关于如何使用工具书学习圣经,请见问题 13("对释经有帮助的书籍或工具有哪些?")。

讨论圣经背景时,我们要注意两个重要的忠告。第一,人们可能会沉迷于历史、文化、政治和考古学问题的研究,结果圣经基本上就变成了研究圣经之外琐事的参考书。古代近东文化的研究本身固然令人着迷,但这并非学习圣经的目的。不少资料宣称有助于我们理解圣经背景,其实它们不过是关于奇闻趣事的整理和对与背景关系不大之问题的猜测。你必须常常问:圣经作者真的假定他的读

103

者会了解这个事实吗？如果他假设他的读者会了解这事实，那么这个事实对他试图传递的意思很重要吗？如果以上两个问题的回答都是肯定的，那么背景问题就的确值得思考了。

最近，以前的一个学生打电话问我关于《马可福音》3：13—19的问题。在那段经文里，耶稣呼召十二使徒。那位学生说："我在一本书中读到，所有犹太男孩都要受训成为拉比，如果他们表现得够好，就会成为拉比的门徒，最终自己也成为拉比。所以，在这段经文中，耶稣的门徒可以理解为在常规拉比培训中被淘汰的人。我打算在讲这段经文时，强调耶稣所拣选的是人们看为失败的人。我这样说正确吗？"我回应说："的确有经文说，神拣选卑微和被世界弃绝的人（林前 1：26—27），但我认为那位受默示的作者马可，在这里并不是强调这一点。你从哪本书读到关于《马可福音》第 3 章背景的这个解释？（学生回答……）你从其他参考书或注释中读到类似的解释吗？（学生回答说："没有。"）那么，唯独这点你就该停下来思考：依据从圣经任何经文中都找不到的背景知识来解释这段经文，这能成立吗？显然，包含这信息的那个文献，至少过于简化并歪曲了公元 1 世纪犹太拉比的训练情况。第二，更重要的是，马可并没有暗示说，这处经文的目的是教导耶稣拣选被其他拉比拒绝的人。相反，这段经文讲的正是耶稣的有效呼召，他要求人要彻底作门徒，并赐给他们权柄对吗？是的！那么，忠实地传讲和教导这段经文的意思吧，不要对背景问题作虚构的、歪曲编造的解释。"①不幸的是，太多的牧师因为试图给会众提供一些新颖的知识，就贸然采用一些牵强附会的解释。牧师最好把时间花在祷告默想经文上，发现真正基于经文的现实应用。

　　要避免的第二个错误，就是忽视背景。为了能够正确理解和应用一处经文，必须明白作者的历史和文化假设。比如，不了解以色列历史及其与周边国家的关系，你就不能明白小先知书中的谴责。虽然可以从其他圣经书卷中直接获得关于历史背景的不少知识，但一个不太熟悉圣经的读者，还是需要更成熟读者的帮助。一本研读本圣经，比如新国际版研读本圣经（The Zondervan NIV Study Bible）或者英文标准版研读本圣经（ESV Study Bible），都能在相关重要背景问题上提供简短而又有帮助的注释。

关注上下文

　　圣经每一处经文，一定要放在句子、段落、更大的论述部分和整卷书的上下文中来阅读。你越远离有疑问的字词，所能得到的相关信息就越少。不参照上下文就试图去理解或应用某个具体的词语或句子，很容易造成曲解。不幸的是，在流行的基督教著作和讲道中，有许多不尊重经文上下文的例子。其中最可悲的情形，就是一个传道人声嘶力竭地强调圣经的权威性和无谬误，实际上却在他

---

① 这个对话叙述了大意和重点，而不是逐字重述。

不够严谨的讲道中否认圣经的权威。

如果有人要就《哥林多前书》11：1（"你们该效法我，像我效法基督一样"）传讲一篇信息，他不应只默想这一节经文，而是应首先把这节经文放在保罗在《哥林多前书》论证的上下文中。保罗之前提到他作为使徒自愿舍己，是哥林多信徒的榜样，呼吁他们为了不使弟兄姊妹跌倒，就不吃那可以吃的食物（林前 8：9—13）。使福音传开的负担，激励保罗尽可能避免做任何阻碍福音的事。没有人能控告他贪婪，因为保罗传福音时并不受薪俸（林前 9：12—18）。同样，哥林多信徒若关心其他人灵里的福祉，就应为着别人的益处不吃那可以吃的食物。的确，基督自己就是最好的榜样，他为了别人得救，放下自身的权利和神子的特权（林前 11：1；参照可 10：45；腓 2：6—11）。一旦我们明白保罗在上下文中的原意，就更容易忠实地把这节经文应用在我们今天的处境中了。我们被呼召要放弃什么可以做的事情，以便不使更软弱的弟兄姊妹跌倒？我们该如何把别人灵里的福祉和得救的需要，放在自己的权利和特权之上？我们在哪方面被呼召，要像保罗、哥林多信徒，并最终像基督那样，出于爱别人而去舍己？

人们常说，"脱离上下文的经文仅仅是托词"，意思是说，如果一个传道人不根据上下文找到作者的意图，他就会把自己的偏见带入一处经文。我发现，这是千真万确的。当我选择一处经文预备讲道时，有时我已经知道自己想讲什么。但当我回到经文的上下文，祷告默想之后，原本所要传讲信息的方向常常会发生转移。紧抓经文的上下文会帮助我回到受默示作者的意图中。我告诉我的学生，要紧抓经文本身，就像斗牛表演中的骑手紧紧抓住牛不放一样。我还警告他们，斗牛场上唯一不在牛背上的人是小丑。在讲道时，我希望能够具体阐明经文中特定的字词和词组，证明我的劝勉确实有道理。我希望我的会众被圣经的话所打动，而不是折服于我的口才。讲道或教导的力量在于忠实于神所默示的经文。

◗ 在群体中读经

我们生活在一个强调个人主义的时代。然而，神创造我们是要我们在群体中生活、敬拜和成长。《希伯来书》的作者写道："你们不可停止聚会，好像那些停止惯了的人，倒要彼此劝勉，既知道那日子临近，就更当如此。"（来 10∶25）只有当我们一起活出在基督里的信心时，我们才能深刻而清晰地明白神在我们里面并借着我们已经成就的事（门 6）。同样，我们看到神把教会建造得如同一个身体，这身体的各个肢体彼此功用不同（罗 12∶4—5）。有人有教导的恩赐（罗12∶7），有人有怜悯人的恩赐，有人有服侍的恩赐（罗 12∶8）。虽然神呼召他的所有子民都要阅读和默想他的话语（诗 119∶9,105），但其中一些人在阐释他的话语并劝诫别人相信和顺服方面有特别的恩赐（弗 4∶11—13）。神通过其他信徒的恩赐给我们恩典，如果我们忽略这恩典，我们会变得何等贫乏！ 和其他基督徒一同读经，能够帮助我们获得独自读经时会错过的洞见。另外，我们的弟兄姊妹能够保守我们，不让我们走偏，落入对圣经的错误解释和应用中。

几年前,我拜访了附近一间教会,当时一位实习牧师正在讲道。老实说,他讲得并不好。然而,这位牧师有一个习惯,就是每周讲道结束后都会邀请教会中他所信任的弟兄姊妹给他诚实的反馈。几个月过后,我再次回访那间教会,发现这位牧师的讲道非常出色。当牧师敞开自己,接受对他教导和讲道的建设性批评时,这尽管可能会让人难受,但他的谦卑给他换来的是合乎圣经并且吸引会众的信息。许多平庸的传道人倾其一生不断重复枯燥、错误的信息,因为他们太骄傲,不愿寻求建设性的反馈。

如果一位牧师觉得会众不能给他提供有效的意见,他很可能低估了圣灵在会众身上所赐恩典的程度。不论如何,在寻求一处经文的意思和应用时,你总能从值得信任的牧师和神学家所写的注释书中得到帮助,把他们看成你的对话伙伴。当你牢牢扎根在基本的基督教教义之上,阅读一些正统之外和非福音派的作品时,也可以从中受益。关于要买什么样的注释书并如何使用,请看问题 13。

踏上成为一个更忠实的释经者的道路

没有人能声称自己对圣经的解释完全无误。不论个人学历或经验如何,每一个站在圣经面前的人都是学习者。有些人在这条路上走得远些,但那些刚上路的人也不应该失去信心。

要能够更忠实地解释圣经,方法之一就是从小处开始。选择圣经中某一卷书,花几周或几个月的时间集中学习,你就会开始看到仔细研读圣经的重要性和益处。在阅读和研经中,定下一些易于达到的目标。有可能的话，邀请一位或几位朋友与你并肩同行。学习圣经就像体育训练一样，常常需要借着团队友情和督促来推进。

罗马不是一天建成的，对圣经的整全认识也不是通过阅读一本书就能获得。我还记得，有个神学生告诉我，我一个学期的希腊文课程比他在外地延伸部学习中心用五个周末就能完成的课程要难得多。我回答说："是的，因为在我的课上，你是实实在在地学习这些内容。"

一分耕耘一分收获。为了获得丰富的圣经知识，必须心甘情愿付上时间和精力去学习。的确，像《诗篇》的作者一样，一些现代的圣经学习者会宣告说："你口中的律法与我有益，胜于千万的金银。"（诗 119：72）关于如何提高释经能力的更多建议，请看问题 12。

💬 问题与反思

1. 当你阅读圣经时，你是否有意或无意间思考过所读的书卷是什么体裁？

2. 你和谁一起阅读并讨论圣经？你在哪方面得益于和别人一起研习圣经？如果你没有在群体中学习圣经，你知道有一个可以加入的查经小组吗？

3. 你能否举出一个例子，说明参考历史文化背景帮助你理解了一处经文的意思？

4. 你有没有经过更仔细地研读某处经文的上下文，而改变了对那处经文原来的理解？"脱离上下文的经文仅仅是托词。"你能想出一个关于这话的例证吗？

5. 要成为一个更忠实的释经者，你下一步要做什么？

进深学习

Carson，D. A. *New Testament Commentary Survey*. 6th ed. Grand Rapids：Baker，2007.

Fee，Gordon D.，and Douglas Stuart. *How to Read the Bible for All Its Worth*. 3rd ed. Grand Rapids：Zondervan，2003.

Ferguson，Everett. *Backgrounds of Early Christianity*. 2nd ed. Grand Rapids：Eerdmans，1993.

Glynn，John. *Commentary and Reference Survey*：*A Comprehensive Guide to Biblical and Theological Resources*. 10th ed. Grand Rapids：Kregel，2007.

Longenecker，Bruce W. *The Lost Letters of Pergamum*. Grand Rapids：Baker，2003.

Longman，Tremper. *Old Testament Commentary Survey*. 4th ed. Grand Rapids：Baker，2007.

问题 12
怎样才能提升解释圣经的能力 ❓

在前面的章节中，我推荐的一个释经指引，就是开始踏上成为一个更忠实的释经者的道路。但具体该怎么做，才能成为一个更忠心的释经者呢？

🌀 阅读圣经

我 13 岁时，母亲给了我一份复印件，内容是一年内读完圣经的手写指南。这就开始了我神学教育最重要的部分——专心于圣经。

要理解圣经，就必须读圣经。并且，要做到在上下文语境中读每一个独立的小部分，就必须读整个部分。所以，对一个忠实解释圣经的人来说，读整本圣经，并不断地有规律地通读，是必不可少的。你能想象教授弥尔顿作品的老师只读过《失乐园》中的片段吗？

一个努力要忠心阐释神话语的福音执事，如果对神启示的内容无知，那是多么愚蠢！

　　我大学一年级的时候，参加了一个由校园团契组织的查经小组。当时小组在讨论《约翰福音》3：14：“摩西在旷野怎样举蛇，人子也必照样被举起来。”团契的带领人说，这节经文指的是摩西在燃烧的荆棘旁抓住（他的杖变的）蛇的尾巴（出 4：1—4）。因为我已经通读过几遍圣经，知道这处经文指的是《民数记》21：9 的铜蛇，所以我决定再也不去那个团契了。不幸的是，在我信仰的那个阶段，我头脑中的圣经知识远远超过了我的顺服。

　　关于大篇幅读经，我推荐使用一本现代的、动态对等翻译的圣经，比如新普及译本（*New Living Translation*）（见问题 7，“哪个英文圣经译本最好？”）。你可以从《创世记》第 1 章开始，每天读 3 至 4 章。到年底，你就会读完整本圣经。另一个方法是，每天读一部分旧约，一部分新约。著名的苏格兰传道人麦琴（Robert Murray M'Cheyne）制订了一个读经计划，一年内可以读完一遍旧约、两遍新约和《诗篇》——平均每天读四章。我现在使用的就是这个读经计划，这可以从卡森的灵修书《为了神的爱：发现神话语宝藏之每日伴侣》（*For the Love of God：A Daily Companion for Discovery the Riches of God's Word*，Wheaton，IL：Crossway，1998）的导论部分找到。这本书提供了一年中每日一页的灵修指南。每页的顶部是当天根据《麦琴读经表》要阅读的圣经章节列表。卡森这位优秀的福音派新约圣经学者，就每日读经计划中的一章经文写下了睿智的反思。卡森已经写完了该书第二册,遵照的是同样的格式。他在忠实解释经文的同时又向读者指出这些短小的经文在圣经大格局中的位置,并怎样在基督身上得到最终成全。我们的教会领袖曾经商量过要使用卡森的灵修书来培训新的长老。经过一到两年的训练,圣经神学的一个个小部分,经过慢慢咀嚼消化,最终会给善于思考的读者带来益处。

▶ 阅读并聆听忠于圣经的讲道和教导

正如我在问题 10 提到的,忠实于圣经的解释更多是领受,而非教授。通过阅读或倾听对圣经的忠实讲述,你的内心和头脑都参与其中。就好像一个常常品优质咖啡的人会培养出对咖啡的品味,同样,一个经常吸收优秀圣经教导的人,会培养出这样的内心和头脑,也就能分辨何为好的解释,何为曲解。

你需要问自己最重要的一个问题:"在我的教会,我能听到对圣经的忠实传讲和教导吗?"如果不能,你应该问自己第二个问题:"我为什么成为一家没有正确传讲神话语教会的一员?"如果你不是在得到合乎圣经教导的启迪和使人成圣的果效,你的属灵生命很可能就在枯萎或失丧(西 1:28—29;彼后 1:3—8)。如果你只能经常从你的教会以外接受圣经教诲的灵粮,这就是一个有力的迹象,表明你需要去寻找一家新的教会——一家有牧师忠心牧养羊群,用神的话语喂养他们的教会(徒 20:28)。

虽然有一个忠实教导圣经的地方教会是绝对必要的,但你也可以阅读或聆听教会外的讲道和圣经教导，以得着灵命的成长。网络上有大量的免费有声讲道。我推荐的两个网站是 http://www.truthforlife.org（阿利斯泰尔·贝格[Alistair Begg]的教导）以及 http://www.desiringgod.org（约翰·派博[John Piper]和其他一些人的教导）。当然，你还可以从网上听到更多忠心并有恩赐的传道人的讲道。

　　你还可以通过阅读忠心解经家的讲章、圣经注释和灵修书籍学到很多。当然，圣经才是**那最重要的**一本书，但神既然赐给他仆人恩赐，我们就应该承认其他人的书籍也有用处。著名的英国传道人查尔斯·司布真写道：

> 　　一些人以所谓直接领受圣灵教导为借口，拒绝接受书籍或他人的教训。这绝非尊崇圣灵，而是对圣灵的不敬，因为如果神给一些人亮光超过其他人——很显然他是这样做的——那么，他们就有责任把那亮光传给别人，并为着教会的益处使用这光。但是，如果教会的其他人拒绝接受这光，那么圣灵赐下它还有什么目的呢？这只能暗示，圣灵在管理神的恩典和恩赐时，在某个方面出了问题。①

　　找到有用的资源或书籍的一个方法，就是请教可信任的基督

---

① Charles Spurgeon, *Words of Counsel for Christian Workers* (Pasadena, TX: Pilgrim Publications, 1985), 112 – 113.

徒。也许教会有人的确具备成熟的圣经知识。为什么不问那人：
"你最近读了什么好书？你能推荐一些书吗？"关于学习圣经的参考
书的更多建议，请参阅问题 13 "对释经有帮助的书籍或工具有
哪些？"。

❖ 要弄清信心和理解之间的关系

早期教父奥古斯丁建议："相信，以便理解"（Crede， ut
intelligas）。[②] 类似地，安瑟伦（Anselm，1033—1109）说："不是寻求
理解了才能信，而是相信才能理解。因为我深信，唯有信，方能理
解。"[③]神要求我们借着信心来到他面前，以信靠的态度接受他的启
示。的确，拒绝神的启示不是别的，正是以神为说谎的（约一 1：
10）；那是偶像崇拜，把某人或某物高举在神之上（罗 1：18—32）。

这并不意味着，你不能带着真情实感和疑问来到神面前。《诗
篇》中的哀歌（比如，13、74 和 142 篇）就是在神面前赤露坦诚的最好
例子。的确，《诗篇》大约三分之一的篇幅表达的是哀叹。但即便是
在黑暗、疑惑和试炼当中，诗人也一贯地肯定，"但我要依靠你"（诗
55：23）。

圣经要求人以谦卑信靠的态度来就近神。除此以外，在这位无
限、圣洁和全能的创造主面前，我们这些有限的受造物还能存其他

---

② Augustine, *Homilia* 43.7,9.
③ Anselm, *Proslogion* 1.1. 英文翻译出自 Anselm, *Basic Writings*, ed. and trans. Thomas
Williams (Indianapolis: Hackett, 2007),81. 在这句话的结尾，安瑟伦引用了《以赛亚
书》7：9 的古老拉丁文版本。

什么心态呢?《希伯来书》的作者警告说:"人非有信,就不能得神的喜悦;因为到神面前来的人,必须信有神,且信他赏赐那寻求他的人。"(来 11:6)正如那位把被鬼附身的儿子带到耶稣那里求得医治的父亲那样,我们不得不诚实地喊着说:"我信! 但我信不足,求主帮助!"(可 9:24)

当我们寻求神帮助我们理解、相信和顺服圣经时,谦卑并相信的态度是绝对必要的。雅各写道:

> 你们中间若有缺少智慧的,应当求那厚赐与众人、也不斥责人的神,[主]就必赐给他。只要凭着信心求,一点不疑惑;因为那疑惑的人,就像海中的波浪,被风吹动翻腾。这样的人不要想从主那里得什么。心怀二意的人,在他一切所行的路上都没有定见。(雅 1:5—8)

同样,因为顺服是真信心的果子(雅 2:14—26),神期待他的儿女行事为人与他们所蒙的呼召相称(弗 4:1)。的确,如果一个自称为基督徒的人没有顺服的生活习惯(并为他的失败悔改),他与主的关系就会受到阻拦。持续犯罪而不悔改的生活习惯,表明那人所宣称的信是假的(约一 1:6)。

彼得警告说:"你们作丈夫的也要按情理和妻子同住,因她比你软弱,与你一同承受生命之恩的,所以要敬重她,这样,便叫你们的祷告没有阻碍。"(彼前 3:7)一个牧师如果对妻子和孩子都没有爱心和牺牲精神,就没有理由期待会在书房中或讲台上得到圣灵的光照。《希伯来书》的作者警告说:"非圣洁没有人能见主。"(来 12:14)④如果生活中没有活出信心和顺服(当然我们的生活也常有失败和失败之后的悔改;约一 1:8—10),我们就没有理由期望在明白和阐释圣经上得到神的帮助。事实上,当保罗列举牧师的资格标准时,除了一样,其余都是对品格的要求——在教会和世界面前过正直的生活(提前 3:1—7;多 1:5—9)。⑤向聚在一起的会众解释神话语的人,必须是按照那话语去生活的人。

耶稣在教导门徒主祷文之后说:"你们饶恕人的过犯,你们的天父也必饶恕你们的过犯;你们不饶恕人的过犯,你们的天父也必不饶恕你们的过犯。"(太 6:14—15)我们可能会背诵系统神学课本中的一段话,但如果我们的生活缺乏我们所宣称的爱和信,那么我们只不过是鸣的锣、响的钹——空洞、惹人厌烦、喧哗聒噪的家伙(林前 13:1)。

保罗给腓利门的信开头写道:"我祷告的时候提到你,常为你感谢我的神,因听说你的爱心并你向主耶稣和众圣徒的信心。"(门 4—5)相信主耶稣并爱他人,这是在学习圣经上可以讨神喜悦的基本条件。

不要仅仅认同纯正的释经原则,还要应用

在我任教的神学院里,校园中心有一块宽阔而绿油油的草坪。

---

④ 尽管《希伯来书》的作者看似在指一个人在最后审判时在主面前的光景,但这一陈述在今生也是同样真实的。

⑤ 清单上唯一技能方面的或非品格的要求,是善于教导(提前 3:2;多 1:9)。

几十年前,草坪中间有两条平行的人行道。尽管这两条人行道消失已有多年,到了炎热的夏天,还是能看见草坪中间重新出现两条棕色的路带。为什么中间的草每年夏天都会变成棕色呢?很可能是因为人行道之下的泥土被踩压得很紧实,或者原来在人行道上用过控制杂草的化学制剂的缘故。无论如何,关于人行道的记忆很难抹去。类似地,学生在释经学课堂上很可能逐渐认同纯正的释经原则,但在他们日常的服侍中,旧习惯却不断抬头。

在释经方法的理论和实践上保持一致,这不仅仅是现代牧者才有的挣扎。研究圣经解释历史的专家经常指出,整个教会历史上都得到支持的纯正释经原则却没有被一贯践行。马丁·路德虽然谴责寓意解经,但他自己有时也陷入其中。[6] 同样,奥古斯丁列举出一些有益的释经原则,自己却没有一贯践行。[7]

一个学生可能会在释经学这门课的所有考试和作业上都拿满分,但在服侍中仍然不能忠实解释圣经。一旦学生走出教室这一特定环境,他就会像在他之前的众多牧者一样发现,与即兴谈论他认为人需要听到的相比,准备一篇忠实于圣经的讲道或查经要难得多。

没有按正意分解神的道,导致的一个可悲后果,就是使会众灵里挨饿并产生疑惑。随着时间推移,坐在不忠心解释圣经之人下面

⑥ Robert H. Stein, *The Method and Message of Jesus' Teachings*, rev. ed. (Louisville, KY: Westminster John Knox, 1994),48.
⑦ Bernard Ramm, *Protestant Biblical Interpretation: A Textbook of Hermeneutics*, 3rd ed. (Grand Rapids: Baker, 1970),37.

听讲的会众,不会学到应当如何正确理解圣经,相反学到的是曲解圣经。这种错误的解释方法也会影响到孩子们,结果很可能导致成百上千人被带入谬误和灵性的萎靡之中。考虑到一个不负责任的传道人能够引起的毁坏,难怪雅各说:"我的弟兄们,不要多人作师傅,因为晓得我们要受更重的判断。"(雅 3：1)

不忠心的释经者还会造成一种灵里的彼此依赖——会众感到他们一定要倚靠牧师才能理解经文,因为他们自己无法看到牧师教导中所强调的事情。这些可怜、饥饿的婴儿,本应得到神话语的灵奶喂养(彼前 2：2),却每周用憔悴的目光注视讲台,渴望天上降下吗哪。

有礼貌地征询并接受反馈

我所在教会主要负责教导的牧师有一个习惯,就是每周六晚上把星期天的讲道用电邮发给他信任的五六位朋友。朋友的责任是对他的信息给予鼓励和纠正。我一般挑不出什么问题来,但偶尔我的话帮助他避免错误。

当我刚开始讲道的时候,我总会请妻子读我的讲章。有时,她的批评非常严厉,我不愿意听;但经过反思之后,我通常会采纳她的意见。

如果想知道你教导的真实状况——无论是释经水平还是讲道水平——你就一定要去征求别人的意见。而且,你很可能要反复询问,要向他们明确一点,即当他们告诉你真相时,你不会反击或对他们怀恨在心。在发问前就要确定你要说些什么。你可以在心中演练几次。比如,以下这些话你可以根据具体情况参考使用。

> 要问你这个问题,我还真有一点紧张,因为我知道自己还有很多要改进的地方,我真诚希望你能如实地把你对我讲道的反馈通过邮件发送给我。我希望成为一个更忠实解释圣经的人、更好的沟通者,我相信你能给我帮助。你可以毫无顾忌地提出意见,也可以大胆批评。这正是我希望得到的。

还有,你要事先就决定不为自己辩护。即使你觉得有一些意见不中肯或不合理,也单单用感恩之心回应。如果你试图为自己辩护,那就永远不要再想从回应你的人那里得到诚实的反馈。

如果你觉得向现场听众敞开心扉接受批评很难为情,你可以把你的讲章或圣经学习课程发电邮给你大学或神学院的老朋友。咨询在场听众的意见是最理想的。一段时间过后,你就会建立起一个可信任的咨询团队,你会看到他们的释经能力和你一同进步,这是令人欢喜的。很可能,神会借着这些关系兴起能够担负教导服侍的其他领袖。

当你寻求别人帮助来提升释经能力时,这里有两句箴言供你默想。

- 《箴言》27:17:"铁磨铁,磨出刃来,朋友相感,也是如此。"

• 《箴言》24：26："应对正直的，犹如与人亲嘴。"

获取和运用圣经学习工具

16 世纪的教会领袖伊拉斯谟（Erasmus）说："当我有一点钱时，我就买书；如果还有剩余，才买食物和衣服。"⑧我们可以为没有生活在那么贫乏的时代而感恩，但一个勤奋学习圣经的学生一定会把购买学习圣经的辅导书放在优先地位。

除了几部圣经现代译本（参看问题 7）以外，你最需要购买的很可能是一本好的研读本圣经。研读本圣经不但能够提供每卷书的概览，而且还有章节注释，可以帮助你明白较为难解的句子。研读本圣经的注解显然会反映注释者的神学立场。为此，我推荐新国际版研读本圣经*和英文标准版研读本圣经**（Crossway）。这两本广受尊重的研读本圣经中的注释，代表了福音派学术研究的广泛共识。

若要不断地研习圣经并寻找更有深度的参考工具，可以参考问题 13"对释经有帮助的书籍或工具有哪些？"。

---

⑧ 这句有趣的话常常被人引述，据说出自伊拉斯谟。我在他出版的作品中找到最接近的话是："一旦钱到了，我要做的第一件事就是买一些希腊文工具书，然后才买衣服。"（Letter 124, "To Jacob Batt, Paris, 12 April [1500]," in *The Correspondence of Erasmus*, *Letters 1 to 141, 1484 to 1500*, trans. R. A. B. Mynors and D. F. S. Thomson [Toronto: University of Toronto Press: 1974], 1: 252）
* 中文版参见《新国际版研读本圣经》，米尔敦：更新传道会，1996 年。——编者注
** 可参见《中英对照圣经》（中文和合本/ESV 英文标准版），南京：中国基督教两会，2009 年。——编者注

传递你所学的

在属灵的生命上,你要么是一潭死水,要么是一股活泉。如果你不断学习,却从不分享所学的,你就会像一个布满浮萍藻类的池塘。以上的众多建议都假设,本书的读者已经参与或将要参与某种公开服侍。或许你不认为自己应该参与公开服侍,但在与圣经有关的事情上,神的所有子民都应该把他们学到的真理分享出来。即便你只是与你的孩子、配偶和邻舍谈论圣经,你还是应当努力把学到的关于神的新认识分享出去。

116

💬 问题与反思

1. 你每天都阅读圣经吗? 如果没有,为什么不从今天开始?

2. 你的教会忠实教导圣经吗? 你和你的家庭借着教会的教导得到造就和受到挑战吗?

3. 如果你现在在教导或传讲圣经,你有没有获取反馈意见的方法?

4. 你有没有一本研读本圣经? 如果有,是哪里出版的? 该研读本圣经的目的是什么?

5. 你在哪种人际关系中有机会分享你从圣经中所学到的?

进深学习

ESV Study Bible. Wheaton, IL: Crossway, 2008.

Zondervan NIV Study Bible. Rev. ed. Edited by Kenneth L. Barker, et al. Grand Rapids: Zondervan, 2008.

问题 13
对释经有帮助的书籍
或工具有哪些 ❓

作为一名新约教授,我常常会被人征求有关字词研习工具和注释书的意见。当然,我主张使用优秀的工具书帮助学习圣经,但在探究这个问题之前,为了确保方向正确,让我们先来看看清教徒牧师理查德·巴克斯特(Richard Baxter, 1651—1691)的两段话。

仔细选择你所读的书。永远把圣经摆在最高的位置;然后是能够解释和应用圣经的最佳论著,其观点纯正、生动,有助于属天默想;再其次是那些可靠的历史著作,尤其是关于教会历史……但要小心假教师作品的毒药,因为它们会败坏你的悟性。①

读书多，不一定使人有智慧或成为良善；还不如认真读几本，确保所读的是最好的书。在同一主题上阅读很多书必然会浪费大量宝贵时间。②

这两段话有两点非常突出：圣经的优先地位，以及在选择要参阅哪些书籍方面必须要有辨别力。在本章中，我们认定圣经的优先地位，然后提供在不同类别中具体阅读书籍的建议。

研读本圣经

研读本圣经提供对圣经经文的详细注解。这种圣经通常主张某个神学立场（比如改革宗研读本圣经、灵恩生命研读本圣经），或者关系到某个特别群体的问题（比如妇女研读本圣经、军人研读本圣经），或者从某种神学学科视角进行探究（护教学研读本圣经、考古学研读本圣经），或者扩大某位优秀基督教教师的影响力（麦克阿瑟研读本圣经［约翰·麦克阿瑟］，新归纳研读本圣经［凯·阿瑟］）。对于一个初信的基督徒来说，研读本圣经能使他受益良多，因为书中有简明摘要和关于各卷书的历史背景，还提供了关于难解经文和

---

① Richard Baxter，"A Christian Directory，"part I ("Christian Ethics")，chapter II，Direct XVI，in *The Practical Works of Richard Baxter*（London：George Virtue，1846；reprint，Morgan，PA：Soli Deo Gloria，2000），1：56（粗体为本书作者所加）。
② Richard Baxter，"A Christian Directory，"part III ("Christian Ecclesiastics")，"EcclesiasticalCases of Conscience，"Question 174，in *The Practical Works of Richard Baxter*（London：George Virtue，1846；reprint，Morgan，PA：Soli Deo Gloria，2000），1：731（粗体为本书作者所加）。

富有争议的经文的讨论，以及串珠对照和索引。如果使用不当，研读本圣经就变成了拐杖，使基督徒自己不必努力思考，不去刻苦钻研。还有，如果你购买的研读本圣经持某种特定的神学立场，你就会面临让这一神学偏好优先于圣经经文本身的危险。

如果要找一本能够代表福音派学术研究广泛共识的研读本圣经，Zondervan 出版的新国际版研读本圣经和英文标准版研读本圣经是最好的版本。

经文汇编

经文汇编就是圣经的索引。详尽的经文汇编会列出圣经每个词每一次出现的情形（连"这"与"和"都有列出！）。许多使用英王钦定本圣经（KJV）成长起来的人，都熟悉《斯特朗经文汇编》（*Strong's Concordance*）。这是由詹姆斯·斯特朗（James Strong，1822—1894）编纂的英王钦定本圣经的详尽索引，首次出版于 1890 年。所有主要英文圣经译本都有相关的经文汇编，如果你要买经文汇编，就应该买和你经常使用的圣经译本一致的经文汇编。根据形式对等原则翻译的圣经（比如，新美国标准版圣经或英文标准版圣经），因为尝试以希腊文或希伯来文为基础并忠实于字句，就更容易配合经文汇编使用。使用得当，经文汇编不但能帮助人找到同一个词在圣经译本中重复出现的地方，而且能够确定相应的希腊文或希伯来文用词（希腊文或希伯来文的用词有编码，那些不懂这些语言的人可以追踪它在整本圣经中反复出现的地方）。

使用经文汇编时,那些语言学知识有限的人可能会对他们识别出的反复出现的字词不知如何处理。比如,语言学的一个基本原则是字词有多种含义,上下文是决定其意义的最重要因素。释经新手使用经文汇编时,可能会不顾某个词在上下文中的细微差别,凡是出现这个词时都做统一处理。但若加以适当提醒,经文汇编还是很有帮助的。所有优秀的圣经软件也都会有一个像详尽索引一样的搜索功能(详情见以下的软件类别说明)。

119

▶ 字词研习工具

纵观基督教历史,对字词研究的需要最少。随着越来越多优秀的现代英文圣经译本的出现,圣经读者可以享受学者辛勤研究的成果。同时,基督徒想要从圣经中的每一个字词汲取精华的愿望也是健康的。然而,像我们以上指出的,未在语言学方面受过良好训练的人,他们的盲目热情可能会导致对经文的曲解。以下是在字词研习中会遇到的两种常见危险。

1. **不合理的整体转移**。所有字词都有其词义范围,而我们不可以只要遇到这个词,就不作区分地曲解。也就是说,如果读者把一个字词**包含**的全部意思应用在这个字词出现的每一处,他就是错误地把这个字词的全体意思都用于各个具体的情形中(因此就有了"不合理整体转移"的说法)。人们会宽容释经语言学方法的错误,但绝不会容忍这种事发生在日常交谈中。比如，一个人说："你刚刚用'cell'这个词描述你的手机。根据这个词的词意，我理解，你的电话是一个关禁闭的小房间，也是一种无线电设备，还是一个微小的原生质斑块。"*** 很显然，这里的"cell"只能是其中一种含义。然而，我们是不是曾经听到传道人对圣经中某个字词的"真正意思"做出类似冗长的解释？你可以从比如扩展版圣经译本（The Amplified Bible）这样的书中看到这种危险，该译本列出了大部分字词的几种不同意思。如果没有进一步的指导，这样的工具就会误导人走向错误的整体转移。

2. **词源学谬误**。词源学是对字词起源的研究。因此，词源学谬误就是错误地相信，了解了一个词词义的历史发展就可以加深我们对其现代意义的理解。在圣经研究的不同时期，即使是受过良好训练的学者都曾被词源学所迷惑。在通常的讲道中，我们有时听到讲员说出一个字词的词源，认为这是"这个词真正的意思"。这种情况非常常见。为了说明词源学谬误的荒唐，我会给我的学生列举几个英语语言方面的例子。比如：

- 当你听到**燕尾服**（tuxedo）这个词，无疑你就会想到这个词来自阿尔冈昆印第安人的"狼"（wolf）一词。那么，你好

※ cell 这词的英文意思包括"蜂窝""小房间"和"细胞"等。——译者注

像下意识听见自己在说，"那只衣冠楚楚的狼！"

- 当你的邻居说他要在院子里的蒲公英（dandelion）上喷一些除草剂时，你就会想到这个词源自法语，意思是"*dent de lion*"（狮子的牙齿）。你可能会问："那些咆哮的杂草又在用它们锋利的门牙吞噬你的草坪吗？"

- 当你的妻子对你说她晚餐准备做意式肉酱千层面（*lasagna*）时，你会情不自禁地想到希腊词"房间里的便壶"（*lasonon*）。你会天真地问："要从马桶里面夹菜吗？"

事实上，字词的意思是由作者依据本身所处的历史环境赋予的。语言的习惯用法（字词可能的意义范围）限制了它可能有的意思，除非作者清楚指出，他使用的是和平常理解不同的意思。因此，在 21 世纪初，如果说一个人穿着"gay clothing"* 而不做任何解释，那么这个词语的意思就与 17 世纪初钦定本圣经对《雅各书》2：3 的翻译截然不同。

尽管我们对字词研习的误用提出了这么多警告，但字词研习在明确一些重要词汇的细微差别上是很有帮助的。比如，某个冷僻词汇很难在同时代找到同义词，我们就可以合理地诉诸词源学去决定它的意思。还有，圣经中的专有名词（人名或地名）经常受到其词源

---

* gay clothing 在钦定本圣经中译成"华美衣服"，但今天这说法有"同性恋服装"之意。
　　——译者注

的影响。③ 对于没学过希腊文或希伯来文的人，最可靠而方便的字词研习工具可能是《孟恩思新旧约字词详解词典》（*Mounce's Complete Expository Dictionary of Old and New Testament Words*）。要想得到更多内容，请参考《新国际版旧约圣经神学注解词典》（*The New International Dictionary of old Testament Theology and Exegesis*）和《新国际版新约圣经神学注解词典》（*The New International Dictionary of New Testament Theology*）。

▶ 注释书

注释书在解释圣经经文时，常常使用逐节或逐段解释的方法。有的一卷本注释书内容包括整本圣经，但针对某卷书的专门注释书对经文才有最广泛和深入的思考。个别注释书有时也会集中注释几卷相关的书，比如说，约翰书信（约翰一、二、三书）或者教牧书信（《提摩太前书》《提摩太后书》《提多书》）。

如果打算讲解整卷《罗马书》，谨慎的老师手头应该有几本《罗马书》的优秀注释书，④以便他每周预备讲章时阅读。注释书最大的好处是，它仿佛建立了一个虚拟社区，信徒在这里和老师一同讨论经文。神的意思不是要一个基督徒教师孤立服侍，或拒绝接受教会

---

③ 见 Robert H. Stein, *A Basic Guide to Interpreting the Bible : Playing by the Rules* (Grand Rapids: Baker, 1994), 173。

④ 全圣经一卷本注释的最佳作品之一，见 *The New Bible Commentary : 21st Century Edition*, ed. G. J. Wenham, J. A. Motyer, D. A. Carson, and R. T. France (Downers Grove, IL: InterVarsity Press, 1994)。（《证主 21 世纪圣经新释》，香港：福音证主协会，1999 年。——编者注）

中其他有恩赐教师的有益贡献。在最基本的层面上，注释书可以防止一位教师陷入特异的释经中。的确，如果你是唯一按某种意思理解一处经文的人，你差不多肯定是错的。

以下是关于使用注释书应该注意的一些提醒。

1. 牧师或勤奋的平信徒有时很想购买全套注释书系列，也就是由一个出版商出版的同一系列。虽然拥有统一封皮的全套注释书系列，摆在书架上看起来很不错（让人觉得拥有者是博学之人），但最好还是根据学术质量购买单本的注释书。同一系列的注释书通常在质量方面差异很大。把钱花在平庸或低劣品质的书籍上是一种浪费。我有几个系列的全套注释书，但都是在折扣很大时买的。

2. 学习勤奋的基督徒容易受到诱惑想去购买一些圣经注释软件。这些软件提供上百种注释书，并许诺可以另行添加其他电子版注释书。然而，如果你现在并不喜欢在电脑上阅读，那么在购买数字图书馆时就应该事先想清楚。而且，一些圣经软件中很多标准配置的作品版权已经公有（很可能从网站上就能免费下载），或者研究价值极其有限。不论是电子版还是印刷版，要真正得到最好的注释书，一般都需要花钱购买。我的笔记本硬盘上有一整套释经书系列，《释经者的圣经注释》（*The Expositor's Bible Commentary*，Zondervan）。这个系列也有纸质版本，共 12 册。我喜欢这个系列的电子版是基于两个原因：第一，当我带电脑旅行的时候，我可以使用至少一本对解释圣经任何一卷书比较有帮助的注释书；第二，当我急着写电邮，回答关于某一段圣经经文的问题时，我有时可以把电子版注释书中的一部分复制过去（当然会注明引用），这样可以节省时间。

3. 基督徒应该逐步、谨慎地建立他们的个人图书馆。当你开始细致研习圣经中某卷书时，你应该至少参考一到两本指南，来决定要购买哪些注释书。特伦佩尔·朗曼（Tremper Longman）的《旧约圣经注释纵览》（*Old Testament Commentary Survey*）和卡森（D. A. Carson）的《新约圣经注释纵览》（*New Testament Commentary Survey*）提供了很好的建议，⑤值得通篇浏览，并特别参考它们对购买和使用注释书的总体性建议。

4. 许多牧师和教授的书架上满是从来没读过、也不会读的大部头著作。买你从来不会读的书的钱，可以花在更有用的东西上。有很多方法，可以帮助你用负担得起的方式得到你所需要的书。发挥创造力和勤奋，你的勤俭会有所收获。

---

⑤ Tremper Longman，*Old Testament Commentary Survey*，4th ed. （Grand Rapids：Baker，2007）；and D. A. Carson，*New Testament Commentary Survey*，6th ed. （Grand Rapids：Baker，2007）. 另见 John Glynn，*Commentary and Reference Survey：A Comprehensive Guide to Biblical and Theological Resources*，10th ed. （Grand Rapids：Kregel，2007）。

软件程序

软件程序在两方面对圣经学习有极大帮助：

1. **定位圣经经文**。如果你接受过一些希腊文或希伯来文的训练，你就可以使用软件程序中一些便利、省时的功能——链接词库、分析经文句子成分、按词的形态进行搜索等等。在我看来，最好的软件程序是 Bibleworks（我个人最喜欢的）、Accordance（苹果用户）、Logos/Libronix 和 Gramcord。如果你不会希腊文或希伯来文，但想使用软件去查寻英文圣经，那么像 E-sword 这样的免费软件就应该够用（见 www.e-sword.net）。

2. **提供有用的参考书籍**。我个人比较偏向使用印刷版的书，但如果你喜欢阅读电子书，最好的电子书图书馆软件是 Logos/Libronix。主要神学著作出版商的几乎每本书都可以在 Libronix 上找到。

网站

以下是我知道的几个在圣经和神学研究方面比较有帮助的网站，不代表我同意它们所有的内容：

• www.biblegateway.com：可以查阅经文和比较不同的圣经

译本。

- www.bible.org：拥有不同的圣经和神学资源。

123
- www.desiringgod.org：约翰·派博事工网站，有各种丰富的资源。

- www.fpcjackson.org：有几百份利根·邓肯（Ligon Duncan）的讲道手稿。

- www.monergism.com：加尔文主义观点的资源。

- www.theopedia.com：神学百科全书（网上百科）。

- www.equip.org：由"圣经达人"汉克·汉格拉夫（Hank Hanegraaff）创办的护教学网站。

- www.watchman.org：反邪教网站。

- www.4truth.net：由美南浸信会北美宣教机构创办的护教学网站。

- www.ntgateway.com：和新约圣经相关的网站"专业索引"。

- www.greekbible.com：希腊文新约圣经，附带词汇和解析词句方面的帮助。

- www.biblicalfoundations.org：提供了新约圣经学者安德鲁·克斯坦贝格（Andreas Kostenberger）有帮助的圣经思考。

轻点鼠标就能得到的丰富资源真让人陶醉。然而，领悟真理的智慧却并不容易掌握。神学初学者必须小心避免陷入剽窃、肤浅阅读、重复别人错误、误解他人观点的危险。

进深研究

当你在释经方面的技巧增长之后，你会希望涉及其他领域，比如学习系统神学、侍奉实践、教会历史和宣教学等等。基督教经典著作（过去年代的作品）不容忽视，它们能够存留到今天是有原因的。阅读一份经典著作的现代版摘要，绝不能和咀嚼原著相提并论。更多进深学习的方法之一，就是多听以下两个网站高质量的福音派学者的音频讲座：www. biblicaltraining. org 和 www. worldwide-classroom.com。

问题与反思

1. 你目前学习圣经的工具有哪些？

2. 你是不是拥有一些有用的圣经研习工具，但你一直没有使用过？为什么？

3. 在以上提到的众多资源中，你最想购买的有哪些？

4. 你有没有曾经陷入过以上所说的字词研习的谬误当中？你觉得你现在已经明白了这些谬误，不会再重蹈覆辙了吗？

5. 如果有人问你："你能推荐一本书帮助我理解《传道书》吗？"你会去哪里找相关资料的可靠建议？

进深学习

BibleWorks Version 8.0：Software for Biblical Exegesis and Research. BibleWorks，LLC. 2009. See www.bibleworks.com.

Brown，Colin．，ed. *New International Dictionary of New Testament Theology*. 4 vols. Grand Rapids：Zondervan，1975，1986.

Carson，D. A. *Exegetical Fallacies*. Grand Rapids：Baker，1996（See "Word-Study Fallacies," 25－66）.（中文版参见 D. A. 卡森：《再思解经错谬》，余德林、郭秀娟译，台北：校园，1998 年。——编者注）

_____. *New Testament Commentary Survey*. 6th ed. Grand Rapids：Baker，2007.

The Expositor's Bible Commentary 5. 0（computer software）. Edited by Frank E. Gæbelein，J. D. Douglas，and Richard P. Polcyn. Grand Rapids：Zondervan，2003.

Glynn，John. *Commentary and Reference Survey：A Comprehensive Guide to Biblical and Theological Resources*. 10th ed. Grand Rapids：Kregel，2007.

Longman，Tremper. *Old Testament Commentary Survey*. 4th ed. Grand Rapids：Baker，2007.

Mounce，William D.，ed. *Mounce's Complete Expository Dictionary of Old and New Testament Words*. Grand Rapids：Zondervan，2006.

VanGemeren，Willem A.，ed. *New International Dictionary of Old Testament Theology and Exegesis*. 5 vols. Grand Rapids：Zondervan，1997.

B 篇

与经文意思相关的问题

问题 14
谁决定经文的意思 ❓

任何交流行为，不论是演说、谈话，还是写信或者发电子邮件，都有三个要素：写作者或讲者、文本或所说的话语、读者或听众。[①]这些不同要素在交流过程中怎样影响或决定意思呢？谁或什么才是意思的最终判定者——如果真有这么一个判定人的话？学者们对此各持己见。我们下面要浏览几种主要观点，并指出作者才是意思的最终决定者。

📖 读者决定意思

世俗学校解释文学的主流方法强调，读者是意思的最终决定

[①] 当然，这是交流的主要范式，还会有相关的变更，比如，两个聋人之间的交流，就得有打手语的人、使用的手语和看这手语的人。或者，在间谍之间，就得有编码器、密码和解码器。

者。根据这种理论,即便作者能站起来为自己辩解说:"那不是我的意思",读者也会回应说:"谁在乎你要说什么? 这是**对我**受用的意思。"这种读者决定意思的方式,有时也叫作文学的读者反应法(reader-response approach)(也就是,每位读者在回应文学作品时创造意思)。读者创造的意思,有时是由不同的哲学或社会学观点有意识地驱动的(比如,马克思主义解读法、女权主义解读法、同性恋解读法、环保主义解读法和解放主义解读法等)。有时,读者可能完全诉诸自己的独特想法,与更广泛的社会议程毫无关系。我们需要注意的是,读者反应法**不是**读者发现作者的意思,也不是读者把作者的意思应用在自己的生活中。读者实际上是意思的创造者或决定者,这种方法排斥任何外在的裁决者。[②]

128

　　当然,这种解释方法导致读者提出各自不同、甚至与文本对立的理解。拥护这种方法的人,宁愿承认各种互相矛盾的解释,也不会建议哪一种解释更好。读者反应法的背后,是人拒绝绝对性的陈述。一种不受欢迎的陈述是这样开始的:"这个文本的意思是……"人们可以接受的说法如下:"**对我来说**,这个文本的意思是……"在一个多元化和多元文化的社会中,声称最终只有一种合理的解释或意见,似乎是一种自大的表现。

[②] Robin Parry 提出了有益的警告:"读者反应法不是一种单一的理论,它汇集了几种不同释经理论,侧重读者(或读者群体)在释经中的积极角色。持有不同理论的人在以下一些问题上还存在分歧:在解释的过程中,文本起到多大的控制引领作用,读者所在群体的角色,文本的历史解释所发挥的作用,他们所说的读者是专家还是普通读者等问题。"("Reader-Response Criticism," in *Dictionary for Theological Interpretation of the Bible*, ed. Kevin J. Vanhoozer [Grand Rapids: Baker; London: SPCK, 2005], 658 – 659)

文学作品的读者反应法背后的另一个问题，就是假设语言是一种工具，它要么用来压迫，要么用来解放。③ 也就是说，文本本身并不是要传达或接受信息，它首先是宣告权力。虽然包括圣经在内的文本的确引起行动和改变，但若有人把文本阅读和写作归结为一种卑劣的权力游戏，此人就一定非常愤世嫉俗。

现代美国已经被这种文学上的读者反应法和它背后的假设所渗透，所以很难不受其影响。事实上，许多自称为基督徒的作者和学者已经采纳了读者反应法，这和早期教会在希腊罗马文化影响下采纳寓意式解经非常相似（见问题 9，"教会历史上是如何解释圣经的？"）。我要举出两个应用这种方法解释圣经的例子。

1. 我女儿有一本别人给她的儿童圣经，这本书在讲完约瑟的故事后附有这样的问题："有没有人曾经送给你一件新外套或毛衣？你穿上新衣服有什么感觉？"④很明显，这本儿童圣经的作者看重自尊和自我肯定。原著作者记载约瑟的故事，显然不是要让我们对别人是否肯定我们做出情感反思，但这本儿童圣经的现代作者是为了这个目的使用这个故事的，因此就产生了与圣经作者意图相悖的意思。这里的问题并不在于解释者的观点是否成立（也就是说，是否鼓励情感反思以建立自尊），而是受神默示的圣经作者的目的、意图和意

129

---

③ 从技术上说，这种说法更多属于解构主义，但方法上有交叉。
④ 这些问题是凭印象记下的。我们没有留下那本圣经。

思是什么?

2. 前不久,我们夫妻俩遇见一位女士,她刚刚通过一个福音机构的事工信主,并在一间主流教会聚会,该教会基本由未真正重生得救的人组成。有一次,她对牧师传讲的一段经文感到很困惑。牧师讲的是《马太福音》13:24—30(关于麦子和稗子的比喻)。他鼓励会众除掉他们生命中的稗子,精心培育麦子。这位女士惊愕地说:"可是,我从圣经中读到的是,耶稣自己解释说稗子是那要被丢入地狱的恶人啊!"(太 13:37—43)这位女士所在教会的牧师很可能觉得地狱的教义太得罪人,所以他以一种更合人胃口的方式重新解释这个比喻。

文本决定意思

文本决定法流行于 20 世纪 30 年代到 60 年代的文学圈子。[⑤]和读者反应法不同,文本决定法接受对意思做出更客观评判的裁判者,但那裁判者并不是作者。当作者完成了写作后,文本便开启了自己的命运——包含了作者意图之外的意思,甚至也可能有和原作者意图相反的意思。因此,根据这种方法,了解文本所处的历史环

---

⑤ 这种解释方法叫作新批判或形式主义。Michael E. Travers 写道:"从哲学上讲,现代的形式主义源自康德,从美学的角度看,源自 19 世纪早期的浪漫主义诗人……在美国,形式主义的经典表达可追溯到 20 世纪中期的新批判(New Criticism),在 Cleanth Brooks,John Crowe Ransom,Robert Penn 和 Warren William Wimsatt 等人的著作中都可看到。这些学者希望从当时美国大学课堂对文学作品的人物传记和历史背景研究中走出来,去发展一种以文本为基础的文学批判,这就是'新批判'。"("Formalism," in *Dictionary for Theological Interpretation of the Bible*, 230)

境和原本受众并不重要。

有必要指出，人们对于文本决定法可能会有几种误会。首先，说"圣经说"的人，大部分并不主张文本决定法。他们的"圣经说"一般是指"受神默示的圣经作者说"。其次，不要把文本决定法和发掘作者言外之意的正常释经过程混为一谈。比如，在《箴言》23：10中，受神默示的作者禁止挪移地界的石头去偷窃邻舍的财产。也就是说，其他任何骗取邻舍财产的卑劣方法都是被禁止的。虽然《箴言》的作者没有想过人会用扫描仪在土地测量中弄虚作假，但按照隐含之意，这样的行为当然也是被禁止的。这种在作者意图之内的含义，也属于他书写原作时的原意。

对文本决定意思的一个主要批判是：文本属于无生命的物体——纸上的墨水或石上的刻痕。⑥ 与此相反，意思却是有理智思想的构建。文本可以传达意思，但文本却不能构建意思。意思的构建是作者的任务。因此，意思最终还是作者的权限。

▷ 作者决定意思

最后一种交流理论（也是我所主张的），是文本作者拥有对意思的最终决定权。⑦ 因此，尽可能多地了解历史背景和起初受众这点很重要，它有助于更好地理解作者的写作意图和目的。有时确定作者的意思可能很难，但这是所有合理释经应当追求的目标。这样，

---

⑥ Robert H. Stein, "The Benefits of an Author-Oriented Approach to Hermeneutics," *JETS* 44, no. 3 (2001): 53.

⑦ E. D. Hirsch, *Validity in Interpretation* (New Haven, CT: Yale University Press, 1967).

文本读者的工作，就是发现作者有意表达的意思。

　　支持作者决定意思方法的一个主要论据，就是它是所有交流中的常识性方法。假如你的朋友说："我午饭要吃个汉堡包。"你回应说："你为什么讨厌高加索人？"你的朋友一定会说："你疯了吗？你没有听到我说什么吗？"交流之所以能够延续，完全是因为我们认为有人尝试向我们传达意思，然后我们准备按照说话者或写作者打算传达的意思做出回应。

▷ 对作者决定意思方法的异议

　　以下是一些对作者决定意思方法的异议和相应的回应。

1. **我们完全无法进入作者的思想，所以我们不可能理解作者在文本中的意思。**[8] 我们完全无法进入作者隐秘的思想，这是事实。现在，我正在电脑上打字，我是勉为其难地，还是高高兴兴、集中精力地写这本书？我是被责任感、奉献精神驱使，还是被追求名利的欲望所驱动？你永远不会知道。但是，若我是个称职的作者，你还是能明白我写作要表达的意思和意图。我写这本书时的各种思想和感觉，对我实际要传达的意

---

[8]　William K. Wimsatt Jr. and Monroe C. Beardsley，"The Intentional Fallacy," *Sewanee Review* 54(1946)：468–488. Hirsch 写道："因为解释者不同于作者，所以他的理解必然不同，这种论证的前提是一种对意思的心理学观念，这种观念错误地把思考过程等同于意思，而非这个过程要达到的目标。"(*Validity in Interpretation*，32)

图并不重要。⑨ 理解作者的意思，并不等于发掘他隐秘的思想或感觉。

2. **作者的世界观可能距离我们太远，所以我们永远不能宣称理解了他的意思**。⑩ 有人据此特别针对圣经发出批判，因为圣经书卷成书离我们年代最近的一卷，也在近 2000 年前了。然而，这种批判的失误在于没有看到全人类所拥有的共性。作为具有神形象的受造物，人类文化的差异绝不会造成我们完全无法理解彼此。虽然文化和时代变了，但人类的理智使我们可以认识和解释这些差别。

3. **探索作者要传达的意思会使文本变得与现代读者不相干**。这种批判没有正确理解文本意思和隐含之意的关系（见问题 15，"经文可以有不止一种意思吗？"）。文本的意思是原有作者对文本的预期目的。隐含之意是在不同时代和文化下，根据作者之本义的现代应用。清楚界定作者的意思，就像设定了标界，确保解释者归纳出的隐含之意是正确的。

4. **把意思局限于圣经作者有意识的意图，就是否认神也是圣经的作者**。针对这种批判有两点回应。首先，对绝大部分经文来说，人类作者要表达的意思和神要表达的意思是不可分割

---

⑨ 参见 C. S. 路易斯在他的文章"Fern-seed and Elephants"中的精彩论述，载 *Fern-seed and Elephants and Other Essays on Christianity by C. S. Lewis*，ed. Walter Hooper（London：Fontana/Collins，1975），104 – 125。

⑩ Hirsch 写道："只有激进历史学派的绝对形式主义会威胁到对解释的重新认知，因为它认为过去的意思跟我们有着本质上的隔阂，所以我们不可能'真正'进入到那些意思当中，我们也永远不能'真正'理解它们。"（*Validity in Interpretation*，40）

的。当保罗说"凡所行的,都不要发怨言、起争论"(腓 2：14)
的时候,你不能想象神的意图和人类作者意图之间会有
差别。

其次,区别人的意图和神的意图的难题,只出现在关于
预言的经文中,尤其是很少几处经文,似乎有与人类作者清
晰表述的意图不同。比如,《马太福音》2：15 引用《何西阿
书》11：1 来指出耶稣从埃及返回。然而,《何西阿书》的上下
文似乎只是说到以色列人出埃及(作为一个范式,应用在何
西阿时期被亚述人掳走的人身上)。新约作者对旧约经文的
这种引用,极大地挑战了旧约原作者最终决定经文意思这一
主张。然而,我要说,神的意图可以、也应该归入作者决定论
的释经范畴。圣经的人类作者明白,他们是在以弥赛亚到来
为高潮的救恩历史的轨迹上,他们在分享这点。神在历史上
救赎性的干预,以反复的、渐进的方式进行,达致高潮。旧约
圣经作者根据神之前的干预来理解他们自己所处的时代(比
如,何西阿提及出埃及的事[何 11：1]),这暗示了后来的作
者也会提出未来将有神的干预,这种干预就是在他们那时代
神的救赎。圣经作者知道他们是神的一个更宏大故事的一
部分,期待后来的篇章建立在他们已经陈述的事件上,并进
一步发展。更多关于圣经预言的讨论,请见问题 24["如何
解释预言?(预表)"]。

132

133

💬 问题与反思

1. 你还记得曾经听过根据读者反应法解释圣经的例子吗?

2. 在你看来,为什么文学解释的读者反应法现在如此流行?

3. 你认为读者反应法或者文本决定法有什么优点吗?

4. 神对圣经的默示(圣经具有双重作者)真的可以被归入作者意图决定论的方法吗?

5. 针对作者决定论提出的 4 个异议,哪一个在你看来最有说服力? 为什么?

📖 进深学习

Hirsch,E.D. *Validity in Interpretation*. New Haven,CT:Yale University Press, 1967.

Stein,Robert H. *A Basic Guide to Interpreting the Bible:Playing by the Rules*. Grand Rapids:Baker,1994 (See chap. 1,"Who Makes Up the Rules? An Introduction to Hermeneutics," 17 – 36).

经文可以有不止一种意思吗

这个问题和上一个问题（"谁决定经文的意思？"）有直接联系。如果确认受神默示的人类作者的意图决定经文的意思这说法是对的，那么这个问题的明显答案就是："是的，**如果人类作者有意识要他的作品有多种意思，那么一处经文就可以有不止一种意思**。"

人们对"意思"（meaning）一词的不同用法会给讨论带来混乱。比如，一个人可能说的是经文的"几个意思"，但事实上，他指的是现代的意涵。要更详细地探究一处经文是否有多重意思，首先应该澄清我们使用的术语。

▷ 与释经相关的词汇

我向神学生讲授释经学时，一开始就先界定这学期课程中会反

复使用的基本词汇。以下重要词汇的定义引自罗伯特·斯坦的
著作。

- **意思（meaning）**："作者通过他/她使用的可分享符号（例如书写），有意识地要表达的范式或原则。"①

- **意涵（implication）**："一处文本的附属意思，在逻辑上属于作者意图的范式或原则之内，不论作者对此是否意识到。"②

136

- **意义（significance）**："读者对作者意思的回应。"③当面对这些意涵时，现代读者或听者会以接纳（顺服）或拒绝（违背）来回应。

- **主旨（subject matter）**："文本谈论的'内容'或者'事情'。"④（也就是，文本细节本身，不涉及它们传达作者意思的用途）

我们可以使用一处经文具体说明这些词汇。我们来看《箴言》11：1："诡诈的天平为耶和华所憎恶；公平的砝码为他所喜悦。"这处经文的意思是什么？作者有意教导读者说，人在商业交易中使用诚实的天平，神就喜悦。所以，读者应该用诚实的天平。同样，当人以倾斜的天平欺骗别人时，神就不喜悦。所以，《箴言》的读者被间接警告，不要玩这样的把戏。作者的原始意思（很可能和称量贵重的

---

① Robert H. Stein，"The Benefits of an Author-Oriented Approach to Hermeneutics," *JETS* 44，no. 3(2001)：457.
② Ibid.，458.
③ Ibid.，460.
④ Ibid.，461.

金属和农产品有关)是非常清楚的。

那么意涵是什么？根据现代读者所处的环境,答案可能会各有不同。它们必须在作者有意识的目的范围之内。它们必须是原范式的"附属意思"。比如,一个上下班要打卡的计时工人,按照意涵,当他诚实地按照规定时间上下班并打卡时,神就喜悦。相反,如果他提前 10 分钟离开岗位,让他的朋友在规定的时间帮他打卡(这样他就在自己没有工作的那段时间照样得到了工资),神就不喜悦。这位计时工人听到这些意涵,就会以顺服或违背的态度做出回应(意义)。《箴言》作者显然没有考虑到计时器的问题,但商业活动中是否诚实,这范式具有很多现代的意涵,是作者当时没有意识到的。如果我们去问原作者(当然,这只是一个假设),他会同意现代的意涵符合他原来的意思。原作者决定意思,同样也限制了意涵。有时,我们可以想象和原作者进行对话,确保我们想要谈的意涵是直接出自他有意识的意图和目的。

那么,《箴言》11：1 的"主旨"是什么？"天平"和"砝码"(经文中提及的"东西")是主旨的例子。天平和砝码本身并不是作者教导的目的。你可以想像一个被误导的传道人巨细靡遗地探究古代天平和砝码的构造。这样的资料本身与作者的意思关联不大(作者的意思是商业交易中的诚实行为)。天平和砝码本身不是这处经文的重点,《箴言》的作者提及它们,是要借着当时读者的日常活动传达关于诚实的教导。传达意思时,主旨必不可少,但它本身若不与作者的目的相连,就并不包含意思。

难解经文和多重意思

以上所选的经文(篇 11：1)相对简单,但那些难解经文又当如何处理? 是不是后来的圣经作者在原作者意图之外又给这些难解经文注入了别的意思? 我们下面就来看这样一处经文,以及几种不同的解释方法。

我们在《以赛亚书》7：14 中读到:"因此,主自己要给你们一个兆头,必有童女怀孕生子,给他起名叫以马内利(就是'神与我们同在'的意思)。"通过查考上下文,我们得知这处经文指的是一个孩子,他要生在"女先知家",作为给公元前 732—前 716 年在位的犹大王亚哈斯的一个兆头。以赛亚说,在这应许之子几岁之前,亚哈斯的对手(亚兰王和以色列王)将被亚述打败(赛 7：11—17,8：1—4)。

700 多年以后,马太引用了《以赛亚书》7：14,并且说这节经文在耶稣降生中得到应验(太 1：23)。以赛亚的经文怎么既能正确应用在他的时代(前 722 年),又能应用在马太的时代(约公元前 4 年)? 以下是几个可能的解释方法:

1. 处理这一难解经文的方法之一,就是断言马太误解并且/或者不合理使用了《以赛亚书》7：14。也就是说,马太随意引用这处经文,没有参照以赛亚原本的意图。虽然一些非基督徒学者持这种观点,但基督徒不应该认为这是一种合理的解释,因为马太是受神默示的,他不会不合理地引用旧约圣经(提后 3：16)。况且,历史上最美丽、最有影响力的书卷之一的作者,怎么可能不胜任或欺骗人呢? 马太身为犹太人,写作对象是一群熟知希伯来文圣经的犹太人,在引用旧约经文时不可能采取粗制滥造的态度。

2. 另一种解释《以赛亚书》7∶14 的方法宣称,圣灵在以赛亚的预言中另有一个隐藏的目的。以赛亚并不知道有一种将来的应验,但受圣灵默示的作者马太,把这节经文应用在他所处时代的耶稣身上——表明神对原来的预言有着更全面、更深层的意思,只是他后来才把这意思启示出来。这后来启示的意思叫作"*sensus plenior*"(拉丁文:"更完全的意思")。这种**更完全的意思**的解释方法以一种隐秘的、属神的含义作为最终的解释,它认为没有必要根据原来的上下文证明后来的用法的合理性。然而,如果旧约的一处经文要合理地应用在耶稣身上,那么预期原来的人类作者在某种程度上也有意识打算作如此应用,就再自然不过了。

138

3. 罗伯特·斯坦建议我们把难解的经文,比如《马太福音》1∶23,看作原来经文的意涵。也就是说,马太的用法虽不是《以赛亚书》7∶14 的原始意思,但属于经文的附属意思,原则上与作者的意思并不冲突。据我所知,斯坦从未写作过关于这节特定经文的解释,如果他要解释的话,他可能会这样论证:"在当时的背景中,亚哈斯面临敌人带来的必然毁灭。神把这即将来临的生产当作将要临到的属神救赎的预兆。在马太的时代,神的百姓面临的更大敌人,就是死亡和罪(与他们很久以来已经面临的一样),神没有抛弃他们不顾,而是用一个以超自然方式降生的孩子象征他将要临到的高潮性的干预,给他们带来终极的拯救。"然而,由于以赛亚原先预言的历史特定性,说到底好像还是很难解释马太的用法是旧约经文的意涵。很早以前就已成就的一个单一应许事件,怎么还会有一种这样的意涵?

4. 另一个解释这节难解经文的方法,是把马太引用《以赛亚书》7∶14 的方法看作是预表性的。旧约圣经作者认识到神的干预是渐进性和反复性的,最终要迈向一个高潮性的干预。旧约圣经作者把他们时代的拯救看作是神先前拯救所预兆的。旧约圣经作者以神先前的干预来解释神在他们所处时代的工作,他们对未来更大拯救的期望,就隐含地认可将来可以对他们自己的作品作预表性使用。⑤ 因此,如果我们能回到以赛亚刚写下《以赛亚书》7∶14 的时刻(正在陈述先知跟亚哈斯事先的对话),可能会有这样的对话∶

> 普拉默∶以赛亚先生,恕我冒昧。我来自遥远的未来,想和
> 您聊聊。我刚才从您身后瞥见您写下了一个关于
> 应许之子的预言。它是在说耶稣吗?
>
> 以赛亚∶谁是耶稣?

---

⑤ Jared M. Compton 主张一个类似的方法。("Shared Intentions? Reflections on Inspiration and Interpretation in Light of Scripture's Dual Authorship," *Themelios* 33, no. 3[2008]∶23 - 33)

普拉默：耶稣就是那位弥赛亚,他要永远战胜罪和死亡。

139

以赛亚：哈利路亚！我不知道他的名字,但我知道他要来。你问我写下的经文是"在说耶稣吗",这是什么意思?

普拉默：哦,是这样的。在弥赛亚降生之前,神通过他的一个天使应许说,必有童女生子,这和您这个时代的事件非常相似。耶稣时代一位神的使者马太,说您的这处经文指向的是弥赛亚。

以赛亚：哦,我明白了。正如神所预示,他将通过这超自然出生的孩子来干预世界,同样在最后的拯救中,他又一次应许了一个孩子超自然的降生。历史的平行显明了神一致的意图！当然,我并不十分清楚神怎样重复他的拯救,在你告诉我之前,我也不完全知道最后预表性的呼应。但是,我知道未来的拯救将要来临。我写下这处经文,很清楚知道,以后可能会有重复、平行和提升的救赎事件。是的,是的,这当然是个合理的使用。这就叫作圣经中的预表,是以前发生的事件(预表,type)和后来的事件(原型,antitype)相呼应。

普拉默：感谢您的讲解,以赛亚先生。

以赛亚：平安,再见。

想了解更多关于圣经中预表的讨论,参见问题 24["如何解释预言？（预表）"］。

　　尽管我认为预表的方法很可能是对马太使用《以赛亚书》7：14 的最好解释，这处特定经文还有一些值得注意的特点。有人可能会说，以赛亚当初在说预言时有多重所指。也就是说，以赛亚有意识地意指，《以赛亚书》7：14"童女预言"不但要应验在他的时代，也要应验在遥远将来某位应许之子身上。

　　有什么细节可能表明，除了当时要给亚哈斯王作预兆的这孩子之外，以赛亚还想到另外一个孩子？ 事实上，经文的上下文对这孩子的几点描述似乎是亚哈斯时候的那孩子不能应验的事情。比如，在这节经文的后面，《以赛亚书》9：6—7，我们读到：

140

　　　　因有一婴孩为我们而生，有一子赐给我们，政权必担在他的肩头上。他名称为奇妙、策士、全能的神、永在的父、和平的君。他的政权与平安必加增无穷。他必在大卫的宝座上治理他的国，以公平公义使国坚定稳固，从今直到永远。万军之耶和华的热心必成就这事。

　　如果用这种崇高的描述去形容玛黑珥沙拉勒哈施罢斯（Maher-Shalal-Hash-Baz）（以赛亚的儿子？）亚哈斯时代的那孩子，这就太奇怪了。除了《以赛亚书》8：1—4 提到之外，他就再也没有出现过。而且，在《以赛亚书》8：18 中，先知写道："看哪，我与耶和华所给我的儿女，就是从住在锡安山万军之耶和华来的，在以色列中作为**预**

兆和奇迹。"(粗体是本书作者所加)有意思的是,原文的子—兆头(单数)在这里扩大,变成"儿女""预兆"和"奇迹"——都是复数。

以赛亚可能是以一种预言的眼光看这两个孩子,就像我们从远处看两座山一样。远远看过去,两座并排的山好像是一体相连。你看不出它们之间相隔多远,甚至看不出它们的构造是否各具特点。只有当我们走近其中的一座山,才能看出另一座山其实与这座山相隔一段距离。类似地,有人论证说,有些古代先知在异象中看见未来多重事件也是如此,但他们不能辨别这些事件的年代间隔。未来的不同事件在他们看来好像是在一起发生的(没有严格的年代排序),用一个专业术语来讲,叫作**先知的压缩视角**(prophetic foreshortening)。有人指出,旧约圣经就是用先知的压缩视角来描述耶稣第一次和第二次降临。也就是说,只有耶稣第一次降临实现之后,我们才可以清楚看到,弥赛亚可见的、普世意义上的作王(圆满的国度),是在一段时间间隔之后才发生的。

 ## 问题与反思

1. 你清楚意思和意涵的区别吗? 请用你自己的话解释它们的不同。

2. 参照《以弗所书》5∶18,请讨论它的意思、意涵、意义和主旨。

3. 我们常常听到人们讨论如何把圣经经文应用到他们的生活中(或者说是对经文的应用)。请使用以上介绍的释经词汇,解释人们所说的应用的意思。

4. 《以赛亚书》7∶14 的 4 种解释方法,对你来说哪种最有说服力?

5. 思想《马太福音》2∶15。查看马太引用的旧经文(何 11∶1),留意原来的上

141

下文。以上 4 种对难解经文的研究方法,哪一个最适合马太对《何西阿书》的引用? 对这处经文更多的讨论,见问题 24[“如何解释预言?(预表)”]。

📖 进深学习

Stein,Robert H. *A Basic Guide to Interpreting the Bible*:*Playing by the Rules*. Grand Rapids:Baker,1994.(See chap. 2,“Defining the Rules:A Vocabulary for Interpretation,” 37 – 60).

Virkler,Henry A.,and Karelynne Gerber Ayayo. *Hermeneutics*:*Principles and Processes of Biblical Interpretation*. 2nd ed. Grand Rapids:Baker,2007.

问题 16
圣灵在决定经文意思 ❓
方面的作用是什么

　　基督徒学习和谈论圣经时，一种普遍的现象，就是在理解经文的意思或如何应用时，诉诸圣灵超自然的指引。圣经真的讲说圣灵是这样工作的吗？也就是说，圣灵真的可以引导读者明白圣经经文的真正意思和应用吗？

圣灵的位格和工作

　　在查看圣灵在释经方面的作用之前，我们必须先弄清楚圣灵的身份。圣灵是谁？圣灵是三一神的第三个位格。根据圣经，神是父、子和圣灵（太 28：19）——三个不同的"位格"于一本体之内。① 父是神，子是神，圣灵是神。只有一位神。但父不是子，圣灵不是子，父也不是圣灵。然而论及他们的神性，父、子和圣灵有着同一的良善、智慧、圣洁、知识和权柄等等。②

圣灵由父和子差到世上（约 14：26，15：26）。他住在所有真正跟从耶稣的人里面（罗 8：9；约一 2：20），并使他们能够过悔改和信心的生活（罗 8：1—17）。圣灵赐给神的百姓属灵的恩赐，是为了建造基督的身体——教会（弗 4：11—16；林前 12：4—11）。而且，圣灵为神的百姓代求（罗 8：26），并提醒我们身为神儿女的地位（罗 8：15；加 4：6）。

圣灵默示圣经作者，以至于他们写的每一个词，既是由有思想的人类作者撰写，也受到神的默示，使其无谬误。正如彼得所写的："经上所有的预言没有可随私意解说的；因为预言从来没有出于人意的，乃是人被圣灵感动，说出神的话来。"（彼后 1：20—21）保罗也写道："圣经都是神所默示的，于教训、督责、使人归正、教导人学义都是有益的。"（提后 3：16）在耶稣升天以后，圣灵让使徒想起耶稣的教训，且教导他们更多的事，而这些被记录下来之后，就成为我们所读的新约圣经（约 14：25—26，16：13—15）。

圣经显明自己是受圣灵默示的产物，这毋庸置疑；但圣经是否

① 尽管基督教神学家传统上一直用**位格**（person）这个词来指父、子和圣灵，但我们必须注意神的位格和人的位格之间的区别。人的位格中有独特的智力、背景、观点等。然而，三一真神的位格彼此分享相同的神之属性（智慧、圣洁等）。
② 更多关于三位一体的反思，见 Wayne Grudem, *Systematic Theology：An Introduction to Biblical Doctrine*（Grand Rapids：Zondervan；Leicester：Inter-Varsity Press, 1994），226 - 261。

也讲明圣灵在帮助读者理解经文内容方面起到的特殊作用呢？

圣灵的光照

多数新教神学家认同圣灵光照信徒。也就是说，圣灵使基督徒对圣经经文有更深刻的理解。[③] 神学家们还认为，圣灵的工作关乎使人知罪，也就是感动信徒的良心，让他们认识到圣经的教导确实是真实、适用和应当遵行的。

明白光照不是什么也很重要。格兰特·奥斯本（Grant Osborne）提供了有益的告诫：

"圣灵不会向我们低语一些通过其他方法无法获得的特殊原因；相反，他打开我们的眼睛，让我们认识到那些可以获得的原因。"（1986：234）换句话说，圣灵让读者有能力使用每一种官能去识别神的话语并加以应用。这又如何解释同样属灵的学者在诠释相同经文时又如此不同呢？圣灵使我们能够克服自身的成见，识别出经文的意思，但并不保证我们都会这么做。

对于难解的经文，我们必须使用一切能使用的工具，然而我们

③ Kevin D. Zuber 在研究光照的博士论文里写道："光照的果效主要是认知性的。从这个角度来看，光照也可能会导致对通过认知所得信息的欣赏和应用。从神而来的光照使人对神启示的内容具有更深刻的理解和领悟。被光照的人实际上比未受光照的人更容易'看见'，把握更多思想方面的内容。光照带给人认知上的洞见，就好比一个具有洞察力的人开始画一条线，在画的过程中他'看'到某物，突然这东西'被看作'另一物。观察者经历了认知上的完形（gestalt），使他可以看见更多内容。"（"What is Illumination? A Study in Evangelical Theology Seeking a Biblically Grounded Definition of the Illuminating Work of the Holy Spirit"［博士论文：三一福音神学院，1996］，摘要）

可能还会按照我们的经验和神学倾向去理解这些经文……有些经文十分难懂，可能的确有不止一种解释。我们一定要做出释经的选择，但仍然要对圣灵进一步的引导以及我们同时代人提出的挑战保持开放态度。圣灵使我们能向经文开放思想，但并不悄悄告诉我们正确答案。④

现在，我要做一个类比来解释圣灵怎样帮助基督徒理解圣经。我们可以把学习圣经比作寻宝。想象一下，有两条船，一条船上是身穿绿色衬衫的寻宝者（有圣灵的基督徒），另一条船上是身穿棕色衬衫的寻宝者（没有圣灵的非基督徒）。两条探险队注视着同一片浑浊的水面。他们都看到了海底闪闪发光的东西。身穿绿色衬衫的探险队员说："我看到了一些闪闪发光的东西，看上去好像是金子。我要潜水下去。"身穿棕色衬衫的队员说："我只看到了海底沙子反射的光，我可不跳下去。"如果其他所有条件都一样，那么信徒被赋予了一种能力，使他能够更准确地判断摆在前面的证据，进而凭着认识事物真相而来的内在动力行事。然而，这不是说，信徒因为有圣灵光照，就总能正确地看待事物。还有很多影响释经的因素，比如信徒先天的智力、技能、倾向，尤其是他和神的亲密关系及对神的顺服。

---

④ Grant R. Osborne, *The Hermeneutical Spiral: A Comprehensive Introduction to Biblical Interpretation*, rev. ed. (Downers Grove, IL: InterVarsity Press, 2006), 436–437. Osborne 的这段话引自 John Frame, "The Spirit in the Scriptures," in *Hermeneutics, Authority and Canon*, ed. D. A. Carson and John D. Woodbridge (Grand Rapids: Zondervan, 1986), 234。

就圣经而言,认知(头脑的理解力)和意志(意愿的选择)是一枚硬币的两面。圣经作者不会预想一种情形,一个人既认可圣经的正确意思,同时又拒绝顺服这意思。类似地,我们不能想象一个正常人坐在满是浓烟的房间里说:"我理性上知道警报器在响,但在意志上我既没有能力,也没有动力去采取行动。"

人类的思想和意志在罪中相互联系。人心趋向于自欺、扭曲、邪恶、欺诈和自以为义(耶 17:9)。一个不愿顺服神的人,必然歪曲圣经的教导和他对现实的认知,以此来合理化自己不敬虔的行为。就像《箴言》的作者警告说:"懒惰人说,外头有狮子,我在街上就必被杀。"(箴 22:13)注意,懒惰人没有说:"我很懒,所以不想出去工作。"⑤有罪的人心编造证据,为扭曲的观点辩解。况且,当我们拒绝真理时,神就让我们的眼睛更瞎,并挪去他恩慈的约束,以此惩罚我们。就像保罗对罗马的基督徒说的:"他们既然故意不认识神,神就任凭他们存邪僻的心。"(罗 1:28)这节经文清楚表明了昏暗思想和邪恶行为之间的依赖关系。同样,在《帖撒罗尼迦后书》2:10—12中,保罗认定说:"并且在那沉沦的人身上行各样出于不义的诡诈,因他们不领受爱真理的心,使他们得救。故此,神就给他们一个生发错误的心,叫他们信从虚谎,使一切不信真理、倒喜爱不义的人都被定罪。"接受罪的黑暗所当受的惩罚,就是使他们的思想更加黑暗,并从这内在黑暗生发出恶行。

⑤ 见 John Piper 关于《箴言》22:13 的论文《尝和看》(Taste and See),http://www.desiringgod.org(1998 年 9 月 16 日)。

一些保守的基督徒学者试图否认圣灵光照的工作,或对此重新定义。他们宣称圣经只教导了圣灵影响意志,带来认信,但并没有帮助人认知。⑥ 不幸的是,这种新观点并没有认真考虑堕落给人的理智带来的影响(就是罪如何扭曲了人类思维的过程),也没有严肃看待圣经指出的圣灵可以胜过我们罪之倾向。如上所说,圣灵**并没有**向我们低语一些秘密的、别人不知道的意思,⑦但圣灵的确使我们能更清晰地分辨事实并判断论证的是非。如果我们相信神会赐医生智慧诊断疾病(基督徒的祷告表明他们相信这点),或者神会让大学生在微积分考试时更注意力集中,为什么不相信神也会帮助我们愚钝的头脑去学习圣经? 的确,圣经说神赐教师给教会(弗 4:11—16),这难道不也表明,神至少使教会里的**一些人**被圣灵光照了吗?

非信徒能够部分理解圣经,这并没有否认圣灵的光照工作,却说明了神赐给所有人(重生的和未重生的)理性这一普遍恩典(类似地,按照神的形象被造的非信徒,虽然没有真正爱神和爱人,但却能够有爱心的行为)。而且,非信徒对圣经偶尔的正确解读,也能证实神的启示是清晰的。即使一颗故意悖逆神的心,有时也会知道神的意思。最后,即使一些真诚、敬虔、爱耶稣、信圣经的学者对经文的

⑥ 例如,Daniel P. Fuller,"The Holy Spirit's Rolein Biblical Interpretation," in *Scripture,Tradition, and Interpretation*, ed. W. Ward Gasque and William Sanford LaSor (Grand Rapids: Eerdmans, 1978),189‐198; Robert H. Stein, *A Basic Guide to Interpreting the Bible: Playing by the Rules* (Grand Rapids: Baker, 1994),61‐71。

⑦ 我们可以拒绝 Alan F. Johnson 的断言,他写道:"因为圣经终极的作者不是人类作者,而是圣灵,所以人类作者不知道且无意要表达的意思,都可以通过圣灵向信徒持续的、直接的启示工作而发现,不论他们是否在读经。"(foreword to *Beyond the Obvious: Discover the Deeper Meaning of Scripture*, by James DeYoung and Sarah Hurty [Gresham, OR: Vision House, 1995],13)

解释有分歧,也不能否认圣灵的光照工作。相信圣经的学者,他们之间的分歧很容易被夸大。在那些一直存在争议的问题上(比如说关于洗礼的正确意思)持续存在的分歧只能证明,尽管神的灵在做工,但神的子民还残留有偏见。圣经表明,在耶稣再来之前,信徒在一些次要问题上仍会持续存在分歧。保罗写道:

> 有人看这日比那日强,有人看日日都是一样,**只是各人心里要意见坚定**。守日的人是为主守的;吃的人是为主吃的,因他感谢神;不吃的人是为主不吃的,也感谢神。我们没有一个人为自己活,也没有一个人为自己死。我们若活着,是为主而活;若死了,是为主而死。所以我们或活或死,总是主的人。(罗 14:5—8,粗体为本书作者所加)

只有神才知道,我们有多少神学观点其实是出于私利、偏见、宗派或教会沙文主义,而不是圣灵引导的真诚确信。我们必须与诗人一同祷告:

> 谁能知道自己的错失呢? 愿你赦免我隐而未现的过错。求你拦阻仆人不犯任意妄为的罪,不容这罪辖制我,我便完全,免犯大罪。耶和华我的磐石,我的救赎主啊,愿我口中的言语,心里的意念,在你面前蒙悦纳。(诗 19:12—14)

支持圣灵光照的经文

以下是一些支持圣灵光照之教义的经文。

148

- 《诗篇》119：17—20：[诗人对神祷告说]"求你用厚恩待你的仆人，使我存活，我就遵守你的话。求你开我的眼睛，使我看出你律法中的奇妙。我是在地上作寄居的，求你不要向我隐瞒你的命令。我时常切慕你的典章，甚至心碎。"《诗篇》的各位作者常常祷告求神帮助他们理解和应用神的话语（更多的例子见《诗篇》119 篇）。

- 《马太福音》13：11—16：[耶稣回答说]"因为天国的奥秘，只叫你们知道，不叫他们知道。凡有的，还要加给他，叫他有余；凡没有的，连他所有的也要夺去。所以我用比喻对他们讲，是因他们看也看不见，听也听不见，也不明白。在他们身上，正应了以赛亚的预言，说：'你们听是要听见，却不明白；看是要看见，却不晓得。因为这百姓油蒙了心，耳朵发沉，眼睛闭着；恐怕眼睛看见，耳朵听见，心里明白，回转过来，我就医治他们。'但你们的眼睛是有福的，因为看见了；你们的耳朵也是有福的，因为听见了。"在这段经文中，耶稣把跟随他的人和不跟从的人区分开来。跟从耶稣的人能够真正看见、听见和明白他的教导，因为这是神"加给"他们的（也就是说，他们得到了神的帮助）。

- 《哥林多前书》2：14："然而，属血气的人不领会神圣灵的事，反倒以为愚拙，并且不能知道，因为这些事惟有属灵的人才能看透。"在这节经文中，"神圣灵的事"即是保罗以口头和书面形式所宣告的福音内容。非信徒在意志上拒绝神的信息，是与他们因罪而扭曲的认知密切相连的。

• 《哥林多后书》3：13—16："不像摩西将帕子蒙在脸上，叫以色列人不能定睛看到那将废者的结局。但他们的心地刚硬，直到今日诵读旧约的时候，这帕子还没有揭去；这帕子在基督里已经废去了。然而直到今日，每逢诵读摩西书的时候，帕子还在他们心上。但他们的心几时归向主，帕子就几时除去了。"在这里，保罗谈论到不信的犹太人，说他们心思迟钝，心被蒙蔽——这是用比喻描述他们因拒绝承认圣经怎样指向弥赛亚耶稣而表现出盲目和刚硬（另见，罗 11：7—8）。

• 《路加福音》24：44—45："耶稣对他们说：'这就是我从前与你们同在之时所告诉你们的话说：摩西的律法、先知的书和诗篇上所记的，凡指着我的话，都必须应验。'于是耶稣开他们的心窍，使他们能明白圣经。"《约翰福音》20：22："说了这话，就向他们吹一口气，说：'你们受圣灵。'"这些平行经文从不同角度描述了耶稣复活后的同一次显现。让人惊奇的是，路加描述门徒心窍被打开，得以明白圣经，约翰则把这说成是他们领受了圣灵。只有借着圣灵的帮助，我们才能正确认识到基督是整本圣经的终极意义所在。

149

圣灵光照之教义的实际含义

如果圣经教导说圣灵帮助信徒理解、应用和遵守圣经（如以上的论证），那么在我们对待圣经的方式上，就有了明确含义。基督徒勤读、研习、查考和思想圣经的同时，最终必须在圣经作者神的面前低头承认自己的罪性，并寻求超自然的帮助。圣经学习必须以祷告和敬拜开始。更多关于如何以敬畏之心学习圣经的实际建议，请看问题 10（"解释圣经的一般原则是什么？（1）"）。

问题与反思

1. 你是否听说有人寻求圣灵的帮助支持他对圣经的解释，但你认为他的解释并不合理？你是如何应对的？

2. 以上所提的圣灵在释经方面发挥的两种作用（传统的圣灵光照论和圣灵只在意志方面起帮助作用），你认为哪一种正确？为什么？（或者你是否支持其他对圣灵作工的看法？）

3. 如果以上关于圣灵光照的概念是正确的，这会如何影响你个人的圣经学习？

4. 如果以上关于圣灵光照的概念是正确的，这会如何影响你跟别人谈论圣经？

5. 请在读圣经以前，用心按照以下的祷告词祷告：

请求光照的祷告

永生的神，

请打开我们的心，帮助我们听你的圣言，

以便我们能真正明白；

因明白而相信，

因相信而全然忠心顺服跟从你，

借着基督，我们的主，

在所行的一切事上，寻求你的荣耀。阿们。⑧

进深学习

Ferguson，Sinclair B. *The Holy Spirit*. Contours of Christian Theology. Downers

　　Grove，IL：InterVarsity Press，1997.

Thompson，Mark D. *A Clear and Present Word*：*The Clarity of Scripture*. New

　　Studies in Biblical Theology. Vol. 21. Downers Grove，IL：InterVarsity Press，

　　2006.

---

⑧ 茨温利(Huldrych Zwingli，1484—1531)作，略有改动，收录于 *The Worship Sourcebook*，
　ed. Emily R. Brink and John D. Witvliet (Grand Rapids：Baker；Calvin Institute of
　Worship；Faith Alive Christian Resources，2004)，142。

问题 17
圣经的中心信息是什么 ❓

圣经包含 66 卷书,写作年代跨度超过 1500 年,是一本令人敬畏的书。圣经有一个中心信息吗? 那些看似各不相关的部分是怎样融合在一起的? 当我们读圣经的各个部分时,心中应该牢记怎样的整体画面?

耶稣基督的位格和救赎工作

无论你在读圣经的哪一段经文,都要记住,耶稣基督的位格和救赎之工是神启示的终极焦点,这点很重要。耶稣对他同时代的人说:"你们查考圣经,因你们以为内中有永生,给我作见证的就是这经。"(约 5:39)同样,《路加福音》告诉我们,当耶稣在去以马忤斯的路上和两个门徒说话的时候,"于是从摩西和众先知起,凡经上所指

着自己的话,都给他们讲解明白了"(路 24：27)。《希伯来书》的作者写道:

> 神既在古时藉着众先知多次多方地晓谕列祖;就在这末世
> 藉着他儿子晓谕我们,又早已立他为承受万有的;也曾藉着他
> 创造诸世界。他是神荣耀所发的光辉,是神本体的真像,常用
> 他权能的命令托住万有。他洗净了人的罪,就坐在高天至大者
> 的右边。他所承受的名既比天使的名更尊贵,就远超过天使。
> (来 1：1—4)

圣经开宗明义,神创造了一个完美的世界,然而人类悖逆神,毁坏了这完美(创 1—3 章)。只有通过神所应许的弥赛亚(基督),受造之人才能与创造主恢复完美的相交(创 3：15)。圣经的故事线索显明了人类对耶稣的需要、有关耶稣的应许、对耶稣的期盼、耶稣的道成肉身/临在、耶稣的教导、钉十字架、复活、升天和他要再来的应许。圣经是关于耶稣的一本书。更多关于以基督为中心的圣经本质的讨论,请见问题 18("圣经真的都是在讲耶稣吗?")。

152

在以基督为中心这一根本前提下,我们现在再来讲另外几个组织分类,帮助我们更清晰地看见圣经信息的大画面。

应许和应验

耶稣在登山宝训中说:"莫想我来要废掉律法和先知;我来不是

要废掉,乃是要成全。"(太 5:17)因此,谈到圣经时,耶稣使用的分类是期待/应许(旧约圣经)和应验(他的生、死和复活)。我们在《马太福音》11:12—13 中看到类似的框架,在那里耶稣清楚讲到旧约圣经的预表性质,以及通过弥赛亚的先锋施洗约翰的传道,盼望已久的应许开始应验。耶稣说:"从施洗约翰的时候到如今,天国是努力进入的,努力的人就得着了。因为众先知和律法说预言,到约翰为止。"

再讲一个例子,尽管**应许**和**应验**这样的字眼在《彼得前书》1:9—12 中并没有明确出现,但这段经文包含这些意思。使徒彼得写信给罗马的信徒说:

> 并且得着你们信心的果效,就是灵魂的救恩。论到这救恩,那预先说你们要得恩典的众先知早已详细地寻求考察,就是考察在他们心里基督的灵,预先证明基督受苦难,后来得荣耀,是指着什么时候,并怎样的时候。他们得了启示,知道他们所传讲(原文是"服侍")的一切事,不是为自己,乃是为你们。那靠着从天上差来的圣灵传福音给你们的人,现在将这些事报给你们,天使也愿意详细察看这些事。(彼前 1:9—12)

因此,我们在读经时可以问这个基本问题:我是在读圣经的应许部分,还是应验部分? 这处经文以怎样的方式期盼或者宣告基督的到来?

国度的期盼—国度的开始—国度的圆满   153

耶稣开始他巡回教导的服侍时,宣告了神国的到来(可 1:15)。[1]耶稣不是宣告有一个国度,而是说那期盼的国度伴随着他的生活和服侍开始了。[2] 整本旧约圣经反复提到神是整个受造界的王,特别是以色列的王(代上 29:11;但 4:32;俄 21;诗 22:27—28,103:19,145:11—13)。神的属天王权以先知、士师和人类君王为中介,施行在以色列之上(撒上 8:4—9;诗 2:6—7),但神的子民期盼有一天,神的王权要得到普世承认(诗 67 篇)。耶稣宣告说,神最终、决定性的末世统治,已经在他里面闯入这世界(太 12:28)。然而,耶稣也谈到神国将来的圆满,就是神的子民在神面前将得享安息,神的敌人将被征服的时候(太 8:11)。有时学者们会谈到新约圣经中神国"已然"和"未然"的层面。国度已经在耶稣的生、死、复活里降临,但它尚未完全临在。[3] 虽然这国度正在有力推进,产生出奇妙果效,但它尚未完全和普遍设立(太 11:12—13;可 4:26—32)。

一些圣经学者基于圣经中的国度主题建立了详细的框架。[4] 此外,最近出版的颇具影响力的儿童圣经,也试图使用"国度"作为重

---

[1] "天国""神的国"和"国度",三者尽管有细微差别,但在新约圣经里是替换使用的。

[2] Leonhard Goppelt, *Theology of the New Testament*, ed. Jürgen Roloff, trans. John E. Alsup (Grand Rapids: Eerdmans, 1981),1:45.

[3] George E. Ladd, *A Theology of the New Testament*, ed. Donald A. Hagner, rev. ed. (Grand Rapids: Eerdmans, 1974),61 – 67; and idem, *Jesus and the Kingdom: The Eschatology of Biblical Realism* (New York: Harper & Row, 1964).

[4] 比如 Graeme Goldsworthy, *Gospel and Kingdom: A Christian Interpretation of the Old Testament*, 2nd ed. (Carlisle, UK: Paternoster, 1994)。

要原则来教导圣经的大画面。这本儿童圣经叫《新旧约启蒙故事》
（*The Big Picture Story Bible*），书名相当贴切。虽然我认为，以国度
为坐标看圣经（见图表9）有很多好处，但我还是有三个告诫。（1）如
果只关注国度，就有一种危险——看不到以基督为中心这一圣经本
质。说到底，基督是王，国度在他里面得到展现。"在这地上，哪里
有对基督的相信和顺服，国度就在那里推进。"⑤（2）有人试图用国度
主题来解释圣经中某些经文；尽管这种做法相当聪明，却超出了特
定经文对国度的明确阐述。（3）有人尝试在国度的主题之下将圣经
系统化，忽略了经文本身一些重要的细节。比如，当我用《新旧约启
蒙故事》和我 4 岁的女儿一起读完攻克耶利哥城的记述后，她问道：
"那个女的呢？ 他们为什么漏掉那个女的？"这本儿童圣经的作者略
去了喇合和她超于常人的信心。

154

图表 9　圣经中神的国度

国度阶段	圣经/历史阶段
国度的模式	创 1—2 章
衰败的国度	创 3 章
应许的国度	创 12：1—3
部分实现的国度	创 12 章—代下（列祖时代、出埃及、律法、征服、君主治国）
预言的国度	以斯拉记—玛拉基书

⑤ Mark Seifrid，"Introduction to the New Testament：Historical Background and Gospels，Course Number NT 22200 "（unpublished notes，Southern Baptist Theological Seminary，fall 1998），54.

续　表

国度阶段	圣经/历史阶段
临在的国度	福音书(基督的降生、生活、受死和复活)
宣告的国度	使徒行传—启示录
完全的国度	随着耶稣第二次到来开始

资料来源：Vaughan Roberts, *God's Big Picture*：*Tracing the Storyline of the Bible* (Downers Grove, IL：InterVarsity Press，2002)，157。

▶ 旧约—新约

把圣经看作整体的另一种方式，就是使用圣约的概念。圣约奠定了立约双方关系的基础，说明各方的期望，以及期望得不到实现的后果。根据圣经，神和人的关系建基于圣约(创 17：1—14；出 2：23—25，20：1—24：18；耶 31：31—34；路 22：20；林前 11：25)。由于人类总是悖逆神，不配与神建立关系，因此神和人之间的圣约就总是建基于人不配领受的神的良善和神的自我启示之上。

圣经启示的圣约基础可以在《耶利米书》31：31—34 中清楚看到：

耶和华说："日子将到，我要与以色列家和犹大家另立新约。不像我拉着他们祖宗的手，领他们出埃及地的时候，与他们所立的约。我虽作他们的丈夫，他们却背了我的约。这是耶和华说的。耶和华说：那些日子以后，我与以色列家所立的约

乃是这样：我要将我的律法放在他们里面，写在他们心上。我
要作他们的神，他们要作我的子民。他们各人不再教导自己的
邻舍和自己的弟兄说：'你该认识耶和华。'因为他们从最小的
到至大的，都必认识我。我要赦免他们的罪孽，不再记念他们
的罪恶。这是耶和华说的。"

155

神描述他自己和以色列之间的关系是建立在西奈山之约上（出
20—24 章）。但根据以上的经文，由于以色列一再犯罪，这约被破坏
了。神应许将要有一个新约，是和旧约根本不同的。这新约产生了
一群罪得赦免的人，他们认识耶和华，有他的诚命写在他们的心版
上。耶稣宣告他的赎罪之死开启了这所应许的新约（路 22：20；来
8：6—13，12：24）。

圣约神学是改革宗看待圣经的一种常用方法。这种方法尝试
在恩典之约中考察人堕落之后与神的所有关系。然而，圣经中旧约
和新约之间的区别，使我们回避"恩典之约"这个术语，以更清楚的
圣经分类取而代之。

使徒约翰写道："律法本是借着摩西传的，恩典和真理都是由耶
稣基督来的。"（约 1：17）这句话，在概念上对应了旧约和新约之间
的区别。人不可把旧约规条看作是为要救人，或使人转变（因此不
能归于恩典之约之下），而应看作主要是为弥赛亚耶稣要设立的新
约做预言和预备。试图通过新约和旧约的分类把圣经系统化，尤其
关注由耶稣带来的"更新"，被称为"新圣约神学"（new covenant

theology）。⑥

　　注意到圣约之不同的圣经依据之后（比如，耶 31：31—34），读经时要问的一个关键问题就是，这段经文反映的是旧约还是新约。在旧约时代，很多规条和律例的性质是预备性的。正如《希伯来书》的作者说："律法既是将来美事的影儿，不是本物的真像，总不能借着每年常献一样的祭物叫那近前来的人得以完全。"（来 10：1）在旧约之下，神的百姓切身认识到自己没有能力遵守神的律法，需要一种更根本的解决之道——灵里的重生和从外面来的义，就是从神自己来的义（约 1：9—13；罗 3：19—26）。

律法—福音

　　与旧约和新约的区别类似，也可以通过律法和福音的坐标来看圣经。保罗在他的书信里对律法和福音作了区分，他在《加拉太书》3：23—25 写道：

156

　　　　但这因信得救的理还未来以先，我们被看守在律法之下，直圈到那将来的真道显明出来。这样，律法是我们训蒙的师傅，引我们到基督那里，使我们因信称义。但这因信得救的理既然来到，我们从此就不在师傅的手下了。

---

⑥ 见 Tom Wells and Fred Zaspel，*New Covenant Theology*：*Description*，*Definition*，*Defense* (Frederick, MD：New Covenant Media，2002)。

这样看来，圣经神学一个必不可少的前提，就是预备性的律法和所应许的福音之间的区别。

直言不讳地倡导律法和福音区别的一位最重要的人物，就是改教家马丁·路德。他在讲到自己归正时说：

> 我已经学会了区别凭律法得到的义和凭福音得到的义。在这之前，除了分不清律法和福音的区别，我什么都不缺。我认为两者是一回事，而且摩西和基督，除了他们生活的时代以及完全的程度不同之外，并没有任何区别。但当我发现了那正确的区别——也就是，律法是一回事，福音是另一回事——我就使自己得到了释放。⑦

以下两句话简要地阐述了律法和福音的区别：

> 律法说："这样做，你就必存活。"
>
> 福音说："已经成就了。现在，好好活吧。"⑧

圣经的任何一部分都可以被划分为"命令"（律法）或"恩赐"（福

---

⑦ Martin Luther, *Table Talk*, in *Luther's Works*, ed. J. Pelikan, H. Oswald, and H. Lehmann (Philadelphia: Fortress, 1967), 54: 442.

⑧ 路德写道："我必须倾听福音，它教导我的不是我应该做什么（因这是律法的本来职分），而是耶稣基督神的儿子已经为我做了什么，也就是，他为我受苦受死，以便救我脱离罪和死。"（Martin Luther, *A Commentary on St. Paul's Epistle to the Galatians* [London: James Clarke, 1953], 101）

音）。我们在圣经的命令面前责无旁贷,但因为我们被罪玷污的内心、思想和意志,即使我们最大的义行在神看来也是污秽的破布(赛64：6)。正如保罗写道:"没有一个因行律法能在神面前称义,因为律法本是叫人知罪。"(罗 3：20)神的要求揭露了我们无法治愈的道德病态,并驱使我们归向他在福音里恩惠的应许。这样,我们便可抓住耶稣在《约翰福音》6：37 的话:"凡父所赐给我的人,必到我这里来;到我这里来的,我总不丢弃他。"同样,保罗写道:

> 但如今,神的义在律法以外已经显明出来,有律法和先知为证。就是神的义,因信耶稣基督加给一切相信的人,并没有分别。因为世人都犯了罪,亏缺了神的荣耀,如今却蒙神的恩典,因基督耶稣的救赎,就白白地称义。(罗 3：21—24)

所有相信圣经的基督徒都会同意,旧约圣经律法的功用之一至少是指出人类的道德沦丧,并引导罪人归向基督(加 3：23—25)。但新约的道德要求是什么? 虽然很清楚的是,新约圣经作者期待跟从耶稣的人因有圣灵内住而有真正改变的行为(林前 6：9—11;约一 2：4),但另一方面,基督徒"在许多事上仍有过失"(雅 3：2)也是实情。一个说自己没有罪的基督徒就是在说谎(约一 1：8—10)。毫无疑问,在新约时期,主加添新的能力给他的子民,使他们能反映出他的品格。然而,我们的改变尚未完全,这要使我们倚靠基督的义,并且渴望他的再来以及他所应许的我们身体的改变(约一 3：

2）。只有当我们到了最终状态，在耶稣面前永远得到改变的时候，才能完全脱离罪。

救恩历史

"救恩历史"是德文术语 *Heilsgeschichte*（德文字面意思是"神圣历史"）惯用的英文翻译，这个词因奥斯卡·库尔曼（Oscar Cullmann，1902—1999）得到推广。**救恩历史**一词被用来总结所有的圣经启示，这一历史以基督的生、死和复活这一中心拯救事件为顶点。也就是说，圣经是神在历史上施行干预、拯救他子民的故事。尽管这一主张显然正确，但把整本圣经归于"救恩历史"（或救赎历史），则过于宽泛，以致有人会质疑，在解释圣经各个部分与整体的关系时，救恩历史这一概念会有怎样的帮助。不过，这样思考还是有益处的："这段经文是用什么方式把神渐进性、救赎性的自我启示显示给任性悖逆的人类？"或者，"这段经文在神的救赎计划里处在什么位置？它是预告性的、高潮性的，还是回望神在基督里达到顶峰的干预？"（来 1：1—3）

时代论

尽管本书不提倡时代论，但时代论也是解释圣经统一性的一种方法。时代论明显区分了神在以色列民族身上的计划和神对教会的计划，以此来看待圣经。同时，时代论者承认，他们读圣经特别是读预言时有一种倾向,就是只要有可能,就按字面意思来读。对于用比喻性或象征性的方法去解释旧约圣经预言,特别是关于以色列的预言,他们是带着极为怀疑的态度来看待的。⑨

时代论者当中存在极大的差别,但传统的时代论——因《司可福串注圣经》(Scofield Reference Bible)的注释变得广为流传——把圣经历史分成 7 个表明神人关系的时代。多数时代包含了神的自我启示、人的失败和导致的审判。传统划分的 7 个时代包括:

1. 无罪时代(创 1:3—3:6,从创造到堕落)。

2. 良心时代(创 3:7—8:14,从堕落到洪水)。

3. 人治时代(创 8:15—11:9,从挪亚的彩虹之约到巴别塔事件)。

4. 列祖治理时代(创 11:10—出 18:27,从亚伯拉罕到出埃及)。

5. 摩西律法时代(出 19:1—徒 1:26,从摩西到基督之死)。

6. 恩典时代(徒 2:1—启 19:21,从五旬节到基督再来。大灾难时期是对在这时期之内拒绝基督的人审判的时期)。

7. 千禧年时代(启 20:1—15,基督再来后作王 1000 年,以白色大宝座前的审判告终)。⑩

---

⑨ 重要的时代论学者莱利(Charles C. Ryrie)写道:"时代论的核心包括(1)承认以色列民和教会的一贯区别,(2)一贯使用字面释经原则,(3)对神的目的基本和首要的认知是,神自己得荣耀而非人类得救。"(*Dispensationalism*, rev. ed. [Chicago: Moody Press, 1995],45)

⑩ 这份列表引自莱利的 *Dispensationalism*,51-57。

时代论者也以教导教会要"秘密被提"而著称，这个观点首先由时代论之父 J. N. 达秘(J. N. Darby)在 19 世纪 30 年代提出(见问题 36，"圣经对未来怎么说？")。许多美国福音派教会的成员已经不知不觉采纳了时代论的观点——在那些涉及末世的问题上尤其如此。

其影响已经通过一些书籍或电影——如《曲终人散》(*The Late Great Planet Earth*)、《末世迷踪》(*Left Behind*)而广泛传播。

认识到传统时代论的弱点之后，福音派内部出现了一个新的、有影响力的运动，就是渐进时代论(progressive dispensationalism)。和传统时代论一样，渐进时代论坚持对以色列和教会的区分，盼望字面意义上的千禧年国度。然而，与传统时代论明显不同。渐进时代论一般主张划分更少的时代(或曰救恩历史阶段)，承认圣经中明确提到的圣约(亚伯拉罕之约、大卫之约、新约)对释经有更大影响。有时，渐进时代论被人指责为在圣约神学和传统时代论之间采取中间立场。渐进时代论者尽管遭到多数传统时代论者反对，但它更倾向于承认一些旧约圣经预言在新约圣经中有非字面的应验，以及耶稣在当今这个世代作为大卫的后裔开始掌权。[11]

💬 问题与反思

1. 圣经的中心信息是什么？

2. 在阅读以上内容时，你看出你过去接触到的神学系统或框架了吗？

---

[11] 见 Craig A. Blaising and Darrell L. Bock, *Progressive Dispensationalism* (Wheaton, IL: BridgePoint, 1993)。

3. 以上介绍的圣经内容的组织分类,有没有帮助你更清楚地认识到圣经的大画面?

4. 以上哪一种解释坐标似乎更忠实于圣经内容明确的表述?

5. 请朗诵以撒·华滋(Isaac Watts)的这首圣诗《律法命令并使我们明白》("The Law Commands and Makes Us know"),并且自问:"我是否经历到诗中所说的福音带来的自由?"

> 律法命令并使我们明白
>
> 我们对神当尽的本分;
>
> 但只有福音才能向我们显明
>
> 我们行他旨意的力量源泉。
>
> 律法揭露罪责和罪,
>
> 并显明我们的心有多邪恶;
>
> 唯有福音才能表达
>
> 饶恕的慈爱和洁净的恩典。
>
> 律法向只有一次失败的人
>
> 发出何等咒诅!
>
> 但基督在福音里出现
>
> 赦免我们许多年的罪责。
>
> 我的灵魂,不再尝试从律法中
>
> 得到你的生命与安慰;
>
> 而是飞向福音所赐的盼望;
>
> 信这应许的,就必得生。

160

进深学习

Goldsworthy，Graeme. *According to Plan：The Unfolding Revelation of God in the Bible*. Downers Grove，IL：InterVarsity Press，1991.

————. *Gospel and Kingdom：A Christian Interpretation of the Old Testament*. 2nd ed. Carlisle，UK：Paternoster，1994.

————. *Gospel-Centered Hermeneutics：Foundations and Principles of Evangelical Biblical Interpretation*. Downers Grove，IL：InterVarsity Press，2006.

Helm，David. *The Big Picture Story Bible*. Illustrated by Gail Schoonmaker. Wheaton，IL：Crossway，2004.（一本儿童圣经,但有益于成年人认识圣经中的基督论主题。)（中文版参见大卫·赫姆：《旧约启蒙故事》《新约启蒙故事》，张海云译,北京：中央广播电视大学出版社,2009 年。——编者注）

Lloyd-Jones，Sally. *The Jesus Storybook Bible*. Illustrated by Jago. Grand Rapids：ZonderKidz，2007.（另一本儿童圣经,但有益于成年人认识圣经中的基督论主题。）

Roberts，Vaughan. *God's Big Picture：Tracing the Storyline of the Bible*. Downers Grove，IL：InterVarsity Press，2002.

Seifrid，Mark A. "Rightly Dividing the Word of Truth：An Introduction to the Distinction Between Law and Gospel. " *SBJT* 10，no. 2(2006)：56 – 68.

问题 18
圣经真的都是在讲耶稣吗 ?

基督徒知道耶稣是神的儿子,是神自我启示的顶峰(来 1:1—
3)。的确,耶稣漠视任何最终不指向他自己的圣经学习(约 5:39)。
然而,如果随意打开圣经,特别是旧约圣经的某一页,有时还真不容
易从某些特定事件或命令中看出它以基督为中心的性质。从哪方
面来理解,圣经都是在讲耶稣? 当我们说释经应该以基督为中心,
这句话是什么意思?

▷ 新约圣经

新约圣经之所以如此命名,是因为它见证了神对一个新约(拉
丁文 *testamentum*)之应许的应验,这新约以耶稣的位格为中心(耶
31:31—34;路 22:20)。和旧约圣经相比,新约圣经以基督为中心

的特质格外明显。

1. **耶稣是启示的内容**。新约圣经以四福音书,也就是耶稣生平的神学传记开始。福音书中几乎每一句话都记录了耶稣说过的话或做过的事,或其他人对耶稣所说的或所做的。新约圣经的第 5 卷书《使徒行传》,记录了圣灵推动初期教会向外见证耶稣。使徒和因他们的服侍而归正的人无论去到哪里,都宣告在耶稣里的新生命和赦罪。《使徒行传》是耶稣故事的继续。耶稣现在已被高举,且仍在教会不断的推进中,通过他的灵和启示的话语活着并掌权(徒 1:1—8)。

2. **耶稣是启示的源头**。当耶稣还在肉身中和门徒同在时,他曾清楚地说,他会差派他的灵,圣灵要使他们想起耶稣对他们的教导,并将进一步的事情教导他们(约 14:25—26,16:13—25)。因此,新约圣经既提到圣灵赋予人能力,让他们回想起耶稣的言行(主要是在福音书中),也记载了耶稣指定的见证人对教会所作的进一步教导(主要是书信文献)。我们不应把书信看作是独立的、"附在"耶稣故事之后的伦理道德教训,相反,新约圣经的所有内容都与耶稣和他的工作紧密地、有机地连为一体。有时,这种联系可以从经文直接看出。比如,当使徒保罗开始介绍他的基督论或圣灵论时,这一点就很明显(比如,"我在基督里说真话,并不谎言,有我良心被圣灵感动,给我作见证。"[罗 9:1])。

3. **耶稣是启示的基础**。我们要如何理解新约圣经不同的道德
   训诫都是以基督为中心的呢？这些道德指令（道德鼓励）是
   否应被当作只是圣洁的神永恒的道德要求，并不特别关涉耶
   稣的生活和工作？不，不能这样看。耶稣通过他自己和他的
   作为，为神子民预期的回应提供了根基（神学基础）。请注意
   保罗是在《以弗所书》开始他的道德训诫的："我为主被囚的
   劝你们：既然蒙召，行事为人就当与蒙召的恩相称。"（弗 4：
   1）以弗所信徒是被神在基督里恩慈、救赎性的干预所"呼召"
   或拣选的。① 他们那永远无法还清的债已经被免了，现在受
   圣灵默示的使徒正吩咐他们自觉倚靠他们的救主活出改变
   了的生命（参太 6：14—15，18：23—35）。也就是说，以弗所
   信徒的生活应该与他们的呼召相称。人如果不再单纯地相
   信耶稣赎罪之死的充分性，群体冲突和不道德行为就无可避
   免（见保罗给加拉太信徒的书信，当中提到的教义和道德问
   题必须联系起来看待）。② 太多的基督徒作者和传道人，因
   为没有把圣经里的道德教训与基督已经完成的工作以及他
   接着赋予他子民的能力联系起来，结果就陷入了道德主义

---

① L. Coenen 写道："保罗把呼召理解为一个过程，在其中神呼召他预先拣选并命定的人
脱离这世界的捆绑，好使他们称义和成圣（罗 8：29 及以后），并使他们参与对他的服
侍。这意味着呼召是神使人和他自己和好与和睦工作的一部分（林前 7：15）。"（"呼
召"*καλέω*，*NIDNTT*，1：275）。K. L. Schmidt 写道："如果神或基督呼召一个人，这
呼召或命名是**有效圣言**（verbum efficax）"（"*καλέω*，"*TDNT*，3：489）。请注意"*καλέω*"
在 BDAG 的第 4 个意思："拣选以便获取特别的益处或经历"（503）。参照 Jost
Eckert，"*καλέω*，"*EDNT*，2：242-243。
② John M. G. Barclay 在他的细致研究中表明了这一关联性，*Obeying the Truth：Paul's
Ethics in Galatians*（Minneapolis：Fortress，1988）。

的错误中("要做这个！不要做那个！")。界定我们堕落状况

163 的一个因素，就是我们罪的性情使我们倾向于在神面前立自己为义（罗 10：3—4）。我们喜欢积功德，尤其喜欢看我们表面的义超过别人的地方（加 1：14）。

4. **耶稣是启示的解决之道和全备的救主**。宣称在基督里和神建立关系，却没有表现出知罪或义行，就表明他们的认信是虚假的（太 7：15—27；雅 2：14—26；约一 2：4）。同时，圣经一贯教导，所有人，包括基督徒和非基督徒都常常没有遵守神的诫命（诗 130：3—4；罗 3：9—20；雅 3：2；约一 1：8—10）。当我们面对神圣洁的终极标准——不论是记载于旧约圣经还是新约圣经——我们总是得提醒自己与生俱来的不配，并被指引去看基督的全备性。我们的罪是问题的所在。耶稣是解决之道。在这种意义上，马丁·路德正确地把整本圣经划分为"律法"和"福音"。③ 圣经的每段经文都是硬币的两面，一面显明了我们的需要（律法），另一面显明了神在基督里面的供应（福音）。当面对我们无法除去的罪性时，我们会和使徒保罗一道呼求："我真是苦啊！谁能救我脱离这取死的身体呢？感谢神！靠着我们的主耶稣基督就能脱离了。"（罗 7：24—25）

---

③ 见 Mark A. Seifrid，"Rightly Dividing the Word of Truth：An Introduction to the Distinction between Law and Gospel，" *SBJT* 10，no. 2(2006)：56 - 68。

以下是《天路历程》中基督徒和恶魔亚玻伦的对话，表明了基督徒人生中持续的争战。④

　　亚玻伦："你在服侍他的事上已经有过不忠了，怎么还想从他那里得到工价呢？"

　　基督徒："哦？亚玻伦，我哪里对他不忠了？"

　　亚玻伦："你刚一出门就畏畏缩缩，差点在灰心沼里给呛死；本该等你的王把你身上的担子卸去，却想另找出路摆脱它；你犯罪贪睡，把你的宝物弄丢；你一见狮子就差点跟别人往回跑；你一边谈你的旅途见闻，一边暗地里想从所谈所做的第一件事情中讨取一份虚荣。"

　　基督徒："一点不错，还有更多的你没讲到呢，但我所侍奉、所尊敬的王是满有怜悯、乐意赦免人的罪；更何况那些软弱都是在你的国中沾染上的，在你的国里养成的，我在它们的重压下呻吟，我为它们感到痛悔，但这一切都已得到我王赦免了。"⑤

164

▷旧约圣经

多数基督徒都知道旧约圣经中有一些指向耶稣的弥赛亚应许。至少，每当圣诞节临近，教会都会诵读这样一些经文。但是，

④《天路历程》是一本以象征性人物解释基督徒人生的寓意性作品。
⑤ John Bunyan，*The New Pilgrim's Progress*，rev. Judith E. Markham，notes by Warren W. Wiersbe（Grand Rapids：Discovery House Publishers，1989），85 - 86.

旧约圣经中那些表面看起来与耶稣及其救赎工作无关的经文,比如旧约圣经中关于洁净的规条,或者关于不出名的战争和被遗忘君王的叙述,又当如何理解呢? 我们怎能合理地说,这些经文都指向耶稣呢?

5. **耶稣是命题式被应许的弥赛亚**。旧约圣经中有一些经文明确应许耶稣到来,这些经文很明显只可能应用在耶稣身上。比如,在《以赛亚书》53:3—6 中我们读到:

> 他被藐视,被人厌弃,多受痛苦,常经忧患。他被藐视,好像被人掩面不看的一样,我们也不尊重他。他诚然担当我们的忧患,背负我们的痛苦;我们却以为他受责罚,被神击打苦待了。哪知他为我们的过犯受害,为我们的罪孽压伤。因他受的刑罚,我们得平安;因他受的鞭伤,我们得医治。我们都如羊走迷,各人偏行己路,耶和华使我们众人的罪孽都归在他身上。⑥

> 多数基督徒认为,新约圣经对旧约圣经有关弥赛亚的经文引用都属于这一类。实际上,这些引用大部分都不是命题式的预言。以下这一类更为常见。

---

⑥ 其他例子包括《诗篇》22 篇,110:1;《以赛亚书》11:1;《耶利米书》23:5;《弥迦书》5:2。

6. **耶稣是预表意义上人们期盼的救主。**很多新约圣经作者引用旧约经文时,都把这些经文应用到耶稣身上,尽管这些经文原来有不同但又相关的含义。圣经的众作者对救赎历史有着共同的观点。也就是说,他们把神看作是护理历史的主,他以一致并渐入高潮的方式干预历史。神干预的高潮是弥赛亚耶稣的生、死和复活。比如,圣经作者对救赎历史的理解是这样的:神拯救以色列人出埃及(出 1—15 章),这预示了他要把他们从被掳之地亚述带回来(何 11∶1—2)。而且,如果神按照他不变的应许,不容神拣选的"儿子"以色列在为奴或被掳中灭亡(出 4∶22—23),那么,当耶稣这位独一的儿子面临死亡和被掳的危险时,父神更要保守他,并把他带回应许之地(太 2∶13—15)。否则,这位儿子怎能完成拯救以色列迷失的羊的使命呢?(太 10∶6,15∶24)在这种渐入高潮的历史干预中看到神的意图,就叫作预表式释经[见问题 24,"如何解释预言?(预表)"]。

165

　　我们必须让圣经作者明确的预表性见解引导我们,因为几乎所有的旧约经文都可以按这种方式合理地理解。旧约的献祭让以色列人想起罪来,但耶稣一次献上的祭永远除去了罪(来 10∶1—10)。旧约的饮食条例指出神的子民需要分别出来归神为圣,但耶稣洁净人心,成全了洁净的条例(可 7∶14—23)。大卫是一位伟大的君王,拯救了以色列,但耶稣,身为大卫的子孙,是真正永恒的君王,是把人从罪和死中拯救出来的伟大拯救者（路 20：41—44；徒 2：22—36）。谦卑的摩西作为先知领导神的百姓，但现在，一位前所未有的先知，讲述他直接从父神那里得来的见闻（约 6：46，8：38；徒 3：22，7：37）。事实上，在耶稣之前，几乎所有神的干预和启示，都可以接续以下这句话："在耶稣里岂不更是……"这就是合乎圣经的预表解经。[7]

166   7. **耶稣是解决之道和救主**。像以上所说的，人应当明白，圣经的所有要求都是堕落之人最终不能达到的。在圣洁的神面前，我们一贯的失败指明我们需要一位救主。保罗在信中反复讲到这个主题。比如，在《罗马书》3：20 他写道："所以凡有血气的，没有一个因行律法能在神面前称义，因为律法本是叫人知罪。"类似地，在《加拉太书》3：23—24 中保罗写道："但这因信得救的理还未来以先，我们被看守在律法之下，直圈到那将来的真道显明出来。这样，律法是我们训蒙的师傅，引我们到基督那里，使我们因信称义。"

---

⑦ 帕斯卡尔写道："每个作家都会表达一种可以使一切相反的章节得以协调的意思，否则他便是根本没有任何想表达的意思了。我们不能说旧约圣经和先知书没有如此意义；他们确实都是极有意义的。因而，我们必须寻找出一种可以协调这一切相反性的含义来。因而，真正的含义就绝不是犹太人要表达的含义；但是一切矛盾都在耶稣基督之中得到协调。犹太人不懂得协调何西阿所预言的王权和君权的中断与雅各的预言。如果我们把律法、献祭与国度当作真实的，我们就无法协调所有的章节。因而，它们就必然只能是预表。我们甚至无法协调同一个作家的各个章节，或同一卷书中的各个章节，或有时候同一章中的各节各段，尽管它们充分指明了一个作家的意思是什么；例如《以西结书》20 章说，我们将在上帝的诫律中生活，而我们又将不在其中生活。"见 *Great Books of the Western World*：*Pascal*，ed. Mortimer J. Adler, 2nd ed.［Chicago：Encyclopedia Britannica，1990］，30：299。（译文参考帕斯卡尔：《思想录》，何兆武译，北京：商务印书馆，1985 年，个别字句有改动。——译者注）

问题与反思

1. 你是按照以基督为中心的方法读圣经吗？或者说，当你读经时，你期待每一节经文都帮助你更深体会基督在十架上的救赎工作吗？

2. 如果你是一名传道人，你的信息是否倾向于道德主义（"要做这个！""不要做那个！"），还是更多以基督为中心（"基督成就了一切！"）？

3. 你可以采取什么样的步骤避免道德式读经？

4. 你怎样说服一个反对者相信基督的确是圣经的中心，是圣经统一的主题？

5. 以上讨论有没有帮助你看到，基督是圣经之轮围绕转动的轴心？如果有，是怎样帮助你看到的？

进深学习

Goldsworthy, Graeme. *According to Plan: The Unfolding Revelation of God in the Bible*. Downers Grove, IL: InterVarsity Press, 1991.

_____. *Gospel and Kingdom: A Christian Interpretation of the Old Testament*. 2nd ed. Carlisle, UK: Paternoster, 1994.

_____. *Gospel-Centered Hermeneutics: Foundations and Principles of Evangelical Biblical Interpretation*. Downers Grove, IL: InterVarsity Press, 2006.

Seifrid, Mark A. "Rightly Dividing the Word of Truth: An Introduction to the Distinction Between Law and Gospel." *SBJT* 10, no. 2 (2006): 56–68.

问题 19
圣经所有的命令 ❓ 在今天都适用吗

"为什么你坚持认为同性恋是错的,圣经也说不可穿两种面料做成的衣服啊?(利 19:19)你只是从圣经里挑取你喜欢的道德观。"这种对基督徒的指责,今天屡见不鲜。那么,我们怎么决定圣经的哪些命令是不过时的,至今仍然可以应用呢?我们遵守圣经中的一些命令,却忽略另一些,这是否有圣经依据?

受盟约限制的命令

在思考这个重要问题之前,我们首先必须辨别,哪些诫命是和旧约有关且已经被基督取代,哪些诫命是神的子民今天仍然需要活出来的。以下划分可能过于简单,但还是有益的,就是把旧约中神的命令划分成民事律(关乎社会)、礼仪律(关乎敬虔)和道德律(关乎伦理)。那些和民事、礼仪相关的律法(比如饮食的规条、献祭、割礼、逃城等)已经在基督里面得到成就,于今不再适用。基督徒不需要再遵守旧约民事律和礼仪律,这一点可见于整本新约圣经。例如,我们在《马可福音》7 章读到:

> 耶稣又叫众人来,对他们说:"你们都要听我的话,也要明白。从外面进去的,不能污秽人;惟有从里面出来的,乃能污秽人。"耶稣离开众人,进了屋子,门徒就问他这比喻的意思。耶稣对他们说:"你们也是这样不明白吗? 岂不晓得凡从外面进入的,不能污秽人,因为不是入他的心,乃是入他的肚腹,又落到茅厕里。"**这是说,各样的食物都是洁净的**。又说:"从人里面出来的,那才能污秽人,因为从里面,就是从人心里发出恶念、苟合、偷盗、凶杀、奸淫、贪婪、邪恶、诡诈、淫荡、嫉妒、谤讟、骄傲、狂妄。这一切的恶都是从里面出来,且能污秽人。"(可 7:14—23,粗体为本书作者所加)

类似地,我们在《使徒行传》中读到:

> 使徒和长老聚会商议这事。辩论已经多了,彼得就起来,说:"诸位弟兄,你们知道神早已在你们中间拣选了我,叫外邦人从我口中得听福音之道,而且相信。知道人心的神也为他们

作了见证,赐圣灵给他们,正如给我们一样;又借着信,洁净了他们的心,并不分他们、我们。**现在为什么试探神,要把我们祖宗和我们所不能负的轭放在门徒的颈项上呢? 我们得救乃是因主耶稣的恩,和他们一样,这是我们所信的。**"(徒 15:6—11,粗体为本书作者所加)。①

不仅仅是民事律和礼仪律,即便是不过时的道德律也已在基督里成全了。这些道德律仍继续在基督的身体——教会——中那些靠着圣灵加力量生活的人身上得到彰显(罗 3:31)。

有些人推测旧约圣经中那些不寻常之命令的原因。为什么触摸死人的身体就会不洁净 7 天?(民 19:11—13)为什么禁止吃无鳞鱼?(利 11:9—10)有时我们会听到一些伪科学的答案,比如有些书鼓励人按照古代以色列人的方式饮食。② 一些牧师或解经家则刻意夸大各种命令的象征意义。不得不承认的是,神的教训的确有一些是充满象征意义的,比如,酵似乎在圣经中经常有消极的意义(出 12:8—20,23:18;利 10:12;路 12:1;林前 5:6;加 5:9)。③ 然而,除了少数一些明确的说明,有些人提出的旧约律例的象征意义很快就变得非常离奇。不管各种律例制定的原因是什么(老实说,有些

---

① 初代基督徒为了宣教的需要(即为了不冒犯犹太人),的确放弃了一些可以吃的食物(徒 15:20;林前 8—10 章)。
② 比如 Jordan Rubin, *The Maker's Diet: The 40 Day Health Experience That Will Change Your Life Forever* (Lake Mary, FL: Siloam, 2004)。
③ 酵可以指骄傲、虚伪和假教导等。但请留意它在《路加福音》13:21 中象征正面的渗透作用。

律例是让人费解的），显然其中一个重要作用，就是使神的子民分别出来，不被周围异教文化所污染（出 19：6；拉 9：1，10：11）。还有，一些圣经命令暗示以色列周边民族参加的活动是带有异教性质的（利 19：26—28）。神保守犹太人作他的选民，并通过他们显明他的救赎计划，最终时候满足之时带来救主（加 4：4）。

许多人认为基督徒道德方面有很多前后不一（比如，有人指责说基督徒从圣经中挑取自己喜欢的道德观），这可以通过认识到旧约时期民事律和礼仪律临时和预备的性质来加以澄清。以下的比喻未必确切，但可以想象，如果有人这样控告，那是多么愚蠢："我们国家成千上万的人都在公然蔑视宪法！你们根本没有真正相信或遵守宪法，因为宪法的第 18 条修正案说：'禁止在美利坚合众国及其管辖下的一切领土内酿造、出售和运送作为饮料的致醉酒类；禁止此种酒类输入或输出合众国及其管辖下的一切领土。'"④对此我们可以回答："是的，那条修正案曾经是这个国家要遵行的法律，但它已经被第 21 条修正案取代了。第 21 条修正案开头声明：'美国宪法第 18 条修正案自此被取代。'"⑤

圣经不是一本政策手册，每一页写满了同样永不过时的指令。的确，"神的言语句句都是炼净的"（箴 30：5）。然而，圣经更像是一本多卷故事，后面的章节阐述之前律例和事件的终极意义，并且表明之前律例和事件是暂时的，是上帝因迁就人而暂时赐下的（比如，

---

④ 第 18 条修正案在 1919 年 1 月 16 日获得批准。
⑤ 第 21 条修正案在 1933 年 12 月 5 日获得批准。

太 19：8）。新约圣经重复的旧约圣经命令（比如道德诫命，像禁止同性恋［利 18：22；林前 6：9］），或没有明显被废止的旧约诫命（像民事律和礼仪律［可 7：19；来 10：1—10］），在被圣灵引导的神子民的生活中有着持久的重要意义。

规范性和描述性

　　如果我们要反思哪些圣经经文今天仍然适用，那么想清楚一处经文是规范性的还是描述性的同样很重要。也就是说，一处经文是在规范（命令）某种行为，还是描述它？这个问题可能很复杂，因为圣经用赞扬的方式描述一些行为，它们实际上起到一种间接的规范性作用。比如，路加反复地描述耶稣的祷告（例如，路 3：21,5：15—16,6：12,9：18—22、29,10：17—21,11：1,22：39—46,23：34、46）。在《路加福音》中，这些描述性的经文是对更明确地劝勉人祷告的经文的补充（路 11：2—13,18：1—8,22：40、46）。所以，一个很好的总体原则就是，经文中描述的某种行为只有得到后续清楚教导的支持，才能被看作是规范性的。

　　另一个要考虑是规范性还是描述性的情况，就是新约圣经中的基督徒洗礼。有些基督徒主张，洗礼必须在人首次宣信后马上施行。作为支持，他们引用了新约圣经中的一些描述人一旦宣信就马上或不久之后很快就受洗的经文（比如，徒 2：41,8：12、38,9：18,10：48,16：15、33,18：8）。然而，我们却在新约圣经中找不到一条清楚的命令，说"人相信后要马上给他们施洗"。很清楚，所有的信徒都要受洗(太 28：19；罗 6：3—4；林前 1：13—16)，但圣经没有明确说明在归信后受洗的精确时间。

进一步思考关于洗礼时间的问题，我们应该注意到，《使徒行传》叙述的许多初期归信事件，都发生于非常熟悉旧约圣经的家庭或团体当中。的确，初期教会立刻遵行门徒受洗的命令，但这些初期信徒的背景和处境与今天许多信徒截然不同。而且，《使徒行传》中记载使徒传道之后许多人归信的证据，往往是引人注目的和/或神迹性的。既然我们没有关于受洗时间的清楚命令，就必须智慧地辨别归信之人信心的真实性。因此我们得出结论：即时受洗可以作为一种建议，但更多的教导和观察或许是必要的。

文化、时代和圣经命令

考虑到文化和时代，圣经的**道德**命令可以划分为两大类：

1. 完全或几乎不受跨文化影响，很少或无需改变的命令。
2. 根据文化的不同，表达有所变化，但原则不变的命令。

圣经中的许多命令可以直接应用在其他文化中，不需要或很少需要变更。比如，我们在《利未记》19：11 中读到："你们不可偷盗。"尽管不同的文化可能对公共财产和私人财产的理解不同，但人类都同样受这显然是超文化命令的约束。偷窃别人的私人财产，肯定是不对的。

圣经中还有其他一些命令,尽管也可以直接应用在不同的文化中,但在某些文化中含义更深远。比如,我们在《以弗所书》5:18 读到:"不要醉酒。"这个命令在所有时代所有文化中都长久适用。在任何时代、任何文化中,醉酒都是不对的。在更具体地应用时,学习圣经的学生也应该问,在一个文化中,什么东西和酒的影响是一样的(比如,醉饮伏特加、抽大麻过瘾等)。通过寻找其在新文化中的含义,人们可以发现这最初的命令不但可以直接地理解,它的应用范围很广。进一步应用的一个方法,就是从原命令中提取**原则**——比如,"身体摄入某种外物的程度,应限制在不致使你失去对身体正常功能的控制或违反道德禁忌"。这样,你就可以去探讨在不同文化中,什么东西会造成这样的危险,按照它们造成的危害程度,限制其摄入。[6]

饮啤酒、伏特加或者红酒致醉,在大多数人看来,它们之间非常相似。可是我们怎么将这命令放在更深的文化背景中去看待呢?比如,保罗在《哥林多前书》11:5 写道:"凡女人祷告或是讲道,若不蒙头,就羞辱自己的头,因为这就如同剃了头发一样。"那么,今天的妇女在公共场合祷告时总要蒙头吗? 此外,思考保罗原来命令背后的**目的**很重要。他所关心的是把一块布盖在妇女头上吗? 还是说保罗受信人的文化以蒙头方式表现妇女对丈夫的顺服?(林前 11:1—16)[7]如果是这样,我们可以问,"在我们所处的文化中,妇女蒙头

---

[6] 斯坦使用《以弗所书》5:18 来举例说明言外之义。(Robert H. Stein, *A Basic Guide to Interpreting the Bible*: *Playing by the Rules* [Grand Rapids: Baker, 1994], 39)

[7] 见 Benjamin L. Merkle, "Paul's Argument from Creation in 1 Corinthians 11: 8 - 9 and 1 Timothy 2: 13 - 14: An Apparent Inconsistency Answered," *JETS* 49, no. 3(2006): 527 - 548.

是否表现了对丈夫的顺服?"很显然不是这样的。那么,什么样的行为表达了对丈夫的顺服? 美国东南部的做法是,妇女在左手无名指上戴戒指和在名字前冠夫姓(不用连字符)。尽管在有些文化中(比如在中国),妇女保留她未出嫁时的姓,这并不代表违背圣经,然而,在我成长的圈子里,妇女婚后还留着娘家的姓,则暗示违逆圣经界定的性别角色。

最后,我们要注意,一些非道德命令,仅适用于其设定时的背景环境。对这些命令,作者的意图是只由领受命令的人遵从,而没有视这命令有任何规范意义。这种命令的数目非常少。比如,在《提摩太后书》4:13 中,保罗请求提摩太:"我在特罗亚留于加布的那件外衣,你来的时候可以带来,那些书也要带来,更要紧的是那些皮卷。"我们猜想提摩太确实执行了这个命令,但它在任何其他文化或时代都没有进一步应用的意义。

以下原则是帮助你确定,圣经的一个命令是如何在其他文化中有不同的表现。

1. 以更抽象、更神学性的词汇重述命令。这条命令是不是一个神学原则在某种文化下的具体应用? 这条命令和文化应用不可分离吗?

2. 在今天,**按字面**来应用圣经,是否能够达成圣经作者原来陈述的目的(假设你能够确定圣经作者命令的目的)?

3. 经文中是否存在一些细节,可以让人得出结论,它只适用于

　某个特定的地方或时期?

4. 经文中是否存在一些细节,可以让人得出结论说,其教训有超文化的应用(也就是,在不同文化中命令的适用性是不变的)?

5. 你对有争议性的经文得出的结论,是否与其作者在其他地方的陈述,以及圣经正典更广的上下文一致?

6. 和其他圣经教训看似矛盾的地方,是否可以通过救赎历史的转变(旧约→新约)来加以解释?

7. 警惕诡诈的人心可能会利用释经学原则,合理化对圣经的不顺服。释经原则像一把锋利的双刃剑,既可以为善,也可以作恶。

问题与反思

1. 有没有人曾指责你,说你从圣经中挑选你的道德准则? 你是如何回应的?

2. 你有没有信心去解释,基督徒为什么不需要遵守旧约圣经中的饮食律例和献祭律例? 试着给出一个简短的解释。务必引用经文支持你的论点。

3. 请读《士师记》11 章。耶弗他的行为是规范性的,还是描述性的? 你是怎么确定的?

4. 保罗在《罗马书》16:16 写道:"你们亲嘴问安,彼此务要圣洁。"这条命令今天该如何应用? 请解释。

5. 针对圣经中的命令,你还有什么解释方面的问题或疑问?

进深学习

Schreiner，Thomas R. *Interpreting the Pauline Epistles*. Grand Rapids：Baker，1990
（See chap. 9，"Delineating the Significance of Paul's Letters，" 151 – 159）.（中
文版参见施赖纳：《诠释保罗书信》，石彩燕、麦启新译，香港：天道书楼，2000
年。——编者注）

Virkler，Henry A.，and Karelynne Gerber Ayayo. *Hermeneutics：Principles and
Processes of Biblical Interpretation*. 2nd ed. Grand Rapids：Baker，2007（See chap.
8，"Applying the Biblical Message：A Proposal for the Transcultural Problem，"
193 – 216）.

问题 20
为什么人们对经文的意思不能有统一的理解 ?

对一处经文解释的多样性会让基督徒生出灰心放弃的念头："如果这么多圣经学者都不能在某处经文上达成一致,我又怎么能查出它的正确意思呢?!"忠信的基督徒在圣经某些教导上意见分歧,比如洗礼、离婚和预定等。但这些不一致不应该导致我们对释经绝望。圣经本身为我们提供了智慧,来处理我们必将遇到的释经分歧。

应当料到,非基督徒会误解或歪曲圣经

很多时候,在电视上出现或被其他媒体引用的所谓圣经学者,实际上是反对正统基督教教义的非基督徒。使徒保罗警告我们,神

已经任凭这等人持有败坏、被欺骗的思想,这是神对他们一贯以来抵挡真理的惩戒(罗 1:18—32;帖后 2:11—12)。因此,非基督徒误解圣经、误传基督,对此我们不必惊讶。世人鼓掌欢迎那些使他们更坚定地叛逆神的观点,我们也不要惊讶(约一 4:5)。

非基督徒学者常常以神不会行神迹干预世界为前提,终至否认童女怀孕这类超自然的神迹,这不足为奇。然而,他们的前提假设("神迹不会发生")本质上和据此得出的结论是一样的("这神迹并未发生"),不承认这一点就是不诚实。揭露这种持怀疑观点之人的一个问题是:"什么样的证据才能使你相信圣经在这里说的是一个事实?"

耶稣在描述他第一次和第二次来临之间的时期时警告说:"且有好些假先知起来,迷惑多人。"(太 24:11)这种假先知往往披着虔诚的外衣。耶稣又说:"你们要防备假先知,他们到你们这里来,外面披着羊皮,里面却是残暴的狼。"(太 7:15)与此类似,保罗也警告以弗所的长老们说:

176

> 圣灵立你们作全群的监督,你们就当为自己谨慎,也为全群谨慎,牧养神的教会,就是他用自己血所买来的。我知道我去之后,必有凶暴的豺狼进入你们中间,不爱惜羊群。就是你们中间,也必有人起来,说悖谬的话,要引诱门徒跟从他们。所以你们应当警醒,记念我三年之久昼夜不住地流泪,劝戒你们各人。(徒 20:28—31)

非基督徒是否能够正确理解圣经意思呢？当然可以。神施行普遍恩典，把理性赐给了得赎的和未得赎之人。然而，从根本上说，不信之人的思想在福音面前仍然是被蒙蔽的，不能察觉和克服自身对属灵事情的歪曲判断(林后 4：3)。

▷ 真信徒之间的分歧被夸大

在思考释经方面的争议时，必须确定我们所考虑的是真正分歧的情况，而不是似是而非的模糊概念。基督徒在哪些释经问题上产生了分歧？有哪些不同的立场？支持每种立场的是谁，他们的论据是什么？

如果你对某处特定的经文或话题有疑惑，回答以上问题会对你有所帮助。你很可能会发现，事实上，顺服圣经权威的人对圣经的理解有着高度的一致。这是很重要的一点。如果你发现有人在争论说："是，虽然圣经这么说，可是……(紧接着是某个建议你不要理会圣经教导的理由)"，那么，你就要看清这种解释观点的实质——对神话语的不顺服和歪曲。同时，我们也不应指责在一些次要问题上有不同意见的基督徒，说他们削弱圣经权威或否认信仰。事实上，我们总要保持开放，随时愿意让圣经说服我们改变我们的观点。否则，神启示的圣经就不再是我们的权威了。

让我们来简略地思考一下可以怎样处理离婚这个争议话题。与这一问题相关的部分记录可能会包括：

- **基督徒一致的观点**：离婚是不好的。神不喜悦离婚（玛 2：16；可 10：2—9）。

- **基督徒的分歧**：是否有合法的离婚原因（比如被遗弃、奸淫等）？参《马太福音》5：32，19：9；《哥林多前书》7：15。

- **基督徒一致的观点**：神饶恕悔改了的离婚之人（约一 1：9）。

- **基督徒的分歧**：离过婚的人还可以做教会领袖吗？离过婚的人还可以再婚吗？如果可以，是在什么样的情况下？参《申命记》24：1—4；《马太福音》1：19，19：3—9；以及《提摩太前书》3：2 等。

　　显然，关于离婚的详尽探究超出了本书的范围，但在这样的研究中，需要谨慎参照大量相关的经文。①

　　承认我们没有一个人能达到完全，这也很重要。我们都处在释经旅途上（见问题 12，"怎样才能提升解释圣经的能力？"）。然而，如果你顺服圣经的权威，那么当你发现神在各种问题上启示的心意时，你的观点和行为就会随之改变。②

神并非同等清晰地启示所有问题

　　新教神学传统上接受的一个教义，就是圣经的清晰性。但简单

---

① 比如，见 Craig S. Keener, *And Marries Another：Divorce and Remarriage in the Teaching of the New Testament*（Peabody，MA：Hendrickson，1991）。
② 比如，见 William A. Heth，"Jesus on Divorce：How My Mind Has Changed，"*SBJT* 6，no. 1（2002）：4–29。

地断言圣经是清楚的,这并不够清楚。事实上,如上所述,对非信徒来说,圣经是不清楚的,因为他们被罪蒙蔽。而且,若神的子民要在研读圣经时更清晰理解它,圣灵超自然的工作就是必要的(见问题16,"圣灵在决定经文意思方面的作用是什么?")。古德恩对圣经清晰性教义的相应限制性说明是合宜的:"圣经的清晰性,是指神如此写圣经,以致凡愿意寻求神帮助,并愿意遵从圣经的人,都能明白圣经的教训。"③

尽管如此,进一步的限制性说明似乎仍是必要的。事实上,圣经中的一些经文表明,神并未打算把所有事情都说清楚。比如,在《罗马书》14:5 中,保罗许可在关于哪些日子对基督徒敬拜具有特殊意义的问题上存在持续分歧。保罗没有说:"难道你不知道吗?圣经在这点上很清楚。大家应该……"相反,保罗说:"有人看这日比那日强,有人看日日都是一样,只是各人心里要意见坚定。"(罗 14:5)因此,在**一些次要问题**上的持续争议看来并不是不顺服圣经权柄,或缺乏释经技巧的问题。不论出于什么原因,神没有打算让我们清楚所有的问题。

神也没有想把所有的问题简单化。使徒彼得写道:

　　并且要以我主长久忍耐为得救的因由,就如我们所亲爱的

---

③ Wayne Grudem, *Systematic Theology: An Introduction to Biblical Doctrine* (Grand Rapids: Zondervan; Leicester: Inter-Varsity Press, 1994), 108. 另见 Mark D. Thompson, *A Clear and Present Word: The Clarity of Scripture*, New Studies in Biblical Theology 21 (Downers Grove, IL: InterVarsity Press, 2006)。

兄弟保罗，照着所赐给他的智慧写了信给你们。他一切的信上也都是讲论这事。信中有些难明白的，那无学问、不坚固的人强解，如强解别的经书一样，就自取沉沦。（彼后 3：15—16）

我们注意到，保罗的书信以及圣经其他一些地方，都含有一些"难明白的"事——虽然并不是不可能明白。解释某些经文的挑战性很大，当（假教师）不按正意分解的时候，会导致人陷入异端或毁灭当中。值得注意的是，人绝不能责怪神让自己误解圣经。就像人因能看到神的荣耀在创造中显明而无可推诿一样（罗 1：20），解释圣经的人歪曲神在圣经中关于他自己的特殊启示，也是无可推诿的（太 22：29）。马丁·路德在《论意志的捆绑》中责备伊拉斯谟暗示圣经不清楚，而实际上，真正应怪罪的是伊拉斯谟自己那有罪、摇摆不定的理性。④ 圣经应许真信徒，不管他们天生的软弱或面临的释经挑战是什么，圣灵最终会保守他们不离弃真道（腓 1：6；彼前 1：5；约一 2：20—27）。这样的应许不应该使人自大，而应使人谦卑。

尽管神的启示对我们是充分的（显明了我们需要的一切），但并非穷尽一切。摩西说："**隐秘的事是属耶和华我们神的；惟有明显的事是永远属我们和我们子孙的，好叫我们遵行这律法上的一切话。**"

④ 路德写道："你和所有的诡辩家一起来吧，引用圣经当中仍然难懂的一个奥秘。我知道，对很多人来说，圣经的很多内容仍然难懂；但这不是因为圣经本身不够清楚，而是因为他们自己的眼瞎和迟钝，因为他们不下功夫去看那再清楚不过的真理……他们像是蒙上自己的眼睛，或从光明进入黑暗，躲在那里，然后责怪太阳或黑暗让他们无法看见。所以，让可怜的人放弃那种亵渎神的乖曲，即把自己内心的黑暗，推卸到神清楚的圣经上！"（Martin Luther, *The Bondage of the Will*, trans. J. I. Packer and O. R. Johnston [Westwood, NJ: Fleming H. Revell, 1957], 72）

（申 29∶29，粗体为本书作者所加）类似地，保罗以第三人称描述他

179　自己得启示的经历："这人……被提到乐园里，听见隐秘的言语，是人不可说的。"（林后 12∶3—4）很清楚，神并没有在圣经中讲清所有的问题。因着神的智慧，圣经提供了我们今天的所有道德或神学问题的足够清晰的范式。神没有应许我们要理解他所有工作的奥秘。"我们如今仿佛对着镜子观看，模糊不清"（林前 13∶12），但有一天我们要和基督面对面。

　　关于难解的经文有以下几个最后的警告。（1）有时保留你对有争议问题或经文的判断，这是明智之举。一位有名的牧师曾经告诉我，他对《启示录》的系列释经讲道到了第 11 章时暂停了下来，直到他对这卷书余下部分的理解更有把握才重新开始。（2）在有争议的问题上可以持有临时性的意见。诚实解释圣经的人可能会说："我对这种见解有 70% 的把握。"根据具体情况，向你的听众介绍其他人观点的优缺点，这可能是合宜的。然而，在通常的讲道中，最好是传递你的研究成果，而非召集会众在释经的田地上跟在你身后拾取遗留下来的麦穗。（3）如果你是某种解释的唯一代言人，几乎可以肯定你是错的。离奇古怪的释经是可以按真相识别出来的。

解释圣经的人知识和技能水平不一

　　虽然一些与希腊文和希伯来文经文有关的技术性论证确实只能留给语言学家去做，但是圣经并不看重，甚至无视某些方面，即使这些方面一般被认为是娴熟释经必备的先决条件。根据使徒所处

时代的文化标准,他们被人认为是没有受过神学训练的人(徒 4:
13)。人们通常不会选择一位渔夫作新兴宗教运动的领袖(太 16:
18)。事实上,高举人的智力,这被看作是对认识神启示的拦阻。使
徒保罗写道:

> 人不可自欺。你们中间若有人在这世界自以为有智慧,倒
> 不如变作愚拙,好成为有智慧的。因这世界的智慧,在神看是
> 愚拙。如经上记着说:"主叫有智慧的,中了自己的诡计。"又
> 说:"主知道智慧人的意念是虚妄的。"(林前 3:18—20)

类似地,耶稣祷告说:"父啊,天地的主,我感谢你! 因为你将这
些事向聪明通达人就藏起来,向婴孩就显出来。父啊,是的,因为你
的美意本是如此。"(太 11:25—26)

那么,使人在神眼里成为有真智慧人的是什么呢? 大卫在《诗
篇》119 篇中告诉我们,有智慧的人对神的话语有全备的知识并以顺
服来回应。诗人向神写道:

> 你的命令常存在我心里,使我比仇敌有智慧。我比我的师
> 傅更通达,因我思想你的法度;我比年老的更明白,因我守了你
> 的训词。(诗 119:98—100)

180

我们也要注意到,一个人可能拥有广博的知识,却缺乏诗人描

述的顺服的回应。这样一来,知识是空的和死的,像一个没有灵魂的躯壳(太 7：15—20;雅 2：14—26;约一 2：4)。缺乏爱和善行,一个知道很多的教师跟鸣的锣、响的钹没有两样(林前 13：1—3)。

虽然教会中一些人可能有恩赐,从神领受适时的信息,或拥有教导神话语的能力(林前 12：8;罗 12：7),基督教却没有大祭司般的知识分子。神使他的话语对他的子民来说比较易懂,为的是让他们可以靠着圣灵的能力,相信、遵守并教导他人(申 6：6—7;太 28：20)。

解释圣经的人受圣灵光照和勤奋的程度不一

无论天赋如何,所有的基督徒都得到保证,将有圣灵超自然的同在,并且圣灵要教导他们,保护他们不陷在错谬里(约一 2：20—27;约 16：13)。同时,神呼召信徒要负责任,要勤奋。保罗写信嘱咐提摩太："你当竭力在神面前得蒙喜悦,作无愧的工人,按着正意分解真理的道。"(提后 2：15)

神呼召我们用祷告、默想、悔改、信心和顺服去读他的话语(诗 119 篇)。圣灵运行是要纠正我们有罪的偏见,并赐给我们清晰的观察和判断(见问题 16,"圣灵在决定经文意思方面的作用是什么?")。然而,如果我们以随意或叛逆的方式读神的话语,就不要期待圣灵会帮助我们。如果我们在不悔改的罪中生活,我们就在使圣灵担忧,而非打开我们的耳朵去听从他、顺服他(弗 4：30;彼前 3：7)。

马丁·路德如此论到用敬畏和默想去读圣经的必要性:

你当小心,当你读、听、讲了圣经上的话语一两次,不要丧志,也不要认为自己做得够多,仿佛你有了完全的理解。如果你这样做,就不会成为一个好的神学家,反而会像半熟的果子,时候未到就掉在地上。⑤

不过,在讨论一处圣经经文时,我们绝不能把自己属灵的预备看作是正确释经的保证(比如,"我在这段经文上祷告了三个小时,所以我肯定是对的!"),也不能因为对方灵里看起来有问题,就指责对方释经错误。论证和呼吁,须始终诉诸圣经。在这方面,亚波罗是一个很好的榜样:"在众人面前极有能力驳倒犹太人,**引圣经证明耶稣是基督**。"(徒 18:28,粗体为本书作者所加)

解释圣经的人各有偏见

所有解释圣经的人对待经文时都有偏见,这些偏见既有可见的,也有隐藏的。我们从小生活的家庭、在当中成长的教会(或者没有教会),我们的教育、职业、生活经历——所有这些都在影响我们的思维。我们可以像诗人一样祷告:"谁能知道自己的错失呢?愿你赦免我隐而未现的过错。"(诗 19:12)但直到我们面见基督之前,我们都一直要和内在的罪,以及随之而来的心智和灵性扭曲争战

（加 5：17）。

　　我出生在浸信会家庭，在浸信会的教会中长大，上的是浸信会的一所神学院，现在在一家浸信会神学院教书。我坚信圣经教导的是已信耶稣者接受浸礼这种洗礼方式，但我不会头脑简单地认为我的成长环境和工作经历对我的判断没有影响。假设说，什么能使我转而接受婴儿洗的观点呢？我转移到这样一种立场的代价将是从我现在任教的学校和担任牧师的教会辞职，这样的代价很可能会对我产生很大的、我自己都意识不到的影响。对于主张婴儿受洗的牧师或学者转为持守唯独因信受洗的立场，他们的情况也是一样的。

 问题与反思

1. 你对理解某处特定经文或神学问题有没有经历过挣扎？你会采取什么步骤来处理这种情况？

2. 你最近从新闻中听到过媒体引用哪位宗教专家的话？你能分辨出他/她是不是基督徒吗？

3. 你是否想过为了一个释经问题你需要改变观念？是什么说服你改变的？

4. 如上文所说，古德恩关于圣经清晰性教义的定义如下："圣经的清晰性，是指神如此写圣经，以致凡愿意寻求神帮助，并愿意遵从圣经的人，都能明白圣经的教训。"⑥基于以上讨论和你自己的反思，你会不会加上限定条件？

5. 有没有什么主题，是你希望神在圣经里有更多阐释的？

182

⑥ Grudem，*Systematic Theology*，108.

进深学习

Grudem，Wayne. *Systematic Theology*：*An Introduction to Biblical Doctrine*. Grand
Rapids：Zondervan；Leicester：Inter-Varsity Press，1994.（中文版参见古德恩：
《系统神学》，张麟至译，米尔敦：更新传道会，2011 年。——编者注）

Thompson，Mark D. *A Clear and Present Word*：*The Clarity of Scripture*. New
Studies in Biblical Theology 21. Downers Grove，IL：InterVarsity Press，2006.

第三部分

研究特定经文的方法

A 篇

共同体裁（旧约和新约都适用的问题）

问题 21
如何确定文学体裁❓
——为什么这很重要

　　每当接触到新的文本,读者常常能很快确定它的体裁。也就是说,读者会有意识或无意识、正确或错误地决定这个文本的体裁是虚构的,还是非虚构的,是科技文体还是诗歌,等等。准确判断作品的体裁,对正确解释作品至关重要。

▶"体裁"的定义

　　根据韦氏词典,体裁是"艺术、音乐或文学作品的种类,包含特定风格、形式或内容"。① 在本书中,我们主要关注的当然是**文学体**

---

① 参见韦氏词典网络版(2008 年 8 月 29 日检索)。

裁,更具体地说,是圣经的文学体裁。

作者一旦选择了一种特定的文学体裁来表达他/她的思想,他/她就采纳了与那种体裁相关的一些共同的前提。比如,如果我这样开始一个故事:"从前……"我马上就提示读者,我要讲一个童话故事。这种故事通常会有幻想的动物(比如龙和独角兽),一个需要克服的困难和一个完美的结局。读者预期这种故事是给小孩子看的,主要是为了娱乐,但也有可能是为了进行道德教育。

我们对文学作品的理解,常常是基于潜意识对其体裁的评估,每天我们都会做出许多次这样的决定。比如,如果我在信箱中收到一封信,里面写着:"**普拉默先生**(请注意,我的名字还是拼写错的,把 Plummer 写成了 Plumer),**您很有可能刚刚赢了 1000 万美元!**"我就知道这只不过是诱惑我买东西的广告,而不是要给我 1000 万美元。类似地,如果我收到一封看起来很正式的信,上面写着"路易斯维尔自来水公司",信上还盖有红色邮戳,"最迟缴费通知",我就知道这是我的一笔未付账单,是重要且真实的信息。当我开车回家时,看到路标上写着"限速 35 英里",我就知道这不是马路上的装饰品,也不是一个建议,而是一个有法律效力的通告。

186

▷ 弄清圣经作品体裁的种类

在日常生活中,我们对经常遇到的体裁会感到很熟悉。一开始,上面描述的那封广告信件,可能让你兴奋得真以为有机会赢得

1000 万美元,但在几年抽奖失败之后,我们终于认识到这种文体的真实性。类似地,小孩子可能分不清晚间新闻、科幻电影和纪录片这些体裁之间的区别。然而,一个受过教育的成年人,不仅应该能识别出作为纪录片的电影体裁,还能分辨出该纪录片制片商的一些拍摄目的和偏好。

圣经中有些书卷的体裁是我们很熟悉的,但另一些则是现代读者感到很陌生的。即便是我们熟悉的体裁,有时也会包含一些现代人可能没有预料到的前提。弄清圣经书卷体裁的方法之一,就是阅读这书卷,注意里面重要的细节和作者评论,这些会提示读者该如何理解这书卷。比如,圣经最常见的体裁是历史叙事,大概占据圣经内容的 60%。[2] 历史叙事这种圣经体裁虽与我们今天在报纸或历史书上读到的事实性历史报道相似,但还是有几点区别:(1)圣经历史叙事经常还包含一些我们不太熟悉的次体裁,比如家谱(太 1:1—17)、诗歌(出 15:1—18)、箴言(太 26:52)、预言(可 13:3—37)或盟约(书 24:1—28)。(2)圣经历史叙事一般不关注现代读者希望记述下来的一些细节(比如,严格的年代顺序或事情的发展顺序,一个人物一生完整的传记细节等)。(3)圣经历史叙事虽然是准确的,却从不声称自己是客观的。圣经作者的写作是有目的的——为要劝服读者相信神启示的信息,并有必要以悔改、信心和顺服去回应神(比如,约 20:30—31)。

---

② Robert H. Stein, *A Basic Guide to Interpreting the Bible: Playing by the Rules* (Grand Rapids: Baker, 1994),151.

更多关于如何解释圣经历史叙事的指引，请参见问题 22，"如何解释历史叙事？"

另一种识别和了解圣经书卷体裁的方法，就是参考研读本圣经、圣经注释或其他神学参考资料（见问题 13，"对释经有帮助的书籍或工具有哪些？"）。本书的后半部分会介绍圣经的不同体裁，以及查看这些体裁时应注意的特定前提和警告。

图表 10 是圣经中常见的体裁及其代表性书卷或经文段落。

图表 10 圣经的文学体裁	
体裁	代表性文本
历史叙事	创世记；马可福音
家谱	代上 1—9 章；太 1：1—17
夸大/夸张	太 5：29—30，23：24
预言	以赛亚书；玛拉基书
诗歌	约珥书；阿摩司书（也是预言）
盟约	创 17：1—4；书 24：1—28
箴言/智慧文学	箴言；约伯记
诗篇和诗歌	出 15：1—18；诗篇
书信	哥林多前书；彼得后书
天启文学	但以理书；启示录

错误的释经步骤

体裁也是一个潜伏着释经错误的雷区。以下是我们要特别留意的三种情况。

1. **对体裁的误解会造成曲解经文**。《士师记》11：39 叙述耶弗
   他履行了向神起的誓，献上自己的女儿为祭。历史叙事这种
   体裁（《士师记》就属于这种体裁）本身并没有告诉我们所记载
   的行为是好是坏。读者一定要通过更多的作者提示，才能知
   道受神默示的作者是如何评估他所记录的人物或事件。根据
   《士师记》中罪反复向下的螺旋运动（士 3：7—16：31），加上
   作者失望的总结陈述（士 17：6,18：1,19：1,21：25），我们
   可以知道耶弗他的行为既不应该称赞，也不应该效法。③
   如果认为历史叙事中重要人物的行为总要效法，那么这处经
   文就可能会导致可怕的应用。

2. **对体裁的错误分类会被用作否认经文真实性的卑劣欺骗手
   段**。媒体上有名的宗教学者告诉我们，圣经大部分内容要看
   为神话而非历史叙事，这种情况并不少见。④ 也就是说，他
   们认为不应该把圣经理解为真实的历史叙事，而是启发或挑
   战我们的神话作品。这样的宣称不但完全否认作者清楚表

188

---

③ 请留意与士师相连的六个主要循环：俄陀聂、以笏、底波拉、基甸、耶弗他和参孙。《新
编牛津注释圣经》写道："随着每一个主要士师上场，循环就散乱分解。这种散乱分解
依次增加了对读者传递的信息，就是不断发生的道德衰落贯穿整个士师时期。事实
上，到了参孙的时代，这种循环几乎消失了。参孙的循环既是文学顶峰，也是'循环'部
分的道德最低点。"(*The New Oxford Annotated Bible* , ed. Michael D. Coogan, 3rd ed.
[New York: Oxford University Press, 2001],354 [Hebrew Bible section])
④ 比如, John Dominic Crossan, *The Historical Jesus: The Life of a Mediterranean Jewish
Peasant* (San Francisco: HarperSanFrancisco, 1991)。

明的意图(比如,路 1:1—4),而且也否认证明圣经内容历史真实性的经外证据。⑤ 对于那些当时给四福音书贴上神话标签的人,C. S. 路易斯评论道:

> 不论这些人是不是圣经批判家,我都信不过他们的批判。看起来,他们相当缺乏文学判断能力,丝毫不能感知他们所阅读经文的特质。也许你觉得,对穷其一生研究圣经的人提出这般指控,不合情理,但也许这正是问题所在。一个人把青春和成年岁月都用来细致研究新约圣经文本和别人对这些文本的研究,却对这些文本的文学经验缺乏任何可用来比较的标准(这种标准只能取自对文学整体的广阔、深远和合宜的经验),那么我就会认为,他很可能会错过这些文本最明显的东西。如果他告诉我,一卷福音书里的一些内容是传说或浪漫故事,我想知道他曾经读了多少传说和浪漫故事,以及他的鉴赏力到底有多好,以至于能分辨这类体裁,而不是想了解他花了多少年研究那卷福音书。⑥

类似地,认为《约拿书》是传奇故事的学者也为数不少。

---

⑤ 见 Walter C. Kaiser Jr., *The Old Testament Documents: Are They Reliable and Relevant?* (Downers Grove, IL: InterVarsity Press, 2001); and F. F. Bruce, *The New Testament Documents: Are They Reliable*, 6th ed. (Downers Grove, IL: InterVarsity Press; Grand Rapids: Eerdmans, 1981)。

⑥ C. S. Lewis, "Fern-Seed and Elephants," in *Fern-Seed and Elephants and Other Essays on Christianity*, ed. Walter Hooper (London: Fontana/Collins, 1975), 106 - 107.

事实上,我一个年长的同事(现已退休)也曾经向我透露,他向学生讲过,他认为约拿是虚构的。这位教授告诉我:"后来,一个学生找到我说:'博士,你也许不应该那样公开地说。我们都很喜欢你,希望你留在这里一直给我们上课。'"⑦

这个学生的直觉是对的,因为不仅《约拿书》对人物和地点的叙述没有任何虚假造作,而且耶稣也说约拿是历史上存在的人物,曾经按字义、历史性地待在一条大鱼的腹中(太12:40—41)。

3. **解释体裁的原则可能会被滥用,为自己不愿顺服圣经的要求找借口**。克尔凯郭尔挖苦地评论说:"基督教学术研究是人类最不可思议的发明,使他们可以为自己反对新约圣经作辩护,保证自己无需太过接近新约圣经,也可以继续做基督徒。"⑧这一讽刺传递的事实,特别适用于说明关于不同体裁释经原则的学术应用现状。比如,探讨《马太福音》5:42("有求你的,就给他;有向你借贷的,不可推辞")的时候,解释圣经的人可能会正确指出,耶稣在这里的教训应该被归类为夸张。他可能还会继续正确地指出,人没有义务要给一个想自杀的人一把枪。然而,如果我们不听《马太福音》5:42中要求人放弃世上财物的根本性呼召,那么在理解夸张隐含的附带限制上,我们会走上偏路。人可能会给这节经文附加

---

⑦ 这所学校最近经历了一场变革,多数学生比老教员更保守。

⑧ Soren Kierkegaard, *Søren Kierkegaard's Journals and Papers*, ed. and trans. Howard V. Hong and Edna H. Hong (Bloomington, IN: Indiana University Press, 1975), 3: 270.

限制说明和解释，直到把这经文取消，以至于良心变得麻木甚至悖逆神也兴高采烈的地步。正如帕斯卡尔评论道："人行恶最彻底最欢喜的时候，莫过于根据宗教认信而行恶。"⑨现代解释圣经的人，如果试图像耶稣的对手一样通过解释来消除经文（可 7：13），他们就要惧怕神的审判。

问题与反思

1. 请列举你平常会遇到的几种文学体裁。你对这些体裁所抱有的前提是什么？

2. 请仔细读圣经前面的目录。你能辨别出不同书卷的文学体裁吗？　190

3. 关于圣经中的不同体裁（如有必要，可参考图表 10），你认为哪种是现代读者最不熟悉的？

4. 你有没有听过一次错误的讲道或圣经课程，原因是解释的人误解了经文体裁？

5. 你能想到一个例子，是关于释经原则被用来当作漠视圣经清楚教训的借口吗？

进深学习

Osborne，Grant R. *The Hermeneutical Spiral：A Comprehensive Introduction to Biblical Interpretation*. Rev. ed. Downers Grove，IL：InterVarsity Press 2006（See part 2，"Genre Analysis"）.（中文版参见格兰·奥斯邦：《21 世纪基督教释经学》，刘良淑、李永明译，台北：校园，2006 年。——编者注）

⑨ Pascal，*Pensées*，fragment 895 in *Great Books of the Western World：Pascal*，ed. Mortimer J. Adler，2nd ed.（Chicago：Encyclopedia Britannica，1990），30：347. Within the volume，*Pesées* was translated by W. F. Trotter.

问题 22
如何解释历史叙事 ❓

历史叙事是以故事的形式叙述真实的事件。《空战英豪》（2003）一书就是这类体裁的现代例子。作者詹姆斯·布拉德利（James Bradley）讲述了二战期间 9 名美国飞行员因飞机被击中落入太平洋的故事。历史叙事可以单单是出于讲故事之人个人目的（比如回忆历史），也可以是为了观众——为了教导、娱乐或劝服等等。实际上，所有历史叙事的叙事者动机都不单纯。

新旧约圣经大部分的内容都是历史叙事——大约占到 60%。① 比如，在旧约圣经中，我们在《创世记》《出埃及记》《民数记》《约书亚记》《士师记》《路得记》《撒母耳记上下》《列王纪上下》《历代志上下》

---

① Robert H. Stein，*A Basic Guide to Interpreting the Bible*：*Playing by the Rules*（Grand Rapids：Baker，1994），151.

《以斯拉记》《尼希米记》《以斯帖记》中都能找到大量的历史叙事。至于新约圣经,四福音书(《马太福音》《马可福音》《路加福音》和《约翰福音》)和《使徒行传》也属于历史叙事体裁。《路加福音》和《使徒行传》这两卷书就占了新约圣经四分之一的篇幅。需要指出的是,历史叙事很少是纯粹的一种体裁,常常混有其他体裁,比如家谱(太 1:1—17)、诗歌(出 15:1—18)、箴言(太 26:52)、预言(可 13:3—37)、书信(徒 23:25—30)或者盟约(书 24:1—28)。

▶ 圣经叙事的性质、目的和效力

有时,人们给圣经叙事贴上"神话"或"偏见"的标签,以此摒弃其真实价值。更多关于圣经可靠性的一般讨论,请见问题 4"圣经有误吗?",但这里仍要列举几条评论。现代作者会给出一些线索,以便帮助读者明白他们自己对信息真实性的态度,古代的作者也是这样做的。从提到的特定日期、人物和一般写作风格来看,圣经作者显然认为自己提供的历史信息是真实准确的。对于任何一种叙事,我们都不应强求作者比他原本意图表达得更具体。所以,比如说,当马可使用年代顺序的方法讲述他的故事时,有些信息显得相当模糊(比如,"耶稣当安息日从麦地经过"[可 2:23])。如果你快速地浏览整卷《马可福音》,就会发现马可并未打算按照严格的年代顺序来记录耶稣的事工。②

192

---

② 这个事实从初期教会对《马可福音》的理解得到证实。帕皮亚(约公元 130 年)写道:"长老[使徒约翰?]曾经这样说:'马可,当了彼得的翻译,准确地写下了他所记(转下页)

虽然圣经叙事记录了许多事实（例如，以色列人在旷野漂流的不同地点，或者耶稣门徒的名字），但叙事的目的是让读者在基督里顺服神。圣经叙事的作者要让读者与故事中荣耀神和爱真理的人物站在同一阵线上。整本圣经，包括历史叙事的目的，都是让人变得有智慧，可以因着认识基督而得救，正如保罗指着提摩太说的那样（提后 3：15）。

历史叙事可以成为特别有效的沟通模式。一些最成功的演讲者，往往在演讲中穿插故事来强调重点。故事比其他的文学体裁更容易让人记住（比如与书信体的训词相比）。读者或听众会被内容所吸引，甚至希望自己进入这些叙事。叙事有一种强烈的情感因素，让它在说服人方面特别有效。况且，在当代的美国文化中，有时叙事的间接特性，对厌倦了属灵教训的听众来说显得更容易接受。还有，作为几个小孩子的父亲，我可以见证，孩子们更喜欢倾听一个表现神恩典的故事，而对命题或术语的抽象讨论则不感兴趣。

解释历史叙事的指导原则

历史叙事也给人带来了一些独特的释经挑战。圣经作者的意

（接上页）得的一切耶稣说过的话或做过的事，尽管他不是按照顺序记下的。这是因为他没有亲耳听到主的话，也没有亲身跟从过主，但正如我所说的，他后来跟从了彼得。彼得根据需要编辑主的教训，却无意于把主的话按照顺序记录下来。因此，马可凭其记忆记录下一些事，这根本没有错，因为他一心关注的，就是不想忽略任何他所听到的，或对它们作任何虚假陈述。'"（Fragments of Papias 3. 15 in The Apostolic Fathers: Greek Texts and English Translations, ed. and trans. Michael W. Holmes, 3rd ed. [Grand Rapids: Baker, 2007], 739 - 741）

图,常常不是直白地浮在经文表面,而是隐藏在经文之中。正因为如此,不熟练的释经者很容易出错,导致自己和听众都偏离了经文的真正意思。比如说,故事中的许多细节并非作为标准呈现。也就是说,作者并未打算把他所记录的所有人物和事件都用作道德教训。比如,有一次,我和妻子听一个辅导初做父母者的有声资料,讲员劝诫父母应该把他们的婴儿放在婴儿床上睡觉(反对把婴儿放在父母床上与他们一同睡觉),他说这是因为马利亚把耶稣放在马槽中(路 2:7)。关键的释经问题是:为什么路加要告诉我们耶稣被放在马槽里?他是要教导我们如何让孩子睡觉呢,还是强调救主谦卑地降生?我常常想向那个提倡使用婴儿床的讲员指出,在耶稣讲的一个比喻当中,还提过孩子和大人睡在一张床上(路 11:7),这很可能是当时睡觉更常见的习俗,然而,这也只不过是一个让人难忘故事的有趣细节——而非一种规范准则。

　　我们也当明白,对叙事的解释不应只是对叙事中的事实的重复。对事实的引述、归纳和评论,都是服务于作者劝服读者明白某个真理的目的。所以,解释圣经的人应该以“为什么”为问题导向。斯坦建议通过以下的操练来查出叙事的“为什么”:“我,**马可**,跟你讲**格拉森被鬼附**的人的故事(可 5:1—20),是因为……”当然,这个陈述的主体部分可以以释经者所思考的作者和事件来替代。这个操练的目的,是要防止释经只是简单地重复故事,要关注事件的**意图**。被鬼附的故事以一个连续性的叙述来表现耶稣在不同领域的权柄:大自然(4:35—41)、被鬼附的人(5:1—20)、疾病(5:25—

34)和死亡(5：21—24,35—43)。对马可来说,被鬼附的故事再一次显明了耶稣是神的儿子(可 1：1,15：39),对灵界拥有绝对的权柄。这故事中有些细节,比如被鬼附的人有多强壮(可 5：3—5),有多少头猪被鬼赶进了海里(可 5：13),都是为了突显打败他们的那一位是何等强大。

以下是帮助我们解释历史叙事的一些指导原则。④

1. **上下文**。上下文对所有的解释都很重要,对历史叙事这种更间接的体裁来说尤其重要。圣经作者事实上指望读者阅读整个记述,所以每一细小部分的阅读,都应建立在整体阅读的基础上。在《马可福音》1：1 中,马可说他记录的目的,就是告诉我们神的儿子弥赛亚耶稣的好消息。所以,阅读整卷福音书余下部分时,应该以他开场的陈述为出发点。

2. **编者的评论**。有时,作者会对某事件的重要性或意义给出明确的评论。这对读者来说极其有帮助,不容被忽视。比如,在《马可福音》7：19 中,马可指出,耶稣对食物和清洁的评论应该被理解为"各样的食物都是洁净的"。同样,马可评论说,连邪灵在耶稣面前也这样说道:"你是神的儿子"(可 3：11—12;参可 1：23—24,5：7),它们是在准确地指出耶稣的身份。以上引述的被鬼附之人的故事中,这一点显得很重

194

④ 这些指导原则引自 Stcin, *A Basic Guide to Interpreting the Bible*, 157 - 165。

要,因为这被鬼附的人呼叫说:"至高神的儿子耶稣,我与你有什么相干? 我指着神恳求你,不要叫我受苦!"(可 5:7)这声明凸显了耶稣的身份和权柄,因为马可已经预备我们去"相信"这位被鬼附的人说的话。⑤ 你要小心,不要对作者没有预备读者关注的内容作任何过度细致的解释。

3. **主题陈述**。有时,作者会以一个主题陈述作为作品或作品中一部分的开头,帮助我们明白后面的内容。一个例子是《使徒行传》1:8:"但圣灵降临在你们身上,你们就必得着能力;并要在耶路撒冷、犹太全地和撒玛利亚,直到地极,作我的见证。"如我们所读到的,这卷书的余下部分一路叙述圣灵推动教会向外扩张,在不断扩展的地域见证耶稣的福音(比如,徒 2:14—42,8:1—25、26—40,10:1—48,11:19—21,13:1—3,28:28—31)。

4. **重复**。圣经作者当时可没有现代人使用的黑色醒目字体或令人印象深刻的图形标记。想要强调某件事时,他们常常使用重复的手法。从马可的频繁总结陈述中,我们可以知道他要强调耶稣吸引了大量群众,并且这些人对他的教导和神迹无比惊叹(比如,可 1:27—28、45,2:12,3:7—12,4:1)。

5. **可信靠的人物**。作者用间接或直接的方法,提示读者哪种人物值得相信和效法。这样,当从神来的天使向一个人传达信

195

---

⑤ 斯坦在他的课堂讲课中,建议给书中所有编辑注释或作者总结陈述做记号(比如,用黄色的高光笔做记号),以此发现重复的模式。

息时,毫无疑问,天使传达的是可靠信息(比如,太 1：20—25)。同样,如被鬼附之人的故事,当鬼魔被耶稣临到的大能征服,以降服之心宣告他的真实身份时,它们说的话也可以被称得上是可信的(可 5：7)。

学习解释历史叙事的最有帮助的方法之一,就是阅读大量优秀的释经作品。智慧的释经者总是寻求圣经作者的原意,不会使用额外的细节来为他自己异想天开的说教增光添彩。这种谨慎的释经技巧常常是领受而非传授的。为此,阅读有技巧的释经者的注释是很有益的。⑥ 通过阅读这种圣经注释,你会从中吸收谨慎释经必备的技巧和分析方法。刚开始解释叙事的新手,最好请一个比自己更有智慧和经验的读者提供批评和纠正。这样做,尽管一开始可能很痛苦,但从长远来说是非常有益的。

问题与反思

1. 你曾经听到过有人用讲故事的方法使沟通更有效的例子吗？如果有,是什么时候？

2. 你能回想起在一次讲道或圣经学习中,讲员或者作者不恰当地解释圣经叙事的一个例子吗？

3. 你认识一个愿意为你的讲道或查经带领提供反馈的可信任的释经者吗(比如,在这方面更有经验的朋友)？

⑥ 见"进深学习"的推荐书目。

4. 当你下一次听有关叙事性经文的讲道时，请问自己这些问题：讲员有没有正确理解经文的意思？如果他没有正确解释经文，以上讨论的哪些释经原则可以帮助他正确理解那处经文？

5. 从圣经中选择一卷叙事体裁的书卷并复印出来，用记号笔标出所有作者的评论或总结陈述。最后，回头查看你标记的部分，思想作者想要强调什么？

进深学习

196

Carson，D. A. *Matthew*，*Chapters 1 - 12*. Expositor's Bible Commentary. Grand Rapids：Zondervan，1995.

_____. *Matthew*，*Chapters 13 - 28*. Expositor's Bible Commentary. Grand Rapids：Zondervan，1995.（中文版参见 D. A. 卡森：《马太福音》，周俞云翔译，南帕萨迪纳：麦种传道会，2013 年。——编者注）

Frei，Hans W. *The Eclipse of Biblical Narrative*：*A Study in Eighteenth and Nineteenth Century Hermeneutics*. New Haven，CT：Yale University Press，1974.

Stein，Robert H. *Mark*. BECNT. Grand Rapids：Baker，2008.

_____. *Luke*. The NAC 24. Nashville：Broadman，1992.

问题 23
如何解释预言（一般指导原则）❓

　　说到**预言**，很多人会想到一个瞪大眼睛预告灾难的人，手举标语牌走在街上，牌子上写着："快悔改吧！明天就是世界末日了！"然而，我们必须把我们的偏见搁置一边，回归圣经来寻求预言的真正意思。那么，到底什么是**圣经**预言，有哪些原则可以帮助我们理解预言？为了回答这个问题，我们先广泛考察预言的含义，然后提出一些有助于解释大多数预言的指导原则。在下一个问题中，我们会探讨预言之下的一个主题，就是预表。

▶ 先知和预言的定义

　　圣经中**先知**和**预言**这两个词有多种含义。在最根本的层面上，先知是神差派并赐予预言的人——这预言是从神而来的信息（耶 1：

4—10；太 23：34）。我们下面继续解释这些术语时，不可避免会反复讨论代理人（先知）和他宣告的属神的信息（预言）。

旧约圣经对**先知**这个术语有不同的用法。摩西说："惟愿耶和华的百姓都受感说话，愿耶和华把他的灵降在他们身上。"（民 11：29）但显然实际情况并非如此。《希伯来书》的作者描述所有先前的神的代言人和旧约时期受默示的作者都是"先知"（来 1：1）。看起来那时存在着先知"群体"或团体（比如，王上 18：4、19，20：35；王下 2：3—7、15，4：1、38，5：22，6：1，9：1），而且这些群体以如下特点著称：有音乐伴奏的巡回敬拜（比如，撒上 10：5）、古怪的行为（王上 20：35—43；王下 9：11；结 4—5）、向悖逆的以色列人宣告真理时的勇敢无畏（王上 22：6—28），以及有神所赐的预言未来、解梦和知晓其他神秘信息的能力（撒上 9：19—20；结 8；但 2：27—28）。先知谴责以色列和／或周围不顺服神的国家。他们警告说神要施行审判，他们也应许祝福。有时会有关于战争（但 11）、执政者（赛 45：1）或将要来的弥赛亚（弥 5：2—3）的具体预言，这些预言描述了几十年甚至几百年以后要发生的事件。

在由耶稣开启的新约时代，神的所有子民在某种意义上都被当作先知，因为他们都有神的话语印在他们心上，并向他们的邻舍传讲（珥 2：28—29；来 8：11；徒 2：16—18；参见太 5：12）。然而，即便在这预言应验的时代，仍有说预言的独特恩赐，是神给他的少数子民的（罗 12：6；林前 12：10、29，14：29—32）。这样的预言似乎包含了对将来事件的预测和及时劝诫，显明超乎寻常的洞察力（林前 14：

198

25—30;徒 2：30,11：27—28)。圣经描述了拥有预言这属灵恩赐的人有男有女(路 2：36;徒 2：17,11：27—28,21：9)。

预言是圣灵默示的话语。因此,旧约圣经作者把预言活动由圣灵加力量开始或结束,分别说成是圣灵在人身上降临和离去(撒上 10：10—13,19：20—23;诗 51：11)。相比之下,新约圣经强调神的新约子民有圣灵永远内住(约 14：16—17;罗 8：9)。不过,即使在新约时代,信徒也会按照他们对神的回应方式,或被圣灵充满(徒 4：31;弗 5：18),或叫圣灵担忧(弗 4：30)。

圣经中关于预言的一个例子是《申命记》18：15—22。在这里,摩西说：

> 耶和华你的神要从你们弟兄中间给你兴起一位先知像我,你们要听从他。正如你在何烈山大会的日子求耶和华你神一切的话,说："求你不再叫我听见耶和华我神的声音,也不再叫我看见这大火,免得我死亡。"耶和华就对我说："他们所说的是。我必在他们弟兄中间,给他们兴起一位先知像你。我要将当说的话传给他;他要将我一切所吩咐的都传给他们。谁不听他奉我名所说的话,我必讨谁的罪。若有先知擅敢托我的名说我所未曾吩咐他说的话,或是奉别神的名说话,那先知就必治死。"你心里若说："耶和华所未曾吩咐的话,我们怎能知道呢?"先知托耶和华的名说话,所说的若不成就,也无效验,这就是耶和华所未曾吩咐的,是那先知擅自说的,你不要怕他。

虽然这段经文描述了摩西之后先知的传承,但我们也当把它理解为是指着先知中的最大的先知拿撒勒人耶稣说的。他是神独一的爱子,宣告的就是神的话(约 3:34;徒 3:22—23)。

在《申命记》18:15—22 中,很重要的一点是,摩西也看到假先知会持续出现,他们企图让以色列转而崇拜假神,或假借真神的名义宣告假预言。以色列随后的历史证明了摩西预言的真实性(比如王上 22:6—28;耶 23:9—21;弥 3:5—12)。同样,耶稣也预言在他第二次来之前会出现很多假先知(可 13:22;太 24:23—24),后面的年代也证明了他预言的真实性(约一 4:1)。很多人不断地声称他们为神代言(也就是作先知),而实际上他们通过宣告关于神的谎言而亵渎了神。

解释预言的指导原则

随手打开一卷记载预言的书卷,找到其中的一段,你也许会感到摸不着头脑。以下提供了一些指导原则,帮助你正确解释预言。

1. **探究这卷书的写作背景、日期和作者**。这预言是向谁说的?这卷书中有没有一个统一的主题?这些预言是什么时候宣告或写下的?作者是谁?我们对他知道多少?原来的听众会如何理解这些预言?为了解决这些问题,你可以找一本好的研读本圣经(比如,新国际版研读本圣经,或者英文标准版研读本圣经),或者福音派的旧约导论作品,比如格利森·阿谢尔（Gleason Archer）的《旧约导论纵览》（*A Survey of Old Testament Introduction*）、R. K. 哈里森（R. K. Harrison）的《旧约入门》（*Introduction to the old Testament*）、雷蒙德·B. 迪拉德（Raymond B. Dillard）和特伦佩尔·朗曼的《旧约导论》（*An Introduction to the old Testament*）。[①] 当然，当你研读圣经的大量细节时，你应该根据经文的要求调整你原来的理解。在使用大量学习工具的同时，我们也必须常常记住，唯有受默示的圣经拥有从神而来的权威。

2. **关注上下文**。用一本有段落和章节划分的现代圣经版本做引导。各种现代圣经版本一般都会给经文加个标题和小标题，以帮助读者更容易理解作者展开的信息。当我们深入研究一段经文时，比较几个现代译本对经文段落的划分，是十分有益的。如果那些最有权威的现代译本对经文段落划分不一致，解释圣经的人应该去探究其中的原因，自己斟酌采用。

3. **预期修辞性语言**。预言是涉及审判、痛苦、渴望和庆祝的语言。作为一种表达情感的体裁，它充满了诗意的画面和夸张的表达。事实上，圣经许多预言书卷是以希伯来诗体的韵律写成的。现代英文圣经一般会用诗行的形式排版（也就是，在经文的两边留有更多空白，以区别于圣经其他部分），给读者一些提示。先知使用诗体的韵律，进一步表明了人会看到

200

---

① 完整的文献目录信息，见后面的"进深学习"部分。

比喻的、诗一般的和象征的表达。如果作者希望读者按照字面理解，我们就要照字面理解。如果作者希望读者按比喻理解，我们也要那样理解。当我们学习经文时，我们要寻求受圣灵默示作者有意识的意图。多数现代美国人倾向于完全照字面理解。毫无疑问，圣经的希伯来语言更有可能包含夸张和比喻，超过大多数现代美国人通常阅读的文学形式（比如报纸和杂志）。

4. **分辨有条件和无条件的预言**。预言可以表达神不改变的目的（创 12：1—3；加 3：15—18），或者表达神有条件的应许或警告（拿 3：4）。只有从上下文附加的叙述中，我们才能澄清这个预言是无条件的，还是有条件的。有条件的预言有时也不会清楚地陈述暗含的条件。不过，至少从对国家的审判和祝福的角度来讲，一个基本的有条件的预言，可以从《耶利米书》中找到。

　　　我何时论到一邦或一国说：要拔出、拆毁、毁坏；我所说的那一邦，若是转意离开他们的恶，我就必后悔，不将我想要施行的灾祸降与他们；我何时论到一邦或一国说：要建立、栽植；他们若行我眼中看为恶的事，不听从我的话，我就必后悔，不将我所说的福气赐给他们。（耶 18：7—10）

　　如果这种审判国家的预言暗含的条件不存在，先知约拿就是说谎了,因为他宣告说:"再等四十日,尼尼微必倾覆了!"(拿 3:4)然而,当尼尼微城一悔改,神就后悔了(拿 3:10)。的确,约拿一开始不想去尼尼微城,正是因为他知道神仁慈的属性。他不想给尼尼微人任何悔改的机会(拿 4:1—2)。

这种有条件的应许显明了全知全权的神和有限的受造之人相处的奥秘方式。如果神早已知道尼尼微人会悔改,为什么他要让约拿去宣告他们要被毁灭? 这是因为神命定使他们悔改的途径,就是让他们听到他们该受的灭亡。在神主权的旨意中,先知对审判的宣告,有时打开了神施怜悯的水闸。在其他一些情况中,预言只是增加了悖逆之人的罪责(赛 6:9—13;太 11:21—24;可 4:11—12)。②

5. **在试图发现经文对今天读者的意义之前,首先要努力明白受神默示的作者努力向起初受众传达的意思。**必须小心区别哪些是关于特定、不可重复事件的预言,哪些是神与人沟通的基本模式。神不是反复无常的,所以通过预言性的经文表现出的神的属性,能够应用在我们今天类似的情形中(比如,悖逆的国家最终要负的责任、神对信实余民的保守、神对恶人看似延迟的审判,等等)。一个具体的例子,就是即使以色列不断离弃神,神仍反复宣告他对以色列人的信实。我们今天看到的一个类似情形是什么? 有形教会没有一贯地坚持

---

② 其他有条件预言的例子包括耶路撒冷被毁(弥 3:12;耶 26:18—19),对亚哈和其家族的审判(王上 21:20—29),以及希西家的病(王下 20:1—5)。

彰显福音的真理,但我们知道耶稣已经应许,他要建造他的

教会,任何力量都不能阻止教会最终的推进和他国度将有的

完满(太 16:18)。

6. **确定预言是否已经应验**。如果经文是关于末世的,在某些情

形里可能很难确定预言的应验状态。可能的话,让新约指引

你明白旧约关于弥赛亚和末世预言的应验。有时,新约作者

告诉我们,旧约预言已经以出人意料的方式应验了,在耶稣

和教会里至终表明出来(比如,徒 2:17—21,15:16—18;来

8:8—12)。

7. **注意预言的护教价值**。在最早期的基督教传道中,使徒以预

言的应验作为神认同基督教福音的证据(徒 2:17—21)。十

几个世纪以后,法国数学家和哲学家帕斯卡尔也诉诸已应验

的预言,作为对基督教真实性的证据。③ 即使是今天,当基   202

督徒呼吁外人来听道时,他们也会指出圣经里预言的神迹性

应验。④

我想起上大学时与一位宗教学教授的对话。他认为《但

以理书》成书时间较晚。我当时问他:"学者们认为《但以理

---

③ 帕斯卡尔写道:"我看到过许多自相矛盾的宗教,因此除了一种之外,其余都是假的。
每一种宗教都想要人基于它自己的所谓权威相信它,也威胁不信的人。我不会因此而
相信它们。每个人都能这样说,每个人都能说自己是先知。但我看到基督教的预言应
验了;这是任何人都做不到的。"(*Pensées*,fragment 693 in *Great Books of the western
world*:Pascal,*ed*. Mortimer J. Adler,2nd ed. I〔Chicago:Encyclopedia Britannica,
1990〕,30:301 - 302)

④ Josh McDowell,*Evidence for Christianity*:*Historical Evidences for the Christian Faith*
(Nashville:Thomas Nelson,2006),193 - 243.

书》成书日期较晚，难道不是因为他们认为关于不同的战争和掌权者的预言太准确，这些事情不可能在事发前几百年就宣告出来吗?"他承认情况是这样。持怀疑态度的学者把这样的预言称作 *vaticinium ex eventu*，这句拉丁文的意思是"事后预告"，因为他们声称这些预言是编造的，使之看似预言，实际上是在描述的事件发生后才写成的。

我记得另一次，我和一位土耳其(穆斯林)女士坐在校园里。我们一起上了一堂关于伊斯兰教的课，下课后继续讨论课堂上开始讨论的一个话题。我请她读《以赛亚书》53 章。她读完之后，我问她:"这里写的是什么?"她回答说:"嗯，很显然，说的是耶稣。"

我说:"这是在耶稣诞生之前 700 多年写的。"

她惊呆了。

8. **了解旧约时代预言和新约时代预言的区别**。在旧约时代，先知有时讲不太引人注意的日常事件(比如丢驴，撒上 9∶20)，无疑有很多预言没有被记录下来。不过，被记录和保存下来的预言，都是被看作"神所默示(呼出)的"(提后 3∶16)。类似地，使徒和他们同伴/同工的早期基督教著作也被接受为有独特默示和有权柄的(见问题 6，"谁决定圣经包含的书卷?")。随着预言在新约圣经成书这一时期和这之后(甚至包括今天)继续出现，我们需要注意，继续出现的基督徒说预言的恩赐(gift of prophecy)不同于圣经中记录下来的预言。

所有后新约时代的预言，必须由教会以圣经为标准来详查和
筛选（林前 14：29；约一 4：1）。保罗写道："不要藐视先知的
讲论。但要凡事察验，善美的要持守。"（帖前 5：20—21）⑤

 问题与反思

1. 圣经预言和今天日常谈话的语言在风格上有什么不同？

2. 圣经中有没有一些预言鼓励你更确信圣经是源自于神的？

3. 你有没有信心查出预言中的修辞性语言？ 如果没有，什么能帮助你去这
样做？

4. 你认为新约圣经中提到的说预言的恩赐是什么？ 今天仍然有这种恩赐存在
吗？ 这会是什么样的？

5. 你有没有诉诸圣经预言来介绍或捍卫圣经的可靠性？

进深学习

Archer，Gleason L. *A Survey of Old Testament Introduction* . Rev. ed. Chicago：

Moody Press，1994.

Dillard，Raymond B.，and Tremper Longman. *An Introduction to the Old*

Testament . Grand Rapids：Zondervan，1994.

Harrison，R. K. *Introduction to the Old Testament* . Grand Rapids：Eerdmans，1969；

---

⑤ 更多关于说预言的属灵恩赐，见 Wayne Grudem，*Systematic Theology*：*An Introduction to*
Biblical Doctrine （Grand Rapids：Zondervan；Leicester：Inter-Varsity Press，1994），
1049 - 1061；idem，*The Gift of Prophecy in 1 Corinthians* （Lanham，MD：
UniversityPress of America，1982）；idem，*The Gift of Prophecy in the New Testament and*
Today，rev. ed. （Wheaton，IL：Crossway，2000）；and idem，"Prophecy—Yes, but
Teaching No：Paul's Consistent Advocacy of Women's Participation Without
Governing Authority，" *JETS* 30，no. 1(1987)：1 - 23。

reprint，Peabody，MA：Prince（Hendrickson），1999.

McDowell，Josh. *Evidence for Christianity：Historical Evidences for the Christian Faith*. Nashville：Thomas Nelson，2006.（中译本参见麦道卫：《铁证待判》，韩伟等译，北京：宗教文化出版社，1998 年。——编者注）

问题 24
如何解释预言（预表）

问题 24
如何解释预言（预表）

我们在上一章中考察了**先知**和**预言**这两个词，提出了解释预言的 8 个指导原则。预言之下还有一个子类别叫作预表，值得我们特别注意。下面，我们将着重讨论如何解释圣经中的预表。

什么是预表？

新约中有一些地方以人意想不到的方式引用旧约。比如，在《马太福音》2：13—15 中我们读到：

> 他们去后，有主的使者向约瑟梦中显现，说："起来！带着小孩子同他母亲逃往埃及，住在那里，等我吩咐你，因为希律必寻找小孩子，要除灭他。"约瑟就起来，夜间带着小孩子和他母

亲往埃及去,住在那里,直到希律死了。这是要应验主借先知
所说的话,说:"我从埃及召出我的儿子来。"

这段经文的最后一句话引自《何西阿书》11：1。多数基督徒认
为,如果他们打开《何西阿书》11：1,就应该找到以下类似的话:

> 耶和华应许说,有一天,我将差派我的弥赛亚,基督,神的
> 儿子。他一出生,掌权者就会大怒反对他,他必逃到埃及去。
> 但是,我将呼召他回来完成我的旨意。然后,就会说:"我从埃
> 及召出我的儿子来。"

事实上,当我们查看《何西阿书》的上下文时就会发现,这段经
文是对不顺服的以色列说的。何西阿声称,就像神的"儿子"以色列
曾"被掳"到埃及为奴一样,在先知的年代,这个民族同样要因为他
们的罪被掳到亚述。然而,神怎样把以色列人从埃及看似永无尽头
的奴役中拯救出来,在何西阿的时代,神要以同样的方式再次把他
们从亚述的枷锁中搭救出来。

马太其实并不像最初显示的那样,随意从旧约中引用经文。和
其他受默示的圣经作者及当时的犹太人一样,马太相信神在历史中
的护理。况且,他相信历史记录是一系列连续、前后呼应的救赎事
件,迈向神在基督里达到最高峰的介入。神在之前的介入是预表
(相应的预期),对应最后的实体(应验)。因为神对历史完全行使主

权,**所有**旧约时代的救赎性事件、制度、人物、职分、节期和礼仪都是为了预告那最后的救赎性事件、最后的拯救者和最后的拯救礼仪等等。这种引用旧约的形式叫作预表释经。预表释经在《马太福音》和《希伯来书》中出现得比较频繁,这两卷书原来都是写给犹太读者的,他们会有与作者一样的预表前提。对原来的读者来说,马太和《希伯来书》的作者展开了旧约历史所昭示的基督论的深度——如同真实生活。不仅仅是具体的预言,整个以色列的历史都指向耶稣。以色列的二维历史在弥赛亚身上达到顶峰的再现,成为三维的活生生的现实。

◗ 预表释经的前提

为了更好地理解新约作者对旧约的预表性引用,先认识作者和原初受众共有的前提很重要。以下是这些前提的清单,附带简要评注。

1. **圣经作者有群体的一体性**(corporate solidarity)**的概念**。斯诺德格拉斯(Klyne Snodgrass)解释道:

> （群体的一体性）指的是在闪族人思想中个体和群体之间的往来或相互关系。个体行为并非单纯的个体行为,它影响到整个群体,反之亦然。个体经常是群体的代表,反之亦

然。亚干犯罪,整个民族都受到牵连(书 7)。①

　　　基督徒不应该回避"群体的一体性"这个概念,因为这是我们得救的基础! 正如保罗写道:"一人(也就是耶稣)既替众人死,众人就都死了。"(林后 5:14)斯诺德格拉斯进一步写道:

　　耶稣工作的代表性质,与"群体的一体性"有紧密关系,这是理解耶稣和旧约经文被应用在他身上的方式的最重要关键点之一。基督论的"仆人""人子"和"神子",都是起先应用在以色列身上的代表性称谓。耶稣采用了这些称谓,因为他承担了以色列的任务。他是以色列的代表,和以色列休戚相关。神对以色列的旨意现在要透过他的工作完成。如果这是真的,曾经被用来描述以色列的,也就可以合理地应用在他身上。②

　　在马太对《何西阿书》11:1 的引用中,我们看到独一的儿子,耶稣,被比作以色列,也被称作神的"儿子"。虽然以色列这位儿子追着去拜偶像(何 11:2),但那位独一的儿子却

---

① Klyne Snodgrass, "The Use of the Old Testament in the New," in *New Testament Criticism and Interpretation*, ed. David Alan Black and David S. Dockery (Grand Rapids: Zondervan, 1991), 416.
② Ibid.

在凡事上忠诚。即使如此,正如给以色列这位儿子的应许看起来要因在埃及为奴和被亚述掳去而陷入危机,那位独一儿子的角色看起来也受到威胁。耶稣还在埃及避难,怎么能成就弥赛亚的呼召呢? 即使如此,神在他儿子/圣子(以色列和最终的耶稣)身上的旨意和应许总会得胜。

2. **圣经作者以"神对待以色列具有连续性,所以前事是后事的预兆"为前提**。③ 我们可以把以色列人的历史观比作昏暗的阶梯。当我们踏上那些阶梯时(很可能要扶着墙以防摔倒),我们期望这些阶梯是按着可识别、重复的模式上去的。尽管周围很黑,看不清楚,但我们知道我们是在向上移动,未到终点之前,我们也不知道究竟离目的地还有多远。类似地,犹太人期望神后来的介入会映照出之前的介入,也知道那位救赎历史的顶峰人物弥赛亚一定会来。到那时,犹太人期望回头看之前全部的救赎历史,看到那预期将来的模式都指向这位拯救者——基督。事实上,这就是新约圣经作者对旧约预表性引用所遵循的模式。

208

为了进一步向学生解释这个概念,我有时会问:"在座哪位是 20 岁以后才成为基督徒的?"这时就会有几个人举手。然后,我会问其中一位:"当你 6 岁时,你会不会想:'神让这件事发生在我身上,为的是让我有一天会寻求他?'或者,当你 18

---

③ Mark Seifrid, "Introduction to the New Testament: Historical Background and Gospels, Course Number NT 22200" (unpublished notes, Southern Baptist Theological Seminary, fall 1998),73.

266 释经学 40 问

岁时,你有没有想过:'神让我上这所大学,好让我有一天可以听到救恩的信息?'不,你没想过。但你一旦认识基督,你难道没有回头看你的生命,看看神是怎样动工使你得救的? 预表释经和这一点很相似——回头看神护理的预兆。"

3. **新约作者知道自己活在末世应验的时代**。换句话说(继续前面的类比),新约作者相信他们已经站在阶梯的顶部。高潮已经到来。救赎的顶峰——弥赛亚耶稣——已经显现。因此,回顾神之前的救赎干预,看看这高潮是怎么预示出来的,这不但在释经学上是恰当的,而且也是释经的责任。

4. **新约作者相信所有圣经经文都是关于基督的**(路 24:27;林后 1:20;彼前 1:10—12)。救恩已经到来,神所有的应许都在耶稣身上应验了。因为神的救恩最终是集中在一个人(基督耶稣)身上,那么,神之前的所有救赎工作和启示,都以某种方式预告了这位弥赛亚的来临。

5. **对圣经作者来说,应验的概念要比我们今天对这个词的一般用法更广泛**。亨利·维尔克勒(Henry Virkler)列出了希伯来文和希腊文关于应验这个说法的词义范围。

- 挖出某件事的充分含义(太 5:17,参 18—48 节)。
- 一段固定时间的完结(可 1:15;路 21:24)。
- 满足一个请求或愿望(斯 5:8;诗 145:19;箴 13:19)。
- 履行承诺(利 22:21)。

- 遵循或顺服一个要求(加 5：14;雅 2：8;太 3：15)。

- 两个历史时期之间的对应的词语描述、例证或事件(太 2：   209
23;参见赛 11：1;耶 31：15;参见太 2：17—18;赛 9：1—
2;参见太 4：13—16)。④

　　当一个普通的现代美国人读到《马太福音》关于耶稣应
验了旧约预言的一段经文时,他可能认为马太指的是对一项
独特、不可重复、命题性预言的应验。实际上,马太也许有那
个意思,或许他用的是这个词的其他用法——更广泛地指以
色列历史中的预表模式的应验(以上维尔克勒清单当中的最
后一项)。如果我们对这个概念的理解有困难,问题不在于
圣经,而在于我们对预言的狭义理解,这理解需要借着具体
圣经用法得到正确指引。

预表释经是一种可复制的模式吗?

　　在一次著名的讲座上(后来这个讲座的内容以文章的形式发
表),新约学者理查德・朗格内克(Richard Longenecker)问道:"我们
可以复制新约的解经(exegesis)方法吗?"⑤朗格内克实际是问,我们
现代人解释圣经时,是否可以应用预表释经法,去解释新约作者没

---

④ Henry Virkler, *Hermeneutics：Principles and Processes of Biblical Interpretation*, 1st ed.
(Grand Rapids：Baker, 1981),204 - 205.修订版省略了这一段。
⑤ R. N. Longenecker, "Can We Reproduce the Exegesis of the New Testament?" *TynBul*
21(1970)：3 - 38.朗格内克问了两个问题:现代解释圣经的人是否可以以预表性的方
法解释旧约圣经;他们是否可以使用早期犹太人的不同释经方法。

有如此引用的经文。相信圣经的基督徒在这个问题上众说纷纭。在我看来,我们有必要问,圣经的每一部分是如何指向基督的。但提出任何圣经没有明确提及的预表性对应时,我们必须谨慎。换句话说,我们应当把经文表面的意思作为我们释经的重心,并在有人提议一个不能从圣经中明确找到的基督论应用时,给予适当的解释上的警告。应该避免对旧约律法作晦涩的象征性解释。在公开发表任何新的基督论的预表观点之前,最好征求在释经上比你更有经验的朋友的建议。

解释难解预言的其他选择

有时,新约圣经作者直接从旧约圣经中引用命题性预言(太 8:17;参赛 53:4)。其他时候,我们最好把他们的引用解释为预表(太 2:13—15;参何 11:1)。还有一些新约圣经的引用,则可能需要用以下某种方法解释更为妥当。

1. **新约圣经作者偶尔为了修辞缘故引用旧约圣经,并非主张任何预言的应验**。比如,我们不知道保罗在《提摩太后书》2:19 中("主认识谁是他的人")引用《民数记》16:5 的一个短语,是不是想让读者以《民数记》16:5 的上下文为前提,来明白这句话的意思。

2. **有时单一的预言会包含多个事件**。原始的预言经常并没有清楚显明多重事件之间的年代距离。比如,耶稣的第一次和

第二次来(拯救和审判),在《以赛亚书》61：1—2 中是融合在
一起的。只有当耶稣第一次来时带来更多启示,我们才知道
他来拯救和来审判之间有时间距离(路 4：18—19；太 25：
31—46)。这种多个事件重叠在一个预言里的现象,被称作
先知的压缩性视角。这种预言形式被比作很多幻灯片重叠
在一起,由投影仪播放出来。投影到墙上的影像虽然是由好
几层组成,但看起来是一个连续的整体。类似地,从远处看
的山脉看起来是二维的,只有当我们走近第一座山,才看见
其他山在我们的眼前向着远方伸展开来。

3. **不少解释的人声称,理解新约对旧约某些引用的唯一方式是
诉诸更完整的意义**(拉丁文 *sensus plenior*)。也就是说,圣灵
显示了一个隐藏的意思,直到圣灵把它显明出来,人类作者
才会知道。正如约翰·布罗德斯(John Broadus)对《马太福
音》1：22—23 的解释：

> 设想先知自己在心中会思量新约作者所谓的"预言的应
> 验",这经常是不必要的,有时这也是不可能的。有些预言是
> 无意识的,就像该亚法作的预言(约 11：50)。很多预言得到
> 的应验,可能连先知自己也根本没有想过。但神的护理常常
> 使用不注意甚至不知情的人的行为应验预言(比如,约 19：
> 24)。同样,神的灵常常计划先知不知道,只有向福音书作者
> 才显明的预言应验。而且,这也是与启示的一般过程一致,

211 即后来的默示应该解释之前默示的记载,并且只有当后面的事件发生了,人才能完全理解之前的预言。⑥

虽然很多娴熟的释经者使用这种诉诸更完整意义的释经方法,但我相信,新约对旧约的所有引用不需要这种方法也可以解释。

💬 问题与反思

1. 阅读新约时,你翻看过它引用的旧约经文吗?

2. 哪一种方法更能使你理解《马太福音》2:13—15? 是预表还是诉诸更完整的意义? 为什么?

3. 你听过或读过一个你认为不对的预表释经吗?

4. 请解释《马太福音》2:18 中对《耶利米书》31:15 的引用。(你可能需要参照一本研读本圣经或圣经注释,帮助你理解《耶利米书》31 章的上下文。)

5. 以上关于预表的解释有没有挑战你用不同的眼光去读圣经? 如果有,是怎样挑战你的?

📖 进深学习

Davidson，Richard M. *Typology in Scripture*：*A Study of Hermeneutical* Tupos *Structures*. Berrien Springs，MI：Andrews University Press，1981.

---

⑥ John A. Broadus，*Commentary on the Gospel of Matthew. An American Commentary on the New Testament* (London：Baptist Tract and Book Society；Philadelphia：American Baptist Publication Society，1886)，11－12.

Fairbairn, Patrick. *Typology of Scripture: Two Volumes in One*. New York: Funk
& Wagnalls, 1900; reprint, Grand Rapids: Kregel, 2000.

Goppelt, Leonhard. *Typos: The Typological Interpretation of the Old Testament in the
New*. Translated by Donald H. Madvig. Grand Rapids: Eerdmans, 1982.

Johnson, S. Lewis. *The Old Testament in the New*. Grand Rapids: Zondervan,
1980.

Moo, Douglas J. "The Problem of *Sensus Plenior*." In *Hermeneutics, Authority,
and Canon*, 175 – 211. Grand Rapids: Zondervan, 1986; reprint, Eugene,
OR: Wipf & Stock, 2005.

Snodgrass, Klyne. "The Use of the Old Testament in the New." In *New
Testament Criticism and Interpretation*, 408 – 434. Edited by David Alan Black and
David S. Dockery. Grand Rapids: Zondervan, 1991.

212

问题 25
如何解释天启文学 ?

英文**天启**(apocalyptic)这个词是从希腊文 *apokaluptō* 而来，意思是"启示"或"揭露"。天启文学是犹太文学的一种体裁，其特点是使用象征性的意象，揭示幕后神奥秘、护理的工作，以及他有关未来的计划。天启文学大概在长达 400 年的一段时间内出现，从公元前 2 世纪到公元 2 世纪（尽管《但以理书》成书早于这一时期，但通常仍然将其归入天启文学）。非圣经的天启文学，也大多是匿名作品（换言之，使用的是伪托的名字）。

天启文学的特征

虽然天启文学作品的不同之处很多，但它们拥有以下一些共同特征。

1. 期待神介入当下的世代，以此带入一个本质上不同的未来时代。

2. 使用天使做中保，或把神的信息传递给一个被拣选的接收人/代言人。

3. 被拣选的接收人进入了天上的国度，和天使般的中保持续地互动和交流。

4. 高度象征性的异象或异梦，描述当前隐秘的属灵状况和神在未来的干预。

5. 关于神在末日审判的异象。

6. 关于虔诚人将要受的艰难和试炼的警告。

7. 根据真实的属灵状况和将要来到的神的干预，鼓励虔诚人坚忍。

　　圣经里有一些孤立的部分可以被看作是天启文学（比如，赛24—27章；结38—39章；亚1—6章；可13章），但有足够多相关内容，可以被称为天启文学体裁的圣经正典书卷，是《但以理书》和《启示录》。英文的 revelation（启示）是 apocalypse（天启）的同义词，而 apocalypse 是对希腊文书名 *Apokalupsis Iōannou*（《约翰的天启/启示》）中 *apokalupsis* 一词的音译。虽然《启示录》的大部分都符合天启的描述标准，但实际上它更大程度上是一部复合作品。这卷书一部分内容属于书信（启2：1—3：22），而其他部分则像是反映了旧约预言(参启 1：3)。① 类似地，《但以理书》的上半部分是对忠实的犹太人被掳到巴比伦的历史叙事，下半部分则记录了但以理关于地上即将发生的战争和世代结局的天启异象。如果对天启体裁没有一定程度的理解，《但以理书》和《启示录》对现代读者来说就仍是一个谜。

注意到《但以理书》和《启示录》在一个根本方面与其他天启作品不同，这也很重要。作为基督徒，我们把这两卷书当成是无谬误的圣经经文。没有任何其他的天启作品可以声称具有这样的地位。

解释《但以理书》

在《但以理书》第 7—12 章中，但以理的异象首先于公元前 6 世纪被抄录成书，它们描述了接下来几个世纪之内国际力量的重大转移，特别强调的是公元前 2 世纪的战争。② 同时，但以理的异象预告了历史的高潮和死人的复活(但 12：1—4)。好的研读本圣经和《但以理书》注释，可以帮助现代读者明白一些难懂的意象和历史典故(见问题 13，"对释经有帮助的书籍或工具有哪些？")。

解释《启示录》

认识到《启示录》是天启文学这种体裁，使我们一开始释经就有

---

① J. J. Collins 写道："犹太人和基督徒的天启与希伯来的预言之间有着明显的联系，都有关注历史和对神干预和审判的期待。"("Apocalyptic Literature,"*DNTB*, 42)
② 因为书中有一些细节性的预言，一些学者据此宣称《但以理书》是在公元前 2 世纪匿名写的。然而，这样的说法并不足取，除非排除掉神的干预。见 Gleason L. Archer, *A Survey of Old Testament Introduction*, rev. ed. (Chicago：Moody Press,1994),421–447。

这样的警醒：我们必须小心地按照作者的意图来解释象征的意象。
鉴于理解《启示录》一些部分的内容很困难，我们不应该采纳任何与
圣经其他部分不一致的解释。我们必须极其谦卑。一位敬虔有学
问的牧师告诉我，他曾在教会逐章逐节传讲《启示录》，但到了 11
章，他觉得没有办法再讲下去了。他不知道经文真正的解释到底是
什么。于是他谦卑地向会众说明了这个情况，并且说等他能够带着
权柄传讲这些经文的信息时，他会再折回来讲。

　　对于《启示录》，有几种明显不同的解释方法。

1. **过去派**。根据这种观点，尽管当《启示录》写成时，它的部分
    内容是对未来事件的预告，但其中描写的事件，几乎全部已
    经发生——基本发生在公元 1 世纪或紧随其后的时间内。
    持这种观点的人把《启示录》中的很多灾难性意象紧密联系
    于公元 70 年犹太圣殿的被毁。

2. **历史派**。历史派认为《启示录》是对整个教会历史的蓝图描
    述。因此书中部分内容是历史，部分指向未来。[③]

3. **理想派**。理想派认为《启示录》描述的是贯穿历史反复出现
    直到最终圆满的属灵状况。因此，试图找出某些特定执政者
    或事件与《启示录》中的兽或其他意象和事件的对应关系，就

③ L. L. Morris 写道："多数改教家持这种〔历史派〕观点，他们认为罗马教皇就是那兽。
　　但这似乎存在不可克服的困难，并且很重要的一点，就是虽然历史派极力坚持认为《启
　　示录》当中展现了全部历史，但对于不同异象象征的是历史上哪些确切的事件，他们自
　　己也意见不一。"（"Revelation, Book of," in *The Illustrated Bible Dictionary*, ed. J. D.
　　Douglas〔Leicester: Inter-Varsity Press, 1980〕, 3: 1338）

是错误的做法。贯穿历史的很多事件都和这些同一批象征对应。

4. **未来派**。未来派认为《启示录》大部分内容描述的是基督再来之前的末世事件。

学者们有时采取把以上几种观点综合起来的方法。依我所见，《启示录》中部分章节最好用过去派的观点去读（比如，启 2—3 章），但大部分内容应该按照理想派的观点理解。还有，和未来派解释相一致的是，《启示录》的某些部分是在等候末世时一次性成就的（比如，启 20：7—22：21）。不管采用什么方法，多数解释圣经的人都应该同意以下这些有帮助的指导原则。

216

1. 旧约天启的经文，对理解《启示录》提供了最有助益的背景（比如，赛 24—27 章；结 38—39 章；亚 1—6 章；但 7—12 章）。在《启示录》共计 405 节经文中，有 278 节包含旧约典故。

2. 应该从原初受众的角度去读《启示录》。其中 1—3 章的收信者为小亚细亚早期基督徒，他们会如何理解这卷书后面的内容？

3. 根据天启文学的标准，《启示录》中的象征性意象绝不可从字面上去理解。然而，这并不意味着它们对现实不重要、没有意义或没有权威。不过，这些意象是以比喻的方式指向现实。比如，《启示录》21：17 描述的不可想象的巨厚城墙，表明的是天城的壮丽景象和当中所有居民的彻底安全。

4. 《启示录》不是按照年代顺序来读的。这很清楚,因为直到《启示录》12 章才谈到基督的降生,而且各种先后发生的异象,几乎以相同的审判语言重复(比如启 6:12—17,11:19,16:18—21)。这些预言性的重述,强调的是神未来审判的确定性和真实性。

❯ 圣经以外的天启文学

　阅读圣经以外的天启文学,有助于人们更好地理解这种大部分现代读者都感到陌生的文学体裁。早期犹太人和基督徒都创作了这类作品。以下是一些经外天启文学的清单和内容简介。

1. 《以诺书》(《以诺一书》)。写于公元前 200—公元 50 年间,是最为著名的经外天启文学之一。它包含了五个不同的部分:(1)守望者书,1—36 章;(2)比喻书,37—71 章;(3)天文著作,72—82 章;(4)梦中异象书,83—90 章;(5)以诺书信,91—107 章。④

2. 《巴录二书》(《叙利亚巴录天启书》)。写于公元 2 世纪早期。这部书试图解释神容许罗马人在公元 70 年征服耶路撒冷的原因。读者在期待将来会有对恶人的审判的同时,也再次得

---

④ 英文版的《以诺一书》,见 *OTP* 1:13-89。

到保证，"真正的耶路撒冷仍然在天堂完整无损"。⑤

3. 《亚伯拉罕启示录》。写于公元 70—200 年间。这部书讲述了亚伯拉罕从异教归正的经历，以及在归正后"据说赐给亚伯拉罕的一个天启异象，大大扩充了《创世记》15 章记载的这位列祖所得的异象，并增加了丰富的神学性、宇宙性和末世性的细节"。⑥

4. 《西番雅启示录》。写于公元前 100—公元 100 年间。《西番雅启示录》声称记载了旧约时代先知西番雅的异象经历。⑦"这卷书具有天堂之旅主题的典型特征。在其中，先知见证了对罪人的审判和惩罚，以及对义人的伸冤。"⑧这部作品如今只有部分被保存了下来。

5. 《黑马牧人书》。使徒教父著作（也就是，新约之后的最早期基督徒著作）。《黑马牧人书》包含两个主要部分：（1）异象 1—4；（2）命令和比喻，由异象 5 引入。这卷书看起来经历了一段时间的撰写和编辑，很可能是出自公元 100—160 年间。⑨ 这部著作的第一部分（异象 1—4）特别具有天启体裁的典型特征。

---

⑤ J. J. Collins，"Apocalyptic Literature，"44. 如果想要阅读这部著作（或者这部分罗列的著作）的英译本，参见 OTP。

⑥ S. E. Robinson，"Apocalypse of Abraham，" in DNTB，37.

⑦ Ibid.，39.

⑧ Craig A. Evans，Ancient Texts for New Testament Studies：A Guide to the Background Literature（Peabody，MA：Hendrickson，2005），33.

⑨ The Apostolic Fathers：Greek Texts and English Translations，ed. and trans. Michael W. Holmes，3rd ed.（Grand Rapids：Baker，2007），445－447.

💬 问题与反思

1. 挑战：如果你从未读完过《但以理书》和/或《启示录》，请下个星期就开始读。

2. 挑战：从以上经外天启作品中选择一卷来读，可以从当地图书馆或网上搜查。分析它与《但以理书》和《启示录》有什么相似之处？有什么不同之处？

3. 你有没有遇到过认为《但以理书》是直到公元前 2 世纪才写成的观点？你会如何回应这种观点？（见以上脚注，可找到其他推荐资源。） 218

4. 在 4 种研究《启示录》的主要方法（过去派、历史派、理想派、未来派）当中，哪一种对你最具有说服力？为什么？

5. 在现代人阅读的文学体裁当中，哪一种和天启更为接近？

📖 进深学习

Evans，Craig A. *Ancient Texts for New Testament Studies*：*A Guide to the Background Literature*. Peabody，MA：Hendrickson，2005.

Metzger，Bruce M. *Breaking the Code*：*Understanding the Book of Revelation*. Nashville：Abingdon，1993.

问题 26
如何解释夸大或夸张性言语 ❓

　　如果你的女儿放学回来抱怨说："我要饿死了"，你不会马上把她送到医院，要求医院对营养不良做紧急处理。我们理解"我要饿死了"是一种表达强烈感情的夸张语言。圣经人物和作者也会使用这样夸大的语言。正确地识别出这种语言，以便正确理解经文的意思，这很重要。

🔹 夸张的形式和目的

　　夸张在圣经的不同文学体裁中都有出现，特别在诗歌、箴言和关于耶稣的历史叙事中尤为常见。耶稣是一位教导大师。他讲的每一句话都深深吸引众人（可 2：13；太 7：28—29）。他的教训明确有力、令人难忘，其中的一个原因，就是他使用了夸张的文学修辞手法。对夸张手法的理解不是为了要我们消极地抵制它,而是要挑战我们用适当的强调态度去呈现这些真理。比如,在传讲关于情欲的教训时,耶稣说:"若是你的右眼叫你跌倒,就剜出来丢掉。"(太 5:29)耶稣的跟随者并没有变成"独眼门徒会",显然耶稣这句话是夸张的说法。[①] 耶稣是在呼召他的门徒从行为上彻底舍己,以避免淫念。所以,今天在教导《马太福音》5:29 时,我们就可以挑战那些在色情文化中挣扎的人剪断(字面上的!)网线,取消手机服务,砸掉 DVD 机,等等。换句话说,我们不是号召人按照字面去自残,而是为了避开罪,宁愿真诚、严肃、个人化地承受不便。

这里要避免两种释经方面的危险。第一个危险是按照字面去理解夸张性语言。**按字面**顺服,实际就是不顺服。比如,一个被淫念缠住的人剜了右眼,但他的左眼还是充满淫念!第二个危险是把教训的夸张成分当作不用顺服的理由。"噢,那只是夸张罢了!耶稣并不是真要我挖出眼睛。我真高兴学了释经学。"一个充满淫念的罪人可能会一边这样说,一边喜悦地迈向毁灭的道路。

220

识别夸张语言所遵循的原则

要想给圣经的一个教训贴上"夸张"的标签,就必须给出清楚的经文证明。以下是帮助释经者分辨夸张的 8 个原则。虽然多数例子是耶稣的教训,但它们也适用于其他体裁。[②]

---

① 这里,我引用了斯坦课堂上的一个例子。
② 这些原则转引自 Robert H. Stein, *A Basic Guide to Interpreting the Bible*: *Playing by the Rules* (Grand Rapids: Baker, 1994),123 – 135。

1. **该陈述从字面上看是不可能存在或做到的**。如果某节经文描述的某件事从字面上看是不可能的，然而作者似乎要说这件事实际上是确实可能的，那么我们倾向于把它看作夸张。③ 比如，在《马太福音》19：24 中耶稣说："我又告诉你们：骆驼穿过针的眼，比财主进神的国还容易呢！"（是的，骆驼的确是不可能穿过针眼的。）耶稣使用了夸张的语言，强调一个沉湎于世上享乐的人，要想得救是何等艰难（参提前 6：10）。然而，耶稣最后还是说神的恩典就连一颗被财富辖制的心也能胜过（太 19：26；参林前 1：26；提前 6：17—19）。

　　有一个历史悠久的释经传统，就是有不少释经者说耶路撒冷有一个叫针眼门的城门，这城门如此之小，只有背上卸掉货物的骆驼才能勉强挤过去。虽然这种讲道例证会让人印象深刻，但针眼门却没有历史依据。这是因为错解圣经夸张用法而产生的虚构。其他从字面上看不可能的夸张例子包括《马太福音》6：3（"你施舍的时候，不要叫左手知道右手所作的"）和《马太福音》7：3—5（"去掉自己眼中的梁木"）。

2. **该陈述和耶稣在其他地方的教训相矛盾**。耶稣说："也不要称呼地上的人为父，因为只有一位是你们的父，就是在天上的父。"（太 23：9）然而，耶稣在其他地方又教导一个年轻人

---

③ 但是在旧约圣经律法里，我们看到有一种按字面是不可能的要求（完全圣洁，利 11：45），这一要求超越其本身，指向神在基督里给人的义（罗 3：9—31）。

说："当孝敬父母。"(太 19：19)注意到耶稣没有说："当孝敬你男性的家长和你的母亲。"耶稣毫不犹豫地称这年轻人的男性家长为"父"。

耶稣在《马太福音》23：9 教训的重点，不是要在提到或称呼我们的男性家长时，禁止我们说"父"这个字。耶稣在《马太福音》23：7—12 中谴责使用称呼去高抬宗教领袖，以此减损神的荣耀，产生宗教专职中的高级祭司式阶层。作为一个常常被称作"教授"和"博士"的人，我需要听这个教训。我名字前面的这两个称呼是仅仅表达礼貌和尊重的社会约定，还是偶像崇拜式的高举？

当我刚刚被神学院聘用为助理教授时，院长秘书发现我常常待在办公室里。因为我总在办公室且时间充裕，教职也较低，所以很多校外与咨询有关的电话就都转给了我。④ 其中一个咨询者对理解夸张经文感到困惑，我便举了一个自认为是解释夸张的天衣无缝的例子。我说："请看《马太福音》23：9，这里讲说耶稣不让人称呼任何人为'父'。可是，你肯定会让你的孩子叫你'父亲'，不是吗？你明白耶稣真正担心的是，利用这称呼有罪地把自己高抬到别人之上吗？"

那咨询者答道："我从来不让我的孩子称呼我'父亲'。"我一下子惊呆了。但至少我们可以说，这个人的字面释经和

---

④ 按照这些通话的其中一部分，我可以写成另一本书《关于圣经的 40 个奇特问题》。

生活行为是一致的。我没有问他的右眼和左眼是否还在！
（太 5：29—30）还有一些例子看上去和耶稣其他地方教导有
冲突的夸张性表达包括：《马太福音》6：6（"你祷告的时候，
要进你的内屋，关上门，祷告你在暗中的父。"[参太 6：9—
13]）和《路加福音》14：26（"人到我这里来，若不爱我胜过爱
自己的父母……就不能作我的门徒。"[参路 6：27]）

3. **该陈述和耶稣其他地方的行为相矛盾**。在《路加福音》14：
26 中耶稣说："人到我这里来，若不恨自己的父母、妻子、儿
女、弟兄、姐妹和自己的性命，就不能作我的门徒。"那么，我
们要恨自己的家人吗？ 这个陈述很显然和耶稣其他地方的
教训相矛盾（可 7：9—13）。何况，耶稣自己也没有在行为上
对他的母亲马利亚表示恨恶。事实上，他临死前在十字架上
时，还要确保马利亚有人照顾（约 19：26—27）。耶稣在《路
加福音》14：26 中关于恨家人的陈述，与他在其他地方的教
训和行为矛盾，这表明我们应把这节经文看作夸张的用法。
耶稣是在直截了当地说，我们对他的委身应该比其他各种关
系更深。其他和耶稣行为矛盾的夸张陈述例子包括：《马太
福音》5：33—37（"什么誓都不可起"[参太 26：63—64]）和
《马太福音》10：34（"我来并不是叫地上太平，乃是叫地上动
刀兵。"[参可 14：43—50；路 23：14；太 5：9]）

4. **该陈述和圣经的总体教训相矛盾**。再一次看同一处经文（路
14：26），我们注意到，耶稣要人去恨家人的教训和旧约关于

尊敬、爱戴和顺服父母的教训不一致（出 20：12；申 5：16；箴 23：22）。当然，在一些情况下，耶稣强化或修正了旧约的教训（太 5：33—37），但在这个特定的话题上，他在其他地方的教训都明确地支持旧约关于尊敬父母的诫命（太 15：3—6，19：19）。因此，在耶稣这个教训的字面意思（恨父母）和旧约诫命的字面意思（尊敬父母）之间的矛盾就证明，耶稣的意图是要人把这个教训理解为夸张用法。

对《路加福音》14：26 的字面解释，也与整本新约的总体教训相矛盾。保罗写道："若寡妇有儿女，或有孙子、孙女，便叫他们先在自己家中学着行孝，报答亲恩，因为这在神面前是可悦纳的。"（提前 5：4）受神默示的使徒保罗，没有按照字面的意思把耶稣的教训理解为要恨我们的家人。由耶稣亲自任命的使徒是我们理解耶稣教训的最好向导。况且，作为基督徒，我们相信使徒写下的文字也是受圣灵默示的、无谬误的话语（见问题 4，"圣经有误吗？"）。

有时，福音书的作者，作为受到神默示进行总结、传递和写下耶稣教训的人，给了我们不按字面意义理解耶稣意图的线索。我们需要记住，耶稣当时教训人的语言，即便不全部是，也大多是亚兰语。⑤　然而，福音书是用希腊文，也就是当

---

⑤ M.O. Wise 提出一种对耶稣所说语言的保守评价。他写道："根据《马可福音》5：41，人们只能说耶稣肯定会偶尔讲亚兰语。这认识是鉴于我们对加利利的犹太人使用的主要语言的了解。至于他是否懂希伯来语和希腊语，这只能从理论的根据回答。"（"Languages of Palestine," in *DJG*, 442.）

时的**通用语**写的。有时，福音书作者是把耶稣的亚兰语教训按照字面（逐字）翻译过来，有时却是动态（意思对等）翻译。路加在《路加福音》14：26 中记录的耶稣要我们"恨家人"的教训是按照字词对字词的翻译，这与《马太福音》10：37 的动态对等翻译是平行的，"爱父母过于爱我的，不配作我的门徒；爱儿女过于爱我的，不配作我的门徒。"如同我们从马太的动态对等翻译中所读到的，他并没有按字面理解耶稣的命令，要我们恨家人。

按字面理解耶稣的话，与新约总体教训相矛盾的另一个例子就是起誓的问题。耶稣禁止起各样的誓（太 5：33—37），但使徒保罗又在其他地方起誓证明自己写作的真实性（林后 11：31；加 1：20；腓 1：8）。耶稣受审的时候起誓证明自己是神的儿子（太 26：63—64）。《希伯来书》的作者描述神是指着自己起誓（来 6：13—14）。查看《马太福音》23：16—20，我们发现耶稣对起誓的关注，在于一些人滥用起誓为自己说谎辩解（比如，"我不需要因为发过誓就得向你守信"）。考虑到整体新约的证据，耶稣并不是要绝对禁止起誓，而是要禁止不诚实地起誓。

所以，如果你被要求在法庭上起誓，你该怎么办？ 如果你想有点戏剧化，你可以说："作为耶稣的跟随者，我有责任说话完全真实。我按手在圣经上起誓，这并不能使我的话更真实。因为神总是要求我绝对诚实。然而，如果法庭认为当众起誓能够表达我愿意诚实作证的意图,我愿意这样做。"

5. **该陈述并不总是按字面应验**。有时,不能按字面完全应验的陈述,暗示我们应当把它理解为夸张。例如,当耶稣讲到圣殿时就说:"你看见这大殿宇吗?将来在这里没有一块石头留在石头上,不被拆毁了。"(可 13:2)当然,如果你今天去耶路撒冷古犹太圣殿遗址,仍能看到有大量的石头互相堆摞在一起,和 2000 多年前一样。看到这个证据时,相信圣经的基督徒面临两个选项。(1)他们可以把耶稣的话理解为夸张。类似地,如果在 2001 年 9 月 10 日,一个纽约的现代先知说:"明天世贸中心就要被夷为平地了",没有人会指责他在说谎,因为在 9 月 11 日那两栋大楼还剩下一小段楼梯。的确,如果耶稣这么说,才会让人觉得奇怪:"你看见这些伟大的建筑吗?将来只有 0.97%的石头还会互相叠摞着。"(2)另一种选择,是把耶稣的陈述理解为不包含古代的挡墙(挡墙遗址构成了今天的西墙或哭墙)。这种解释也是有可能的,但我并不认为采纳选择(1)的观点有任何冲击耶稣预言真实性的意思。的确,耶稣的预言都令人惊异地应验了,以至于持怀疑态度的学者认为它们是在事发之后才写的("事后预告",请参阅关于预言的问题 23)。没有按字面应验的夸张陈述的另外一个例子是在《马可福音》11:22—24("无论何人对这座山说:'你挪开此地,投在海里!'他若心里不疑惑,

224

只信他所说的必成,就必给他成了")。

6. **该陈述字面上的应验并不能达到话语预期的目标**。在关于淫念的教导中,耶稣说:

> 若是你的右眼叫你跌倒,就剜出来丢掉,宁可失去百体中的一体,不叫全身丢在地狱里;若是右手叫你跌倒,就砍下来丢掉,宁可失去百体中的一体,不叫全身下入地狱。(太5:29—30)

情欲最终是心的问题(可 7:20—23),摘除眼睛或附属器官并不能洁净心。然而,采取根本性的舍己步骤,却表现出了一颗在悔改中回应神恩典的心。耶稣呼召他的门徒要有这样的舍己。

7. **该陈述用了一种特定的文体,来表达夸张的意味**。一些富于情感的文学体裁,比如箴言、诗歌和预言,都倾向于使用夸张的语言。例如,大卫在为扫罗和约拿单哀哭时说:"他们比鹰更快,比狮子还强。"(撒下 1:23)大卫并非要说他们真的跑得过鹰,强壮胜过狮子。诗不是这样发挥作用的。你可以把它和现代爱情诗中的描述相比较。现代爱情诗作者会说自己"无时无刻"不在思念爱人。我们的诗歌是夸张的,所以一个听到这句话的女士不会抗议说:"我才不相信你一天86400 秒都在想我。"

习语是指某种表达方式,它已经脱离了字面意思而成为一种语言习惯。英文中有许多习语。比如,如果我叫你去"打灯"(hit the lights,关灯的意思),你不会爬着梯子上去,用拳头去打灯这个设备。圣经作者也用了当时语言和文化中的许多习语。多数情况下,这些习语都被现代译本用意思对等的方式翻译过来了,使我们无需面对误解的危险(比如,《约翰一书》3:17 把古希腊的词"肠子"[习语中是指产生情感的地方]翻成了"心")。在耶稣的时代,很多犹太经文说到"移山",是指一个大有信心之人的举动(参亚 14:4;林前 13:2)。⑥ 因此,当耶稣说,"是因你们的信心小。我实在告诉你们,你们若有信心像一粒芥菜种,就是对这座山说,'你从这边挪到那边',它也必挪去,并且你们没有一件不能作的事了"(太 17:20),我们不应按照字面来理解他的教训。耶稣不是在预备他的门徒将来去煤矿公司上班——真的去挪山头。相反,跟从耶稣的人是借着信靠神可以克服看起来不可能克服的障碍。

我曾听过一个讲座,讲员并没有清楚理解"移山"的习语性质。这位教授非常详细讨论说,耶稣似乎暗指大希律曾把一座小山顶给挪平,以建造希律堡,那是他的王宫之

225

---

⑥ 有关对应的拉比文学作品,见 J. B. Lightfoot, *A Commentary on the New Testament from the Talmud and Hebraica* (Oxford: Oxford University Press, 1859; reprint, Peabody, MA: Hendrickson, 1997),2:283。卡森写道:"移山是克服极大障碍的谚语表达(参赛 40:4,49:11,54:10;太 21:21-22;可 11:23;路 17:6;林前 13:2)。"(*Matthew, Chapters 13-28*, EBC [Grand Rapids: Zondervan, 1995],391)。

一。这个讲座虽然很有趣，但似乎没有弄懂耶稣使用习语的意图。

8. **该陈述使用了表示包括一切或者普遍性的语言。** 有时，**所有**这个词是指字面上的"所有"，但并非总是如此。我们来看福音书之外的一个例子。保罗在《歌罗西书》1：23 写道："这福音就是你们所听过的，也是传与凡受造的。"传给了**凡受造的**？也包括鸟类、两栖动物、昆虫，或者可能只是全人类？如果是这样，为什么保罗还要立志到基督没有被传开的地方去传福音？（罗 15：20）很显然，保罗是夸张地使用普遍性的语言。我们现在可能也会说类似的话，比如，"那家教会正在影响那座城市的每一个角落"，或者，"在我们这个时代，福音正向全中国传扬"。

我们也可以理解"所有"和"每一个"在有些地方是表达"无区别"，而非"全体、全部"。在保罗的例子中，福音是要没有区别地传到每一种人那里——奴隶、自由人、女人、男人、穷人、富人、犹太人、外邦人等。福音要传到任何一个阶层或种族中去。

💬 问题与反思

1. 你曾经听过把圣经中的一处夸张用法错解为字面用法吗？请稍作解释。

2. 你有没有曾经错误理解圣经中的某处夸张用法，直到后来才明白是夸张？

3. 你能不能举出现代语言中使用夸张的两三个例子？

4. 以上谈到解释夸张时可能会面临的两种危险中(过度按照字面应用和减弱教训),哪种对你最危险?

5. 选择耶稣夸张陈述的其中一处,去问几个人他们对这陈述意思的理解。

进深学习

Bullinger, E. W. *Figures of Speech Used in the Bible*. London: Eyre and Spottiswoorde, 1898; reprint, Grand Rapids: Baker, 2003 (See "Hyperbole or Exaggeration," 423 – 428).

Efird, James M. *How to Interpret the Bible*. Atlanta: John Knox, 1984 (See "Hyperbole," 69 – 72).

Stein, Robert H. *A Basic Guide to Interpreting the Bible: Playing by the Rules*. Grand Rapids: Baker, 1994 (See chap. 9, "The Game of Exaggeration—Hyperbole," 123 – 135).

问题 27
如何解释修辞格 ❓

修辞格，基本来说，就是一种不能按照字面去理解的表达法。说话的人或作者使用修辞格，是为了"强调、澄清或让人思想焕然一新"。① 比如，这句英文就使用了修辞格："Bubba，hit the lights"（直译为："布芭，去打打灯"）（如果你真的是叫布芭去攻击吊灯，那就是听从字面的意思了）。与"布芭，去把电灯开关拨到关闭位置"相比，这种形象化表达以简洁的语言传递了更多情感。

所有的语言和文化中都有修辞格，它对非当地人来讲有时较难理解，因为我们都倾向于按照字面去理解一个对我们来说是新的说法。下面我会列举并简要介绍一些新旧约圣经中常见的修辞格。

---

① Richard A. Young，*Intermediate New Testament Greek：A Linguistic and Exegetical Approach*（Nashville：Broadman & Holman，1994），235. 我发现作者 Young 关于比喻语言的讨论非常有帮助。

隐喻(Metaphor)

在隐喻中,对人物或事物作比喻性描述时没有使用明显的比较词。比如,在《阿摩司书》4：1 中,先知谈到以色列有罪的奢侈妇女时这样说：

> 你们住撒玛利亚山如(原文没有"如"一字)巴珊母牛的啊,当听我的话！你们欺负贫寒的,压碎穷乏的,对家主说："拿酒来,我们喝吧！"

我们注意到阿摩司没有说："你这富有、骄傲的妇女就**像**母牛一样。""像"是一个句子使用比较的明确标志,如果使用了"像"这个字,就是明喻了。

228

明喻(Simile)

明喻和隐喻很相近,都是对人物或事物的比喻性描述。唯一不同的是,明喻中会使用明确的比较词**仿佛**或**好比**。例如,在《诗篇》1：3 中我们可以找到对默想神话语之人的一个明喻。

> 他要像一棵树栽在溪水旁,按时候结果子,叶子也不枯干。凡他所作的尽都顺利。

另一个例子是《马太福音》24：27，耶稣宣告说：

闪电从东边发出，直照到西边。人子降临，也要这样。

在所有的明喻和隐喻中，我们都会有（1）本体（将要降临的人子），（2）喻体（闪电），和（3）比较点（明显可见，毋庸置疑）。② 使用隐喻和明喻的作者可以暗含以上三个中的一个或多个方面。

相代（Merism）③

相代是一种把两个不同的元素放在一起来代表总体事物的修辞手法。比如，《创世记》1：1 描述神创造了"天和地"。这个表达最好理解为对整个创造界的相代。类似地，在《诗篇》105：14 中，"'adam'（人）和'melakim'（君王）表示的是任何人和所有人"。④

重名法（Hendiadys）⑤

"重名法是由两个或更多的相近词来表达同一个概念；也就是说，两个词说的是一件事。"⑥比如，在《提摩太后书》1：10 中，保罗说

---

② Richard A. Young, *Intermediate New Testament Greek：A Linguistic and Exegetical Approach*，236.
③ Merism 这个英文词读作 mer-ism。这章中一些词语的发音，参 Webster's Third New International Dictionary Unabridged. Marriam-Webster，2002。http://unabridged. merriam-webster.com.
④ Willem A. VanGemeren，"Psalms," in EBC 5（Grand Rapids：Zondervan，1991），26.
⑤ Hendiadys 这个英文词读作 hen-di-a-dys.
⑥ Young，*Intermediate New Testament Greek*，243.

耶稣"把死废去,借着福音,将不能坏的生命彰显出来"。在这里,
"生命"和"不能坏"指的都是得永生这同一个事实。[7]　另外一个例子　　229
是在《雅各书》4：2 中,有一个希腊文的表达,"你们杀害嫉妒",很可
能应该按照重名理解为"你们充满了致死的嫉妒"或者"你们杀人般
地嫉妒"。[8]

提喻(Synecdoche)[9]

提喻是一种以部分代替整体或整体代替部分的文学表现形式。
比如,当一名船长说"所有人手都到甲板上来",他不是在叫几十双
和身体割裂开来的手都来帮忙。类似地,当我们读到"那报佳音
的……这人的脚登山何等佳美"(赛 52：7;参罗 10：15),我们知道
那些脚代表的是传扬福音的人。《以赛亚书》的作者不是真正对传
道人的脚感兴趣。用传道人身上的一部分代表他带来福音,脚被用
来凸显传福音的人到来的喜悦。

另一个提喻的例子是在著名的主祷文中,"我们日用的饮食,今
日赐给我们。"(太 6：11)*"面包"是一种常用的主食,在此使用提喻
的方法,代表各种食物——或者可能是所有日常所需。

---

⑦ Young, *Intermediate New Testament Greek*, 243.
⑧ Joseph B. Mayor 注意到这个可能性(*The Epistle of St. James*, 2nd ed. [New York：Macmillan, 1897], 130)。
⑨ Synecdoche 这个英文词读作 syn-ec-do-che。
* "饮食"英文作"面包"。——译者注

🌓 转喻(Metonymy)⑩

转喻是用一个词或短语替代另一个意思相近的词或短语的表达方式。比如在英语中我们会说:"白宫否决了这个议案。"白宫是用砖石和水泥建成的美国总统宅邸,一栋房子不能否决任何事情。但是,因为我们习惯性地把总统官邸和总统联系起来,所以我们用"白宫"转喻"美国总统"。

圣经中的希腊文和希伯来文也有类似针对特定文化的转喻例子。比如,在财主和拉撒路的比喻中(路 16:19—31),当财主请求亚伯拉罕打发拉撒路从死里回到地上警告他兄弟后,我们读到:

> 亚伯拉罕说:"他们有摩西和先知的话可以听从。"他说:"我祖亚伯拉罕哪,不是的,若有一个从死里复活的,到他们那里去的,他们必要悔改。"亚伯拉罕说:"若不听从摩西和先知的话,就是有一个从死里复活的,他们也是不听劝。"(路 16:29—31)

230   财主的兄弟并不真正拥有摩西这个人,因为他很久以前就死了(申 34:7)。他们也不拥有他的骨头或木乃伊尸身。所以,这里的"摩西"(五经的作者)很显然是指代他的作品。⑪ 类似地,新约圣经

---

⑩ metonymy 这个英文词读作 me-ton-y-my。
⑪ 关于白宫和摩西的例子引自 Richard Young, *Intermediate New Testament Greek*, 237。

中有时也用"十字架"来转喻耶稣的赎罪之死（比如，加 6：14；弗 2：16；腓 3：18）。

拟人(Personification)

拟人是把无生命之物或想法描述为具有人的特点和动作。比如，耶稣说：

> 你施舍的时候，不要叫左手知道右手所作的；要叫你施舍的事行在暗中，你父在暗中察看，必然报答你。（太 6：3—4）

当然，我们的肢体或某个部分不可能真的知道什么。但通过对人的左右手的拟人化说明，耶稣使人对这种无私奉献印象深刻。拟人的另一种形式是把物当作人称呼。以下是《诗篇》中一个直呼的例子，把山拟人化。

> 你们多峰多岭的山哪，为何斜看神所愿居住的山？耶和华必住这山，直到永远。（诗 68：16）

神格拟人(Anthropomorphism)

神格拟人是把神描述为拥有人的特征和行为。比如，在《历代志下》16：9 中我们读到：

耶 和 华 的 眼 目 遍 察 全 地, 要 显 大 能 帮 助 向 他 心 存 诚 实 的 人。

当然, 作为灵 (约 4: 24), 神并没有用物质的眼睛遍察全地。然而, 只能凭着身体的功能去看事物的人, 怎么描述神察看万物呢? 类似地, 圣经谈到神的膀臂或手时, 并非是对神外形的描述 (比如, 诗 98: 1), 它属于神格拟人 (参出 33: 18—23)。

231
曲言法 (Litotes) [12]

"曲言法是借否定一个主张的对立面而表明对该主张的确认。"[13]比如, 如果有人问: "今年圣诞你家里装饰了多少?"你回答说"我没有吝啬", 意思是"我装饰得很彻底"。类似地, 在《使徒行传》15: 2 中, 当路加说保罗和巴拿巴"同 (要求外邦人一定要受割礼的假师傅) 有了不小的争论"(NRSV 译本)时, 他是使用曲言法在说"他们有很激烈的争执和辩论"(NIV 译本)。

习语 (Idioms)

留心惯用表达和一次性或极少使用的表达之间的区别, 这很重要。任何人都可以造一个新的形象的说法, 而且, 有时这种表达特别震撼听者。比如, 有人可能说: "我比航空母舰还重, 我得开始锻

---

⑫ litotes 这个英文词读作 li-to-tes。
⑬ Young, *Intermediate New Testament Greek*, 241.

炼了。"虽然这个夸张性的表达传达了说话人的强烈想法,但我们怀疑其他人是否会重复使用这种说法。不过,如果一个表达易于重复,或者很通俗(比如"我有 1 吨重了"),这种夸张的表达方式就是习语了。

　　圣经中的很多习语在翻译成现代英语译本时已经作了淡化处理,以至于现代读者不会留意到它们。比如,布林格(E. W. Bullinger)指出,"回答说"(answered and said)是希腊文的一种习惯用语,用来引出任何一种言说(也就是,不仅仅只是回答)。他写道:"[这个表达]不应按照字面翻译,'回答说'应该被翻译成'说'这个动词在本位要表达的特定言谈。"[14]圣经中的另一个习语是希伯来词汇"擘饼",意思是"吃食物",经常用来指吃饭。[15]

 问题与反思

1. 你可以给"修辞格"下一个定义吗?

2. 请举例说出一些修辞方法。

3. 以上的修辞格对你来说有没有是新认识的? 是哪些?

4. 请从本章讨论的圣经中的修辞方法选出一种。如果仅按字面理解会带来什么样的误会?

5. 为什么人们要用修辞格,而不用更直接、更容易翻译的说法?

232

---

[14] E. W. Bullinger, *Figures of Speech Used in the Bible* (London: Eyre and Spottiswoorde, 1898; reprint, Grand Rapids: Baker, 2003),837. Bulliner 列举了很多圣经习语(Ibid., 819–860)。
[15] Ibid. ,839.

进深学习

Bullinger, E. W. *Figures of Speech Used in the Bible*. London: Eyre and Spottiswoorde, 1898; reprint, Grand Rapids: Baker, 2003.

Young, Richard A. *Intermediate New Testament Greek: A Linguistic and Exegetical Approach*. Nashville: Broadman & Holman, 1994.

B 篇

旧约中主要的体裁

问题 28

如何解释《箴言》 ❓

我们的第一个孩子出生后不久，我就收到了朋友的一封电子邮件，他挑战我"支取"《箴言》22：6 的应许（"教养孩童，使他走当行的道，就是到老他也不偏离"）。这真是一个"应许"吗？如果我的女儿成年时远离了神，这是不是意味着我对她的教养应受责备？正确理解箴言这一体裁，能够帮助我们回答这些问题。

❂ 多数箴言属于默认例外存在的一般性真理

箴言是智慧文学的一种。智慧文学是记录智者言谈和思考的一种广泛体裁。这些言谈包括辩论（《约伯记》）、诗歌化的自我反省和哀歌（《传道书》），或对日常生活的深刻观察（《箴言》）。① 在这个问题上，我们要关注箴言，不但是出现在《箴言》这卷书中的箴言，还包括分散在其他圣经体裁中的箴言（比如，王上 20：11；太 26：52）。

《箴言》的后三分之二部分（10—31 章）是很简洁的短句，我们可以很容易认出它们是箴言。然而，它的前 9 章包含一些更长的讲论，比如一个父亲给儿子的建议，或者拟人化的"智慧妇人"对过路人的呼召。在很多方面，这卷书的前 9 章是帮助我们理解后面的坐标基准。真正的智慧生活，不论怎样务实，总是扎根于"敬畏耶和华"（箴 1：7）。②

所有的文化和语言都有自己的谚语——以简短、易于记忆的方法表达出来的智慧建议。也许因为美国人特别在乎生产率，很多美国的谚语都与效率、钱财、工作和知足有关。比如，一句常用的谚语是"一针及时省九针"。就是说，如果你看到一件衣服开始破了，马上去补，就会省去后面要补得更多的麻烦。这则谚语不仅仅是用在针线活上，也适用于许多情形，提前考虑和干预，可以避免后面费更大力气收拾残局（汽车维修、房屋维修、人际关系问题等等）。还有，

① D. A. Hubbard 写道："[智慧文学]是古代近东地区的一种文学**体裁**，它是关于如何成功生活的指导，或对人生困惑的深思。它有两大分类：谚语式智慧文学——陈述个人幸福和福祉的简短、精辟的言谈（比如《箴言》）和思索式智慧文学——独白（比如《传道书》）或对白（比如《约伯记》）。它尝试探究神和人的关系、人存在的意义等诸如此类的难题。思索式智慧文学是实践性的和实证性的，而非理论性的。与人的存在有关的问题通过实例讨论：'有一个人名叫约伯……'"（"Wisdom Literature," in *The Illustrated Bible Dictionary*, vol. 3, ed. J. D. Douglas [Leicester: Inter-Varsity Press, 1980],1651）
② Longman 写道："1—9 是一个介绍，甚至是一种释经棱镜，我们应该借着这部分的内容来读余下的内容。这卷书的第一部分要求少年人做一个决定，这些少年人代表了读者。你要和谁一起吃饭，是和智慧，还是和愚昧？这要求人做一个信仰抉择，一个在真神和假神之间的抉择。"（Tremper Longman, *Proverbs*, Baker Commentary on the Old Testament [Grand Rapids: Baker, 2006],61）

我们也知道这则谚语不是万无一失的保证。它描述的是事情的一般情况。人可能补一件开始破的衬衫，后来却发现那个破口更大了。即使及时的缝补有时也无法挽救劣质的材料。然而，即便有这样的例外，也不能说这句谚语就是假的。它只是描述了事情的一般情况。

　　圣经箴言和其他谚语之间有什么不同吗？首先，圣经中的箴言都是神所默示的（提后 3：16）。因此，这些箴言赞同神所赞同的，谴责神所谴责的。而且，它们是无谬误的（见问题 4，"圣经有误吗？"）。虽然许多非圣经的谚语也表达了智慧，但它们有时也高举邪恶，曲解神和他的创造。中国的圣贤说过许多智慧之言。比如孔子（公元前 551—前 479 年）曾说："其言之不怍，则为之也难。"③他还说过："饭疏食饮水，曲肱而枕之，乐亦在其中矣。不义而富且贵，于我如浮云。"④然而，也有人说，孔子也说过"唯女子与小人难养也"⑤这样耸人听闻的话。尽管前两句谚语和圣经的启示相一致，后面这句却是断然反对圣经关于性别有平等的尊严和价值的教导（创 1：26—27；林前 11：11—12；弗 5：21—33）。

　　圣经箴言和其他谚语有哪些相似之处？这两者一般都存在例外情况。这样的例外是智慧言谈所论及的生活**正常**模式所固有的。

---

③ Luo Chenglie, Liangwen Guo, Tianchen Li, and Jiasen Zhang, *A Collection of Confucius' Sayings: An English-Chinese Bilingual Textbook* (Jinan: Qi Lu, 1988), 65. （引文见《论语·宪问》。——译者注）

④ Ibid., 35. （引文见《论语·述而》。——译者注）

⑤ 我在高中听讲座时听到这个观点，在网上查找，发现被广泛引用。但我没有找到包括这句话的孔子的言论集。

例如,我们在《箴言》10：4 中读到：“手懒的,要受贫穷；手勤的,却要富足。”这在一般意义上是真实的。如果你懒惰,不用多久你就会贫穷。或者如《箴言》6：10—11 所说,“再睡片时,打盹片时,抱着手躺卧片时,你的贫穷就必如强盗速来,你的缺乏仿佛拿兵器的人来到。”与此相反,勤奋工作的人一般渐渐积累财富。但也有一些情有可原的例外,是这种一般性真理并不适用的。比如,有一些孩子生在特别富有的家中,以致可以慵懒、奢侈地生活,死的时候仍是富有的。还有一些努力工作的人却没有得到公正对待,他们的劳动成果被人剥夺。的确,也有其他一些箴言提到了这样的不公平。比如,《箴言》13：23 说：“穷人耕种多得粮食,但因不义,有消灭的。”有些箴言看上去互相矛盾,这个事实提醒我们箴言情景性的特点。每则箴言会论及一个我们通常遇到的情景,但它并不打算描述所有的例外。如果所有例外都列举出来,箴言就绝不会这么精简、易于记忆了！那就会更像是一篇论文,标题是“一个一般性真理,附带所有可能的例外”。

下面是一个看上去互相矛盾的、两行并排的圣经箴言：

不要照愚昧人的愚妄话回答他,恐怕你与他一样。（箴 26：4）⑥

要照愚昧人的愚妄话回答他,免得他自以为有智慧。（箴

⑥ 很重要的是要注意,在智慧文学里,“愚昧人”是“一个对神视而不见,随己意行事的异教徒”。（Grant R. Osborne, *The Hermeneutical Spiral: A Comprehensive Introduction to Biblical Interpretation*, rev. ed. [Downers Grove, IL: InterVarsity Press, 2006], 244）

26：5)

要肯定这两句箴言都是正确的,我们就必须认识到箴言的情景

238　性特点。根据愚昧人愿意接受责备的程度,以上箴言中的一个一定

会适合他。换句话说,如果这个愚昧人丝毫不愿听从他人的建议,你

去跟他理论,就给自己戴上愚昧人的帽子了(箴 26：4)。然而,还有一

种情况,是指出别人的愚蠢行为,以免他继续陷入毁坏性的自欺(箴

26：5)。要知道应用哪句箴言,我们就需要有智慧地分辨情形。⑦

一个要考虑的重要问题,就是箴言的功能。在这个问题上,一

句圣经箴言可以帮助我们。《箴言》26：7 说:"瘸子的脚空存无用,

箴言在愚昧人的口中也是如此。"换句话说,如果箴言没有带来行为

改变,只是知道和背诵,这就是没用的。箴言呼吁我们采取行动。

圣经箴言呼吁我们以信心和顺服回应神。

▷ 有些箴言是没有例外的

许多人把箴言当作应许,这是个普遍误解。然而释经者在尝试

纠正这误解时,有时就会忘记一个事实,即有些圣经箴言总是对的。

---

⑦ Longman 对这两句箴言有相似的理解:"这一对箴言(箴 26：4—5)是对箴言体裁正确
认识的一对基础证据。箴言不是普遍的真实定律,而是情景性的相关原则……简单来
说,回应取决于与之对话的那愚昧人的性质。换句话说,智慧人必须判断,这个愚昧人
是否会耗尽人的精力,却不能产生积极结果,还是说他的回应会对愚昧人或其他听见
的人有积极果效。智慧人不仅懂得这句箴言,还能分辨与他们对话的人和情景。"(《箴
言注释》,第 464 页)Osborne 警告说:"我们不敢把比这里更多的意思读进这则箴言的
陈述中。根据箴言的性质本身,它们是一般性的陈述,意图给人们建议,而非建立神借
此做工的死板规条。"(*Hermeneutical Spiral*, 247)

有些箴言本质是应许。这些箴言是和神的属性有关的。只要一句箴言描述的是神的一个特质（圣洁、知识等等），这句箴言就是无例外的真理，因为神不会因人多变而改变（民 23：19）。比如，我们在《箴言》11：1 中读到："诡诈的天平为耶和华所憎恶；公平的砝码为他所喜悦。"因为神是公义的，他总是毫无例外地憎恶交易中的欺诈行为。⑧ 类似地，我们会从《箴言》6：16—19 中读到一些通行的例子：

> 耶和华所恨恶的有六样，连他心所憎恶的共有七样，就是高傲的眼，撒谎的舌，流无辜人血的手，图谋恶计的心，飞跑行恶的脚，吐谎言的假见证，并弟兄中布散纷争的人。

神不是有时恨这些事，有时又不恨这些事。作为一位完全圣洁的神，这些事总是他恨的。

那么，又该如何看待描述神对世界干预的箴言呢？比如，在《箴言》10：3 中我们读到："耶和华不使义人受饥饿，恶人所欲的他必推开。"这节箴言有例外情况吗？神的子民（义人）会挨饿吗？多数释经者会承认说，有一些神的子民的确偶尔挨饿。使徒保罗也说他有时没有食物（林后 11：27）。圣经描述听耶稣讲道的群众，如果不给他们吃饭就打发他们走，他们就会饿晕了（太 15：32）。然而，如果

⑧ 关于这同一句箴言，Longman 写道："如果关于这句箴言存在例外情况，它们也是如此罕见，无关紧要。"（*Proverbs*，33）

你是基督徒,很有可能曾经经历过神以奇妙的方式供应你的基本需要。很有可能你也曾听到他是怎样供应其他基督徒的。当我们漫步人生路时,我们通常都会期待神以《箴言》10:3 的方式对待我们。但即便没有,我们也知道"[他的]能力是在人的软弱上显得完全",并且他的恩典够我们用的(林后 12:9)。

同样值得一提的是,智慧文学的一部分指向神最终干预的公义,这公义超越人在地上的短暂生活。换句话说,神对万事的最后算账最终是在审判日。在《诗篇》73 篇(一篇智慧诗篇)中,亚萨难以理解他周围的不公义,最后从来生的角度看到了解决办法。他写道:"我思索怎能明白这事,眼看实系为难,等我进了神的圣所,思想他们的结局。"(诗 73:16—17)

以下是《箴言》中关于神的干预不局限于短暂今生的例子。⑨

不义之财毫无益处,惟有公义能救人脱离死亡。(箴 10:2)

发怒的日子,资财无益,惟有公义能救人脱离死亡。(箴 11:4)

恶人一死,他的指望必灭绝,罪人的盼望,也必灭没。(箴 11:7)

---

⑨ 另见《箴言》12:28,15:24,23:13—14。Longman 认为这些经文很可能指向的是永生。

因此,尽管圣经箴言通常谈论的都是神子民所经历到的神对每天日常生活的介入,但《箴言》提到一个永恒的轨迹,指向最后的审判日。

解释其他智慧文学

这里有几个关于解释其他智慧文学的简要评论。关于《约伯记》的辩论及《传道书》的独白,与独立篇章风格的箴言相比,上下文显得更为重要。《传道书》应该按照最后一句总结性陈述来解释:"这些事都已听见了,总意就是敬畏神,谨守他的诫命,这是人所当尽的本分。因为人所作的事,连一切隐藏的事,无论是善是恶,神都必审问。"(传 12:13—14)当人没有看见这总结性的真理时,就会以为像这卷书前面部分所写的,生命中虚空之事有吸引力,并且似乎值得追求。类似地,关于《约伯记》,人必须从读完整卷书去发现:神并不看好约伯朋友看似有智慧的建议(伯 42:7)。约伯的朋友似乎把神通常做工的方式(就如《箴言》所讲的)当作绝对、毫无例外的法则(比如,伯 4:7—9,8:3—7)。最后,《约伯记》以赞美神护理之工的奥秘结束(伯 42:1—6)。

朗曼论证说,《传道书》和《约伯记》带着正典的权威,矫正对圣经箴言容易产生的误解。这两卷书表明箴言不是应许,因为今生有很多使人困惑的不公和变幻莫测之事。最终,我们都要面对我们有必要顺服神奥秘主权的情况。[10]

---

⑩ Longman, *Proverbs*, 63.

　　《雅歌》(歌中之歌)一般被认为是智慧文学和诗歌的混合体。就像一位解经家恰当地评论的那样:"智慧就是把神的旨意应用在生活的实际问题上。"[11]那么,《雅歌》从神的角度,合宜地谈论了丈夫和妻子的浪漫爱情。尽管有很多人试图把经文作寓意化解释,但最好还是把它看做神的默示,它印证、认可婚姻内夫妻分享的情感和肉体的欢愉。

💬 问题与反思

1. 你有没有一句特别喜欢的圣经箴言? 如果有,这句箴言是否默认会存在例外?

2. 举一些当代非圣经谚语的例子。

3. 你能想到哪些非圣经的谚语是和圣经的真理相矛盾的?

4. 《箴言》22: 6("教养孩童,使他走当行的道,就是到老他也不偏离")是一个应许吗? 如果不是,有哪些可能的例外?

5. 挑战:从下个月的第一天开始,每天读一章箴言,连读一个月(《箴言》有 31 章)。

💻 进深学习

Longman，Tremper. *Proverbs*. Baker Commentary on the Old Testament. Grand

Rapids：Baker，2006.

---

⑪ Longman，*Song of Songs*，*NICOT*（Grand Rapids：Eerdmans，2001），49. 关于《雅歌》的实践性教导,读者可以参阅 Daniel Akin's *God on Sex*：*The Creator's Ideas about Love*，*Intimacy*，*and Marriage*（Nashville：Broadman & Holman，2003）。

Osborne, Grant R. *The Hermeneutical Spiral : A Comprehensive Introduction to Biblical Interpretation*. Rev. ed. Downers Grove, IL: InterVarsity Press, 2006 (See chap. 9, "Wisdom").

问题 29
如何解释诗歌

我曾经参加过一个查经班,当时有人对《箴言》6:16—19 感到很困惑("耶和华所恨恶的有六样,连他心所憎恶的共有七样……")。的确,一个没有在这方面受过训练的读者可能会问:"是不是作者一开始忘记了他清单上('六样')的一件事,所以又赶快把这忘记的事补充上('七样')?"事实上,这些经文表现了闪语诗歌的一种常用风格("X,X+1"的诗歌形式)。作者并非忘记了什么然后又加上。这种诗歌形式是普遍认可的罗列方式,以达到强调和加深印象的目的。

很多圣经体裁——箴言、历史叙事、预言、诗篇等等——都有诗歌出现。为了正确地理解诗歌,我们必须首先学习认出诗歌体经文,然后了解与诗歌相关的前提。最后,在解释不同的诗歌形式的时候,我们要使用正确的释经学原则。

认出诗歌

如果请一位现代人背诵一首诗,他很可能会背出一首儿歌或一首流行歌曲的歌词。虽然许多英语现代诗并不押韵,一般人还是会把诗和韵脚及有规则的韵律(反复的音节和重音的模式)联系起来。与之形成对照的是,希伯来文和希腊文诗歌很少押韵,它们的特征是有反复的音节或某种重音的模式、平行的诗行、反复相似发音(辅音、元音和双元音等)的字词等等。[①] 这些诗歌的常见特征,多数不能对应翻译成另一种语言。因此,不以希腊文和希伯来文为母语的读者,在读圣经时只能依赖翻译者和出版者对经文的排版布局,来认出诗歌。几乎所有的现代圣经都会以人们能认出来的方式对诗歌进行排版——在每一诗节之间加大行距,诗行之间文字的平行对应,在诗歌体经文的旁边留有大量空白,以此和非诗歌体经文区分开来,等等。随便翻阅一本现代圣经,你很快就会发现诗歌体经文和非诗歌体经文在排版上的特定区别。整卷《诗篇》和很多预言性书卷都是以诗歌体排版的。

244

注意与诗歌相关的默认前提

说话者或作者运用诗歌体裁的原因有很多,这里要提到两个主

---

① 学者对闪语韵律的音节和重音模式的区分有很多不同意见。

要原因。首先,有些作者/说话者使用诗歌体裁,是为了使所传达的信息给人留下更深的印象。的确,耶稣很大一部分的教训都遵循了闪语诗歌的形式。作为世上最伟大的教师,耶稣的教导方式生动感人。耶稣希望他的教训被记住、遵守和复述(太 7:24—29;可 6:7—13、30)。他的教导风格使人更容易记住他的话。第二,作者/说话者使用诗歌有情感上的原因。也就是说,诗歌是用来表达和唤起强烈感情的。诗歌会使用鲜明的意象和夸张的言语。阅读诗歌时,我们不会读到科学的或事实的清单。我们希望有动人的事实,也希望自己被打动。当然,这并不否认诗歌的作者想要表达真实信息。但我们应该知道它的语言是比喻性的(非字面的)和夸张的;如果我们从字面去理解,就会误解它的信息(见问题 26,"如何解释夸大或夸张性言语?")。确实,释经学的关键问题总是"受默示的作者想要通过这些话表达什么?"比如,旧约圣经中以诗歌形式描述战争,有时借助有关宇宙意象的比喻:众星坠落,月亮也变黑暗了,太阳都被遮蔽(赛 13:10,34:4;结 32:7;珥 2:10,3:15)。如果诗歌部分中出现这种关于宇宙灾难的描述,而经文上的其他标志却表明这个星球上的生活一切正常,那么我们就应该明白,这种谈论宇宙的言语,是对国家内部或多国间动乱的比喻性描述。

在我的释经学课堂上,我有时发现,学生能够很快辨认出现代诗中的比喻性语言,但他们却对辨认圣经中类似的语言很抵触。这种抵触往往根植于一种对敬虔的误解,认为给经文贴上比喻性的标签,就等于否认经文的真实性。也就是说,"比喻的"被等同于"神话

的"——比喻被当成一个虽然仍坚持圣经"意义丰富",却否认圣经
真实和权威的别名。这又涉及这个核心问题:"受默示的作者想要
说什么?"如果受默示的作者想用比喻的言语来表达意思,我们却按
照字面理解,这就变成不忠于圣经了。若想更多理解关于圣经一些
常用修辞格,请见问题 27("如何解释修辞格?")。

⟩ 熟悉诗歌的常见形式

对诗歌的正确解释,部分倚赖于对诗歌形式的认识,以及明白
作者使用这种形式时所遵守的默认前提。以下是常见圣经诗歌形
式及与之关联的内涵。

1. **同义平行**。平行体是闪语诗歌的常见形式之一。丹·麦卡
   特尼(Dan McCartney)和查尔斯·克雷顿(Charles Clayton)
   这样定义平行体:

   > 平行体是两行或多行的诗句有几乎同样的长度(按音节
   > 数目)和相似的语法结构,而它们论述同样的主题。第二行
   > 比第一行的信息要稍微丰富一些,或者用与第一行不同的角
   > 度叙述,形成补充、对比或具体化。[2]

---

② Dan McCartney and Charles Clayton, *Let the Reader Understand: A Guide to Interpreting and Applying the Bible*, 2nd ed. (Phillipsburg, NJ: P & R, 2002),230.

同义平行是平行的一种,其特征是两行诗句在意义上非常相近(如果不是同义)。第一行中晦涩的内容可以通过第二行得到更清楚的解释。比如《诗篇》52:8:

至于我,就像神殿中的青橄榄树,我永永远远倚靠神的慈爱。③

如果没有第二行的同义解释,我们可能会不理解大卫怎么会像一棵橄榄树。第二行澄清了第一行的意象,描绘了一种信靠和持久多结果子的生命。

2. **反义平行**。平行的第二种形式是对立平行,也就是第二行用一个对立的事实与第一行形成对比。例如,在尊主颂中(路1:46—55),马利亚颂赞神使有权柄的降卑(第一行),使卑微的升高(第二行):

他叫有权柄的失位,叫卑贱的升高。(52节)

通过这种对立的重复,第一行的意思以更清楚和更深刻的方式表现出来。

3. **综合平行**。平行的第三种形式是综合平行,也就是说第二行

---

③ Mc Cartney 和 Clayton 也把这节经文当作同义平行的例子(同上)。

对第一行的信息补充或强调的程度更大,因此不能再称为同义平行(有时也被叫做递进或递升平行)。学者们普遍认为,圣经中综合平行更多。解经家担心,草率地把诗歌经文定义为同义平行,会冲淡圣经作者原本想要表达的微妙差别。从尊主颂中我们也可以找到一个综合平行的例子。

他用膀臂施展大能,那狂傲的人正心里妄想,就被他赶散了。(路1:51)

这里的第二行不仅仅是对第一行的重述。第二行列出了神施展大能的一个具体例子,就是驱散狂傲人。④

4. **"X,X+1"的诗歌形式**。在本章开头我们提到,闪语诗歌有时会使用"X,X+1"的形式来强调两个或更多概念。比如,《箴言》30:18—19:

我所测不透的奇妙有三样,连我所不知道的共有四样:就是鹰在空中飞的道,蛇在磐石上爬的道,船在海中行的道,男与女交合的道。

圣经中这种"X,X+1"形式的例子不胜枚举(诗62:

---

④ 更详细的关于希伯来文平行体的划分,见"Types of Hebrew Parallelism," in *Chronological and Background Charts of the Old Testament*, by John H. Walton, rev. ed. (Grand Rapids: Zondervan, 1994),47。

11；箴 30：15—16、21—23、29—31；弥 5：5）。

5. **同音重复**。作者可能会选择重复某些相似的发音（也就是辅音、元音或双元音）以加深印象，丰富文学的艺术性，达到幽默效果或其他目的。当然，翻译后的经文往往很难再保存原文对某些音节的重复。比如，在《雅各书》1：1—2 中，希腊语的"问安"（chairein）和"喜乐"（charan）的发音十分接近。《雅各书》中某些部分的呼应，就是通过重复这些发音相近的字词实现的。不懂希腊文的读者就看不出这种布局，但有些研读本圣经的脚注或解经书会告诉读者存在这种文学布局（见问题 13，"对释经有帮助的书籍或工具有哪些？"）。

247

6. **离合诗**。我们可以从旧约圣经的一些经文中找到离合诗（acrostic）。离合诗就是"从一个字或词中取出的一系列的字母（作为诗行起初的或末尾的字母），或有规则的字母序列构成的经节"。⑤ 比如，在英语中，一个以"Chloe"为基础的离合诗就会以字母"c"为第一行的开始，字母"h"为第二行的开始，一直排列下去（C，H，L，O，E）。离合诗也可以在每一段诗节的开始重复某些字母。圣经中的离合诗是根据希伯来文字母的顺序规律排列的（比如，诗 9，10，25，34，37，111，112，119，145；箴 31：10—31；哀 1—4 章；鸿 1：2—10）。

---

⑤ 见韦氏词典网络版（2008 年 10 月 14 日检索）。

7. **交叉(交错配列)**(Chiasm)。交叉是"先罗列一系列思想中的各个要点,然后以对称的方式倒序排列与之对应的要点"。⑥这种结构最简单的视觉表现形式如下:

A
　　A¹
　　B¹
B

新约圣经《马可福音》2:27 是一个例子,我们下面用交叉的形式把它写出来:

安息日是为

人设立的,

人不是为

安息日设立的。⑦

问题与反思

1. 你自己是否不愿意把某些圣经经文看作比喻?为什么?

2. 你的圣经清楚地区分出哪些经文是诗歌体吗?怎么区分的?

3. 在以上讨论的圣经诗歌常见形式当中,有哪些是你不熟悉的?

4. 当代诗歌和圣经诗歌的形式有什么不同?

248

---

⑥ Richard A. Young, *Intermediate New Testament Greek*:*A Linguistic and Exegetical Approach*(Nashville:Broadman & Holman, 1994),243.

⑦ Richard Young 也把这节经文当做一个交叉的例子(同上)。

5. 你能背诵出几首诗？依你所见，为什么现代文化中很少再使用诗歌？

进深学习

Fokkelman，J. P. *Reading Biblical Poetry：An Introductory Guide*. Louisville，KY：

　　Westminster John Knox，2001.

Watson，Wilfred G. E. *Classical Hebrew Poetry：A Guide to Its Techniques*.

　　Sheffield：JSOT Press，1984.

问题 30
如何解释《诗篇》(诗篇的归类) ❓

我在美国田纳西州的一个农场长大,所以学会了如何辨认常见的树——枫树、橡树、鹅掌楸、山茱萸和美国紫荆等。当我发现一些人认为这些各具特点的树木不过"就是另一种树罢了"的时候,我就感到惊奇。类似地,很多人翻开《诗篇》,认为每一篇诗篇只不过是"另一首赞美诗罢了"。事实上,《诗篇》中有些形式(次体裁)是反复出现的。在这个问题中,我会列举并简要解释常见的诗篇类型。到下一个问题时,再看解释诗篇的方法。

虽然《诗篇》是诗歌体裁的一个部分,但由于它(由 150 篇独立的诗歌组成)构成圣经的一个独特而又著名的篇章,就特别值得我们留意。在这个部分中,我们要看怎样把有共同特点的诗篇归纳起来。以下是对诗篇七种常见类型的简要讨论。①

◎ 哀歌(Lament Psalms)

哀歌是分布最广泛的诗篇次体裁。《诗篇》的大约三分之一都属于哀歌(诗 3,9,12,13,17,42,60,74,94,139)。在哀歌中,个体或群体在苦难中向神呼求。鉴于目前基督徒敬拜音乐忽略了生活中的困难,从《诗篇》中学习诚实地向神诉说自己的艰难,就不无裨益。约翰·海斯(John Hayes)列出了哀歌中常见的 7 个部分:(1)称呼神;(2)描述苦难;(3)请求搭救;(4)陈述对神的信心;(5)认罪;(6)发誓当神回应祷告时,一定会做某些事;(7)赞美或重述请求。②值得注意的是,尽管诗人宣泄抱怨(诗 3:1—2),但几乎同时也表达了对神的确信(诗 3:3—8)。哀叹和信心是互补的表达。即使耶稣在十字架上呼求"为什么离弃我?",也伴随着信心的话语"我的神,我的神"(太 27:46;参诗 22:1)。

250

◎ 赞美诗(Praise Psalms)

这些诗篇以赞美神为其鲜明的主题(诗 106,111—113,146,

---

① 本章关于诗篇类型的讨论,是根据 Grant R. Osborne 的陈述:*The Hermeneutical Spiral: A Comprehensive Introduction to Biblical Interpretation*, rev. ed. (Downers Grove, IL: InterVarsity Press, 2006),232 - 236。

② John H. Hayes, *Understanding the Psalms* (Valley Forge, PA: Judson, 1976),58 - 59. Osborne 从 Hayes 那里得出了哀歌的结构(*Hermeneutical Spiral*, 232 - 233)。Artur Weiser 写道:"个人性和集体性哀歌的**形式**结构,基本上都由以下部分组成:祈求、哀叹、恳求、激励和誓言。这些组成部分的顺序在各个地方不是完全相同或同样完整的。"(*The Psalms*, trans. Herbert Hartwell, The Old Testament Library [Philadelphia: Westminster Press, 1962],67)

150）。它们称赞神是创造主（诗 104）、以色列的救主（诗 149）和历史的掌权者（诗 103）。③ 这些诗篇的基本结构包括：（1）称呼神；（2）呼召自己和/或他人一起来敬拜神；（3）列举赞美神的原因；（4）祝福或重复一开始发出的敬拜呼召。④

感恩诗（Thanksgiving Psalms）

如标题所示，这些诗歌为着神回应了敬拜者的请求而感恩。这些诗篇是为个人（诗 18，32，40，92）或群体写的（诗 65，75，107，136）。感恩诗的内容通常包含：（1）邀请他人来感谢和赞美神；（2）重述诗人对神的干预的需要；（3）为着神的拯救赞美他；（4）有关献祭、节期、朝拜、音乐、舞蹈或燃香的"圣殿用语"；（5）对敬拜者的祝福；（6）最后的勉励。⑤

庆贺诗（Celebration Psalms）

这些诗篇是"庆贺神与王及国民的圣约关系"。⑥ 这一类型包含：（1）王室诗篇；（2）锡安之歌。王室诗篇（诗 2，24，93，101，110）庆贺以色列的君王是代表神的统治者，另一方面，也在神面前代表整个国家。布鲁斯·瓦特克（Bruce Waltke）极具说服力地论证说，

③ Gordon D. Fee and Douglas Stuart, *How to Read the Bible for All its worth*, 3rd ed. (Grand Rapids: Zondervan, 2003), 213.

④ Osborne, *Hermeneutical Spiral*, 233. Weiser 提供了一个对赞美诗篇的类似解释（*Psalms*, 53）。

⑤ Osborne, *Hermeneutical Spiral*, 234.

⑥ Ibid.

251 所有的诗篇,在某种意义上都是与王室有关的,因为不管是题注(明显)还是诗篇中的细节(暗指),都表明说话者是以色列的君王。⑦ 而且,诗人一贯以君王的身份说话,这样,新约圣经把这些诗篇作为弥赛亚诗篇引用,说明耶稣是所应许的从大卫而出的君王,就是合理的了。⑧ 锡安之歌(诗 46,76,87,125)极力赞美神把耶路撒冷(也被称作"锡安")选作他圣殿的居所,也是过朝圣节期的地点和被挑选君王的居所。

智慧诗(Wisdom Psalms)

作为智慧文学和诗歌的一种混合体(见问题 28,"如何解释箴言?"),智慧诗的主题主要说明真智慧的神圣来源及本质(诗 1,19,119),并质疑今生遭遇或看见的不公(诗 73)。智慧诗把智慧文学的主题重塑为敬拜之歌。正如一般平信徒经常从教会诗歌本中领受神学教训一样,我们能从古代以色列的诗歌本中看到那么多有活力的神学,这对我们深有启发。

悔罪诗(Penitential Psalms)

悔罪诗,不论是个人性的,还是集体性的,都是诗人悔改的呼声。《诗篇》51 篇大概是最著名的悔罪诗。这篇诗记录了大卫因与

---

⑦ Bruce K. Waltke, "A Canonical Process Approach to the Psalms," in *Tradition and Testament : Essays in Honor of Charles Lee Feinberg*, ed. John S. Feinberg and Paul D. Feinberg (Chicago: Moody Press, 1981), 11 - 13.

⑧ Ibid., 16.

拔示巴犯奸淫并谋杀她的丈夫赫人乌利亚而悔罪（其他的悔罪诗还有诗 6,32,38,102,130,143）。

咒诅诗（Imprecatory Psalms）

有一些诗篇属于"咒诅诗"，最著名的大概是《诗篇》137 篇（还有诗 35,60,70,109,140）。在这些诗篇中，诗人呼求神以他的公义来惩罚诗人的仇敌。这样的请求常常伴随着诗人不断地申诉自己的无辜。基督徒有时很难把这些诗篇和圣经中要饶恕我们敌人的命令对应起来（太 5：43—48；罗 12：14、17）。不管怎样，不论是旧约还是新约，圣经作者都把神对恶人的终极干预作为安慰的来源（诗 73：17—20；罗 12：19；帖后 1：6—8）。在呼求神干预的同时，敬拜者释放了他的情感，并倚靠那位鉴察人心和言行的唯一审判主（诗 44：21；徒 1：24），⑨就如同曾经对扫罗发出尖锐咒诅祷告的大卫（诗 18,52），能在面对他的敌人时表现出惊人的克制和恩慈（撒上 18：18,24：3—15,26：9—11；撒下 1：17）。⑩ 读咒诅诗时，尤其要记住，诗人经常是身为君王或代表**神的百姓**以色列说话。祈求神伸冤，也是祈求神向他的百姓显明他的信实。还有，诗人对自己无辜的辩护是情景性的（诗 73：13），也就是说，诗人不是声称自己本质

252

---

⑨ D. A. Carson 写道："虽然基督徒愿意把左脸转过来由人打，但这并不意味着他们不关心公义。我们坚信神完全公义，他是那位说'伸冤报应在我'（申 32：35）的神。这就是为什么要'宁可让步，听凭主怒'（罗 12：19）。唯有他才能最终公正地施行审判，如果不这样认为，我们就是在以为自己能取代神的位置。"（*For the Love of God: A Daily Companion for Discovering the Riches of God's Word*，vol. 1〔Wheaton, IL: Crossway, 1998〕，reflection for April 24）

⑩ Osborne，*Hermeneutical Spiral*，236.

上无罪,而是在那个具体争议的事情上自己是无辜的。类似地,如果你在一个现代法庭上被不当指控为抢劫犯,你也可能会迫切地申诉:"我没有做错**任何事**!"

咒诅诗也让我们想起自己对别人的不公和邪恶。⑪ 其他人可能也会这样合理地用这些祷告反对我们! 我们有了福音,这该有多感恩! 关于咒诅诗,朋霍费尔(Dietrich Bonhoeffer)这样写道:

> 神的报复不击打罪人,而是击打了一个代替罪人位置的无罪之人,就是神自己的儿子。耶稣基督担当了神的愤怒,即诗篇祈求的刑罚。他平息了神对罪的愤怒,并在神执行审判的时刻祷告说:"父啊! 赦免他们,因为他们所作的,他们不晓得。"除亲自承受神忿怒的基督以外,无人能这样祷告。这彻底打消了人对神的爱抱有的所有虚假思想,和以为神不会严肃对待罪的念头。神恨恶他的仇敌,并把他们转介到这位唯一的义人面前,然后这位义人为他们求赦免。只有在耶稣基督的十字架上,人才可以找到神的爱。⑫

当我们为敌人祷告时,要确保,我们更希望他们能够以悔改自

---

⑪ C. S. Lewis 写道:"我蒙特别祝福,在生活中从未有权力使我有机会压迫别人和使别人受苦。让我们这些从未做过学校年级级长、士官、校长、护士长、典狱官,甚至是地方官的,为此向神献上衷心感谢。"(*Reflections on the Psalms* [New York: Harcourt Brace Jovanovich, 1958], 25)

⑫ Dietrich Bonhoeffer, *Psalms: The Prayer Book of the Bible* (Minneapolis: Augsburg, 1970), 58. 这本书是 *Das Gebetbuch der Bibel* 第八版的译本 (Verlag fur Missions und Bibel-Kunde, 1966)。

己的罪来仰赖基督,而非希望他们亲身经历神无边的愤怒。

如果纵览《诗篇》的注释书,也许会发现超过我们以上所讨论的 253 这 7 种诗篇类型。此外,你会发现所使用的术语不同,有时可能对诗篇类型的划分也不尽相同。[13] 出现分类差异的部分原因,在于有时候诗篇有混合的形式。结果,一个人认为是充满激情的哀歌,另一个人可能认为是咒诅诗。《诗篇》19 篇是赞美诗,尊崇神为创造主(1—6 节),还是智慧诗,向读者指出神的话语(圣经)充满智慧(7—14 节)? 看上去两者都是。其他很多诗篇也能归入不止一种类型。[14] 除了《诗篇》这卷书以外,从圣经其他书卷中也能找到一些诗篇或诗歌(比如,出 15:1—18;士 5 章;撒上 2:1—10;路 1:46—55),这点也很重要。

 问题与反思

1. 在读这章之前,你了解《诗篇》里的各种次体裁吗?

2. 把诗篇恰当地归入一个次体裁,这在释经上有什么益处?

3. 什么样的诗篇类型最能表达你现在和神的关系(比如感恩、哀歌或赞美等)?

---

[13] 朋霍费尔根据主要的神学主题讨论《诗篇》。他写道:"我们要照以下类别给诗篇祷告的主题分类:创造、律法、神圣的历史、弥赛亚、教会、生命、受苦、罪疚、仇敌和结局"(*Psalms*,27)。Peter Gentry 根据《历代志上》16:4 认为,所有的诗篇应该按照更大的类别分类:哀歌(请求)、感恩和赞美(出自本人跟他的一次私下对话,2008 年 10 月 8 日)。而且,Gentry 认为整卷《诗篇》是根据哀歌→感恩→赞美这个总体走向来安排的。

[14] 请留意 McCartney 和 Clayton 对诗篇类型所持的处理方法:"当解释一篇诗篇时,最好先不要去参考解经书,看它说它'应该'属于哪个类型,而是先通过研究这篇诗篇本身来决定其性质。有些诗篇不能被归类,硬把它们归为一类,会让它们的意思更晦涩,而非得到澄清。"(Dan McCartney and Charles Clayton, *Let the Reader Understand:A Guide to Interpreting and Applying the Bible*, 2nd ed.〔Phillipsburg, NJ:P & R, 2002〕,231)

4. 神的百姓不再活在犹太君王统治的以色列那块土地上,那么王室诗篇或锡安之歌在当今还有什么意义吗?

5. 请使用以上讨论的 7 种诗篇类型,对以下诗篇进行归类:《诗篇》1,13,21,48,51,95,137 篇。

254 💻 **进深学习**

Bonhoeffer, Dietrich. *Psalms:The Prayer Book of the Bible*. Minneapolis:Augsburg, 1970.(中译本参考潘霍华:《耶稣的祈祷书:潘霍华谈诗篇》,欧力仁译,台北:校园,2014 年。——编者注)

Lewis, C. S. *Reflections on the Psalms*. New York:Harcourt Brace Jovanovich, 1958.(中译本参考 C. S. 路易斯:《诗篇撷思》,曾珍珍译,台北:雅歌出版社,1995 年。——编者注)

VanGemeren, Willem A. "Psalms." In *Expositor's Bible Commentary*, edited by Frank E. Gaebelein, 5:1 - 880. Grand Rapids:Zondervan, 1991. 这个优秀注释书可以在 Zondervan 出版的 *Expositor's Bible Commentary* 的数字版本中找到。(中译本参见范甘麦伦:《诗篇》,潘秋松、邵丽君译,南帕萨迪纳:麦种传道会,2010 年。——编者注)

问题 31
如何解释《诗篇》(解释原则) ❓

《诗篇》经常被看作是古代犹太教和基督教会的赞美诗集。那么,为什么诗篇在许多现代教会中缺失了呢?反复唱多遍的赞美诗,被诵读或颂唱诗篇所取代。即便是诵读诗篇,也只是挑选其中几节。我们忽略了诗篇中的很多难解经文和整卷诗篇。如果我们想要恢复在个人或集体敬拜中使用《诗篇》,就必须首先阅读和理解《诗篇》。那么,有哪些原则可以帮助基督徒解释《诗篇》呢?

▶注意《诗篇》的结构

《诗篇》是圣经中最长的一卷书,共有 150 首诗歌。有些诗篇非常长(诗 119),会令开始解释圣经的人摸不着头绪。有鉴于此,了解《诗篇》这卷书本身内部结构的划分,把诗歌分成更好处理的单元,会给解释圣经的人带来帮助。《诗篇》可以划分为以下五部独立的书卷：

- 卷一：1—41 篇
- 卷二：42—72 篇
- 卷三：73—89 篇
- 卷四：90—106 篇
- 卷五：107—150 篇

这种划分《诗篇》的方法很可能是刻意模仿摩西五经（《创世记》《出埃及记》《利未记》《民数记》和《申命记》）。一些学者发现，《诗篇》的一般规律是从祈求到感恩再到赞美，整卷《诗篇》就像是一首长篇哀歌一样组织起来。其他学者则认为，划分成这五卷特定的部分，是为了方便在犹太会堂里定期诵读的流程。① 更吸引人的推测，则是把《诗篇》中渐进发展的大卫王权主题看成理解诗篇布局的关键。克里斯托夫·塞茨（Christopher Seitz）总结了他对这个问题的研究。

《诗篇》的五重结构采取了一种大致上线性的趋向。首先是从强调地上的大卫开始，然后地上的大卫担当的角色开始不那么突出，整个国家的总体命运更多被引入——以惩罚和被掳为高潮。然后，大卫在神计划中的特殊角色被人想起，人们为之哀

---

① Pius Drijvers, *The Psalms: Their Structure and Meaning* (Freiburg: Herder; London: Burns & Oates, 1965), 20.

叹,再引入神断言他作为掌管万有者的公义。曾经带给人希望的大卫和锡安又一次被带到前列位置,《诗篇》以大卫吟唱上行之诗结束。②

阅读《诗篇》

你可以花数小时甚至数日去阅读关于《诗篇》的介绍,但更重要的是要去读《诗篇》本身。过去关于《诗篇》成百上千的著作已经被人遗忘或散失,当代对《诗篇》的研究性著作,即便现在受到好评,也终会被遗忘,而《诗篇》却已经保存几千年之久,这是有原因的:"草必枯干,花必凋残;惟有我们神的话,必永远立定!"(赛40:8)

正如前面所提到的(问题21),克尔凯郭尔曾评论说:"基督教学术研究是人类最不可思议的发明,使他们可以为自己反对新约圣经作辩护,保证自己无需太过接近新约圣经,也可以继续做基督徒。"③这一评论也适用于《诗篇》研究。大量对《诗篇》的研究谈及种种异教祭拜或节期背景,其他学者则重新构建古代以色列宗教的"进化",以及它与其他古代近东文学的对应之处。④ 人们在这块想象的沙地上构筑了巨大的猜想城堡,与此同时,《诗篇》本身的话语却被

② Christopher Seitz, "Royal Promises in the Canonical Books of Isaiah and the Psalms," in *Word Without End: The Old Testament as Abiding Theological Witness* (Grand Rapids: Eerdmans, 1998),165.
③ Søren Kierkegaard, *Søren Kierkegaard's Journals and Papers*, ed. and trans. Howard V. Hong and Edna H. Hong (Bloomington, IN: Indiana University Press, 1975),3: 270.
④ 请注意 J.G.S.S.Thomson 和 F.D. Kidner 的批判:"Gunkel 和 Mowinckel 的遗产一直影响至今:多数《诗篇》注释者专注于把各篇诗篇归入它当属的类型,并认为几乎所有的内容都与教会有关(也就是,崇拜)。"("Psalms, Book of," in *The Illustrated Bible Dictionary*, ed. J.D. Douglas [Leicester: Inter-Varsity Press, 1980],3: 1297)

人遗忘。所以，请去阅读《诗篇》。

257　❖ 对诗篇次体裁的分类

《诗篇》中有几种容易认出的次体裁。前一章我们介绍了 7 种主要类型。以下所列是有助于学习时划分《诗篇》类型的几项说明：

1. 认识所阅读的诗篇次体裁的常规组成部分，能够使解释圣经的人留意到，哪些应该出现的部分缺失了，哪些部分扩展了，这样能够更清楚地看到诗篇的重点。

2. 对于更具挑战性的次体裁（比如，咒诅诗），牢记在问题 30（诗篇类型）中讨论过的警告会特别有益。基督徒对诗篇的反思，已有近 2000 年的历史。不向这些前辈学习，我们就是愚蠢的人。的确，我们现在能看得如此远、如此清楚，正是因为我们站在之前巨人的肩膀上。

3. 一旦认出所读诗篇的次体裁，看看同样类型的其他诗篇也许会对你有所帮助。而且，与其他次体裁的诗篇进行比较，也会对人有所助益。像《箴言》一样，《诗篇》也经常讨论一些特定情形，没有罗列出所有的例外和条件。但当我们看整卷《诗篇》时，就会对神、对跟从他的人当活出怎样的生活有一种更全面的观点。

留意诗篇题注中的背景信息

许多诗篇都有题注，告诉我们诗篇的作者是谁，或者与诗篇有关的背景（见图表 11）。例如，《诗篇》51 篇的题注写道："大卫与拔示巴同室之后，先知拿单来见他。他作这诗，交与伶长。"学者对于这些题注的古老性和真实性存在争议，但保存最好和最古老的诗篇抄本是包含这些题注的。况且，新约圣经对诗篇的引用，看来是以这些题注中内容的真实性为前提的。⑤ 看起来这些题注的真实性当被接受。题注的信息有时会使诗人表达的烦恼或喜乐显得更具体（比如，诗 51）。

258

图表 11　诗篇作者	
诗篇作者为……	属于此作者的诗篇篇数
大卫 *	73
亚萨	12
可拉的子孙	12
所罗门	2
以斯拉人希曼	1
以斯拉人以探	1
摩西	1
（作者不详）	48

---

⑤ 比如，太 22：43、45；可 12：36、37；路 20：42；徒 1：16，2：25；罗 4：6，11；9；来 4：7。Peter Gentry 在一个未标日期的课堂讲义的标题中强调了这一点；《诗篇标题：大卫生命中的诗篇》。Gentry 也注意到其他古老的近东诗歌也有类似的题注和脚注。也就是说，人们会认为这些内容出现在诗篇中很正常，或者至少不是非同寻常。

　　* 旧约圣经希腊文译本（七十士译本）认为有 84 篇诗篇是大卫写的。（Bruce K. Waltke, "A Canonical Approach to the Psalms," in *Tradition and Testament*：*Essays in Honor of Charles Lee Feinberg*, ed. John S. Feinberg and Paul D. Feinberg [Chicago：Moody Press, 1981], 10）

▷ 留意诗篇的分节

　　作为希伯来诗歌，诗篇被分为不同的诗行和诗节。译者在决定如何排列译文的英文格式时，是基于音节、重音和希伯来原文的其他特征。因此，只能读懂英文的读者，就完全依赖翻译对原文诗歌分节的忠实传达。感恩的是，我们现在有很多英译本都能很好地传达这些信息。迅速浏览《诗篇》的任何一页，你都会发现在行句两边有很大的空白。这是平行诗行被排列在一起，诗节被分开的结果。有关某篇特定诗篇的讲道或学习，应该尽力按照该诗篇的结构进行安排。换句话说，如果这一诗篇有四段诗节，那么讲道最好也有四个应用或者命题。

▷ 认出诗篇的诗性语言

　　诗篇是供歌唱的诗。因此，它们充满了诗性的语言——隐喻、明喻、头韵、夸张和平行等等。虽然希伯来文诗和英文诗有某些共同点，但希伯来文诗还有一些独特之处。为了不至于误会和误解，读者最好阅读问题 29，"如何解释诗歌？"

　　作者使用诗歌作为一种美学表达，或为了加强记忆，或为了表达强烈情感。当我们自己努力学习和教导别人诗篇时，必须小心，既不要误解了希伯来文诗，也不要把它震撼的成分减弱成平淡无奇的命题。我们必须寻求神的帮助,向现代读者传达原文诗歌的强烈感情。有时,一些动态对等的翻译或释义,比如《信息版圣经》(*The Message*)中尤金·毕德生(Eugene Peterson)对诗篇的翻译,也能帮助我们重新注意到这些诗歌的强大力量。

▶ 探索诗篇的弥赛亚意义

神应许大卫,他的一位后裔将会永远作王(撒下 7:12—13)。新约宣告,耶稣是这位所应许的大卫王权继承人。彼得指着《诗篇》16:8—11 向犹太民众宣告说:

> 弟兄们,先祖大卫的事,我可以明明地对你们说,他死了,也埋葬了,并且他的坟墓直到今日还在我们这里。大卫既是先知,又晓得神曾向他起誓,要从他的后裔中立一位坐在他的宝座上,就预先看明这事,讲论基督复活说:"他的灵魂不撇在阴间,他的肉身也不见朽坏。"(徒 2:29—31)

彼得在这里似乎在说,大卫意识到他的话指向的是一位特定、超群的后裔——这个命题性预告要在一个人,也就是弥赛亚身上应验。然而,另有一些新约作者应用在耶稣身上的诗篇,最初是发生在大卫身上的(诗 69:9;参约 2:17)。比如,这些诗篇包括大卫对自己错误行为的忏悔(诗 69:5)。最好把这种对诗篇的引用理解为预表——大卫是预表,耶稣是相对应的实体。比如,如果大卫遭到了周围不敬畏神之人的反对，那么这位卓越的义者更要忍受多少邪恶之人的反对呢？（诗 69：4）关于预表和圣经基督论特征的进一步内容，请见问题 18，"圣经真的都是在讲耶稣吗？"和问题 24，"如何解释预言？（预表）"。至于新约作者对诗篇的引用属于命题性预告还是预表性对应，这要看上下文。

因为《诗篇》近半数都被认为是大卫所写，有些学者论证说，在某种意义上，应该把所有大卫的诗篇都作为弥赛亚诗篇理解。至少，我们可以说，新约中引用、在耶稣身上应验的每一篇大卫诗篇，都是弥赛亚诗篇。而且，耶稣教导他的门徒们说，诗篇是指着他说的（路 24：44）。在我看来，大卫诗篇中（也许是全部诗篇）应该有更多预表性对应，尽管这样说时要小心。⑥ 朋霍费尔就采取了这种看法。他写道：

260　　　　根据圣经的见证，大卫身为神选民中被膏的君王，是耶稣基督的原型。发生在他身上的事，是为着另一位的缘故而发生的——那一位在大卫里面，而且经上说由大卫而出，就是耶稣基督。尽管他并不知道这些，但他"既是先知，又晓得神曾向他起誓，要从他的后裔中立一位坐在他的宝座上，就预先看明这事，讲论基督复活"（徒 2：30 及后）。从大卫的职分、生活

⑥ Waltke 论证说，多数诗篇，即使不是全部，都应该被理解为是王——最终都是弥赛亚君王——发出的。他写道："平心而论，看起来新约圣经作者不是要辨识和限制诗篇对基督的预告，而是认定诗篇作为整体，讲的是耶稣基督，因此，这应该是解释诗篇的规范方式。"（"Canonical Process Approach to the Psalms," 7）

和话语来看,他都是在见证基督。新约就此说得更多。在大卫诗篇中,所应许的基督已经亲自说话(来 2:12,10:5),或者说的也可能是圣灵(来 3:7)。因此,大卫说的同一番话,就是未来的弥赛亚通过他在说话。大卫的祷告也是基督的祷告。或者,更确切地说,是基督自己通过他的先锋大卫在祷告。⑦

❖ 以诗篇祷告

诗篇是诗,是歌,也是祷告。作为各种各样祷告的汇集,它们包含人在这多变人生中面对的全部情感和经历。况且,它们是**受神默示的祷告**——教导我们如何按着神的心意为各种事情祷告。朋霍费尔指出了以诗篇祷告的教育价值:

> 所以,我们必须学会祷告。孩子学会说话,是因为父亲对他说话,他就学了父亲的言词。同样,我们学习跟神说话,是因为神已经跟我们说话,并且还在跟我们说话。借着天父的言词,孩子可以学习如何跟他说话。跟着神重复他自己的话,我们就开始向他祷告。⑧

---

⑦ Dietrich Bonhoeffer, *Psalms: The Prayer Book of the Bible* (Minneapolis: Augsburg, 1970),18 - 19.
⑧ Dietrich Bonhoeffer, *Psalms: The Prayer Book of the Bible*,11.他还写道:"应该用神话语的丰富,而非我们心中的贫乏,来决定我们的祷告。"(15)

我们不但可以按着诗篇逐字祷告，还可以默想消化，根据我们面临的特别处境去祷告。[9] 还有，值得注意的是，许多诗篇属于集体性祷告。基督的身体——教会——应该一起祷告（徒 1：14、24，4：24、31，13：3）。当耶稣对他的门徒做示范祷告（"主祷文"）时，那就是一个集体性的祷告（太 6：9—13，"**我们**在天上的父……赐给**我们**……"）。

背诵诗篇

开始按着诗篇祷告的一个方法，就是背诵它们。这样，不论是在专门的祷告时间，还是在日常生活的平凡活动中，你的嘴唇就总是涌出诗篇。关于默想诗篇的重要性——用于灵修、寻求指引和得着鼓励——请见《诗篇》19 篇中的这几节经文：

> 耶和华的律法全备，能苏醒人心；耶和华的法度确定，能使愚人有智慧；耶和华的训词正直，能快活人的心；耶和华的命令清洁，能明亮人的眼目；耶和华的道理洁净，存到永远；耶和华的典章真实，全然公义。都比金子可美慕，且比极多的精金可美慕；比蜜甘甜，且比蜂房下滴的蜜甘甜。况且你的仆人因此

---

⑨ Osborne 评论说："这样的诗篇对每一个信徒的价值是显而易见的。不论一个人是生病、被敌人包围，或意识到自己的罪，哀歌不但提供鼓励，还是祷告的范本。很多人认为应该直接按照这些诗篇祷告；我同意，但更倾向于把这些诗篇和我的处境联系起来，进行默想、情景化后再祷告。"（Grant R. Osborne, *The Hermeneutical Spiral*：*A Comprehensive Introduction to Biblical Interpretation*, rev. ed. ［Downers Grove, IL：InterVarsity, 2006］,233）

受警戒,守着这些便有大赏。(诗 19:7—11)

◌ 颂唱诗篇

　　阅读和默想任何一首诗篇是基督徒的喜乐所在,但圣经的这部分内容在歌唱中可以得到最充分的表达。诗篇原来的写作目的,就是为了个人和集体的敬拜。神的子民今天在颂唱任何诗篇时,都是在加入到 3000 多年以来久唱不衰的诗篇大合唱之中。

◌ 问题与反思

1. 阅读《诗篇》时,你是否根据题注的内容去解释?

2. 可以把新约中没有引用的大卫诗篇也当作"弥赛亚诗篇"吗?

3. 针对《诗篇》的五个部分,你有没有发现促成如此分类的内在神学或主题思路?

4. 挑战:学习一首直接依据圣经诗篇写的敬拜歌曲或赞美诗。可以在个人或集体敬拜中唱。

5. 挑战:背诵一篇诗篇(比如,诗 19 篇),并在一整天中——等车时,割草时,给孩子换尿布时——默想。

262

◌ 进深学习

Bonhoeffer, Dietrich. *Psalms: The Prayer Book of the Bible*. Minneapolis: Augsburg, 1970.

Lewis, C. S. *Reflections on the Psalms*. New York: Harcourt Brace Jovanovich,

1958.

VanGemeren, Willem A. "Psalms." In *Expositor's Bible Commentary*, edited by Frank E. Gaebelein, 5：1 – 880. Grand Rapids：Zondervan, 1991. 这个优秀注释书可以在 Zondervan 出版的 *Expositor's Bible Commentary* 数字版本中找到。

C 篇

新约中主要的体裁

问题 32
如何解释比喻（解释的历史） ❓

　　耶稣教训中的三分之一用的是比喻。这些比喻影响非常广泛，以至于没有读过圣经的人也会引用（比如，"好撒玛利亚人"或"浪子"的故事）。尽管这些比喻家喻户晓，但它们也因为频繁被错误解读而受人诟病。在这个问题中，我会界定**比喻**的概念，并且对它们在历史上的解释作一个简要介绍。在下一个问题中，我会给出一些解释比喻的原则。

　　当被问到什么是比喻时，多数基督徒会回答说："一个有属天意义的地上故事。"字典上的定义是："一个虚构的短篇故事，说明了一种道德态度或一个宗教原则。"①尽管这些定义是正确的，但比喻最

---

① *Merriam-Webster's Collegiate Dictionary*，10th ed.（Springfield，MA：Merriam-Webster，1997）

根本的成分，就是一定要有一个比较。② 比如，在隐藏的宝贝这一比喻中，天国与宝贝作比较（"天国好像宝贝藏在地里"［太 13：44］）。希腊文 *parabole* 是英文 parable（比喻）这个词的词源，它的意思很广泛。它可以指谚语、明喻、比喻性的说法、故事等等。不过，就我们的目的而言，我们只需把讨论主要集中于圣经中的比喻故事。

要纵览圣经解释的历史，请见问题 9（"教会历史上是如何解释圣经的？"）。但在这里，我们要特别概述对比喻的解释。这一总结将在两方面提供帮助：（1）因为看到历史上常犯的一些释经错误，读者可以引以为戒，不要重蹈覆辙；（2）知道学者的见解在历史上如何大大影响了对比喻的理解，这带给我们启发。下面，我们将从五个历史时期查看对比喻的解释。

耶稣的最初背景和福音书的写作

我们至少可以说，耶稣和受神默示的福音书作者正确理解了他的比喻。因此，当耶稣解释自己的比喻时（太 13：36—43；可 4：13—20），或当福音书的作者对比喻的意义给出上下文的提示时（比如，路 10：29，15：1—2），那些解释是确定性的。注意很重要的一点，那就是耶稣不但用比喻阐述真理（可 12：12；路 10：36—37），也用比喻遮盖真理，增加刚硬对抗之人的罪责（可 4：10—12、33—34；

---

② Stein 把比喻定义为"有简要或延伸对比的修辞格"（Robert H. Stein, *An Introduction to the Parables of Jesus* ［Philadelphia：Westminster Press, 1981］,22）。我对比喻解释史的认识在很大程度上受 Stein 的影响。

参帖后 2：11—12）。③

从早期教会到宗教改革时期

　　新约圣经完成后不久，早期基督徒开始寓意性地解释圣经。也就是说，他们用了很多不是圣经作者意图中的寓意阐释比喻。比如，后新约时代早期每一个对好撒玛利亚人比喻（路 10：25—37）的解释，都是把它当作救赎性的寓意信息，认为那好撒玛利亚人象征耶稣（见图表 12）。然而在经文中，耶稣讲的故事显然是为了回答一个犹太教律法师的问题："谁是我的邻舍呢?"（路 10：29）

　　早期基督徒如此解释比喻，有以下几个原因：（1）耶稣自己至少也在几个细节上寓意性地解释他自己的比喻（可 4：13—20；太 13：36—43）。如果耶稣能这样做，为何他的跟随者不可以?（2）在希腊罗马文化中，寓意是解释宗教文本的常用方法。早期基督徒不加辨别地采用了他们那个时期的解释方法。（3）寓意式释经强调释经者对比喻"隐秘"意义的领悟。这种方法对喜欢探求隐秘之事的人有着极大的吸引力。

宗教改革时期

　　16 世纪新教改教家谴责先辈寓意式解经的过分之处。马丁·

---

③ Stein 评论说："因为受寓意解经的影响和对耶稣当时生活处境的无知，几个世纪以来，比喻的意思丢失了。这个事实也表明，比喻不是不言自明的例证。"（Robert H. Stein, *The Method and Message of Jesus' Teachings*, rev. ed.［Louisville, KY: Westminster John Knox, 1994］,40）

路德说过,奥利金的寓意式解经是"愚蠢的""令人惊讶的胡扯""荒诞"和"完全无用的"。④ 虽然在改教时期之前,教会历史上也出现过极少数的声音,谴责误用寓意解经的做法,但改教时期是第一次系统地对比喻有如此集中的批判。然而,不幸的是,也许是出于习惯,或是疏忽,或是其他原因,许多改教家仍然使用寓意式解经来解释比喻。加尔文是宗教改革时期的解经王子,他始终如一地尊重原作者在比喻中的意图。论及寓意式解经,特别是针对好撒玛利亚人比喻使用的寓意式解经,加尔文写道:

267

> 我承认,我一点也不喜欢这类解经;我们对圣经应该有更深的敬重,而非任由自己去掩盖它原本的意思。而且,的确,任何人都能看到,某些人的好奇心唆使他们去发明这些猜想,这与基督的意图截然相反。⑤

从宗教改革时期到 19 世纪晚期

宗教改革打破了寓意解经对圣经的大量束缚,但还是有大批基督徒作者继续使用寓意解释比喻。对于那些释经者来说,耶稣故事中很多未加解释和引人注目的细节,是极为诱人的素材。由于历史影响,他们倾向于寻找圣经作者在最近一个半世纪中不曾意图的

④ Martin Luther, *Lectures on Genesis*, *Chapters 1 – 5*, in *Luther's Works*, ed. J. Pelikan (St. Louis: Concordia, 1958),1: 91,98,233.
⑤ John Calvin, *Commentary on a Harmony of the Evangelists*, *Matthew*, *Mark*, *and Luke*, trans. William Pringle (Edinburgh: Calvin Translation Society, n. d. ; reprint, Grand Rapids: Baker, 2003),3: 63 (vol. 17 in reprint series).

寓意。

◎ 从 19 世纪晚期到 21 世纪早期

　　在最近一个半世纪中,对比喻的解释经历了几个重要的发展阶段。1888 年,德国新约学者阿道夫·于利歇尔(Adolf Jülicher)出版了他两卷本著作的第一卷《耶稣说的比喻》(*Die Gleichnisreden Jesu*)。⑥ 于利歇尔的研究敲响了对比喻进行寓意式解经的丧钟。⑦ 他没有使用寓意去解释比喻的细节,而是关注耶稣所讲比喻的重点。不幸的是,于利歇尔偏好使用他的怀疑论和自由派神学去解释比喻,把许多耶稣正统的教训当成后来历史上的加添。⑧

268

图表 12　奥利金解释好撒玛利亚人的比喻*

比喻细节	寓意解释
下耶利哥去的人	亚当
耶路撒冷	乐园
耶利哥	世界
强盗	敌对势力(约 10:8)
祭司	律法
利未人	先知
撒玛利亚人	基督

---

⑥ Adolf Jülicher, *Die Gleichnisreden Jesu* (Freiburg: Mohr, 1888). 这本书没有英文版。
⑦ 至少在学术界敲响了寓意式解经死亡的丧钟(K. R. Snodgrass, "Parables," in *DJG*, 591)。但在更大众的文学作品中,寓意解释一直持续到今天。
⑧ Ibid., 591.

续　表

比喻细节	寓意解释
伤	不顺服、恶习和罪
兽(驴)	主的身体，承担了我们的罪
马厩(旅馆)	教会
两钱银子	对圣父和圣子的知识
旅店老板	教会领袖，"被委托照管教会的人"(守护天使)
好撒玛利亚人应许要再回来	救主的再来

＊Origen，*Homiliae in Lucam* 34.3—9. 有趣的是，奥利金引用了一个不知名的前辈作为他解经的支持。他在开头写道："有一个长老想这样解释这个比喻。"(*Homiliae in Lucam* 34.3)奥利金有关《路加福音》的讲道的英文翻译，见 *Origen*：*Homilies on Luke*，*Fragments on Luke*，trans. Joseph T. Lienhard，The Fathers of the Church 94 (Washington，DC：The Catholic University of America Press，1996)。

　　稍早于 20 世纪中期，像 C. H. 多德(C. H. Dodd)和乔基姆(Joachim Jeremias)这样的学者呼吁释经者采取耶稣最初听众的视角，即公元 1 世纪犹太巴勒斯坦人的视角去看待这些比喻。⑨ 耶稣宣告，通过他弥赛亚式的统治，神的国正闯入人间。任何不考虑这种原先历史背景的关于比喻的解释都注定要失败。

　　20 世纪中期开始，编修批判学者开始把目光转向福音书作者的最后编辑贡献上。对比喻的解释来说，这个强调是很重要的，因为福音书作者从编辑上给了读者如何正确理解比喻的提示。通过把同类的比喻归类，提供重要的上下文信息，或者使用其他文学工具，

⑨ C.H. Dodd，*The Parables of the Kingdom* (London：Nisbet & Co.，1935)；and Joachim Jeremias，*The Parables of Jesus*，trans. S.H. Hooke，rev. ed. (New York：Charles Scribner's Sons，1963)。

福音书作者为正确理解耶稣的比喻提供了指引。

269   20 世纪晚期和 21 世纪早期,出现了多少有点退回到早期寓意解经的趋向。一方面,一些读者反应理论和"美学"批判理论坚持撇开原来历史的上下文看比喻。⑩ 他们认为,这些比喻本身就像独立的生命体,可凭自身而拥有意义。尽管这种说法在理论上听起来多少有一些吸引力,但在实际生活中,它指的是比喻的意思由读者决定。然而,耶稣使用比喻是要清楚地传递特定、明确的真理。确实,故事的情感力量不能通过某种命题性总结重现,但耶稣比喻的基本意思,是能够而且应该这样总结出来的。

另一方面,对于教会解释经文的历史,人们越来越不加批判地全盘接受。⑪ 换句话说,各种对圣经的解释本身是有价值的,还具有一定的权威性和影响力,有时甚至等同于或超过受神默示的经文。虽然研究接受史(文本在历史上被接受的方式)可能有一定的指导作用,但比起偏离常规的解释,文本本身必须占有明确的首要地位。

问题与反思

1. 如果耶稣自己对他比喻的某些细节也有寓意式解释,那我们进而对其他所有细节作这样的解释又何错之有?

2. 寓意是早期希腊罗马世界文学表达的主要方法之一。你认为当今文学的主要表达方法是什么?

---

⑩ 比如,D. O. Via, *The Parables* (Philadelphia: Fortress, 1967)。
⑪ 比如,Treier 对神学释经运动的描述(Daniel J. Treier, *Introducing Theological Interpretation of Scripture* [Grand Rapids: Baker, 2008], 39 - 55)。

3. 请再看奥利金对好撒玛利亚人比喻的解释。你的教会对这种解释的讲道会如何回应？

4. 你能回忆起你读过或听到过的关于一个比喻的错误寓意解释吗？当你读到或听到时，你认为那样的解释有说服力吗？为什么？

5. 如果有人说："奥利金对好撒玛利亚人的解释说服我归信基督以致得救，所以这个解释就一定是正确的。"你会怎么回应？

270

进深学习

Blomberg, Craig L. *Interpreting the Parables*. Downers Grove, IL: InterVarsity Press, 1990.

_____. *Preaching the Parables: From Responsible Interpretation to Powerful Proclamation*. Grand Rapids: Baker, 2004.

问题 33
如何解释比喻（解释原则） ❓

在教会历史上，如果比喻已经被强解得一塌糊涂（见上一个问题），那么有什么释经原则，可以帮助我们坚持正确地释经呢？

一开始，特别留意耶稣常常使用比喻来教导有关神国度的事，这很重要。斯诺德格拉斯（Klyne Snodgrass）声称，几乎所有比喻的意思都可以归入国度的主题之下，这也是耶稣传道的主题（可 1：15）。事实上，许多比喻都以一个明确的引导词开始，例如："神的国如同……"（可 4：26）斯诺德格拉斯写道：

> 比喻主要关注的是神的国到来和随之而来对做主门徒的要求。当耶稣传讲国度时，他的意思是神正在行使他的能力和权力，以便带来赦罪、击败邪恶并建立公义，从而成就旧约圣经

的应许。①

国度的主题，往往通过三个主要神学次主题来表达："神的恩慈、做主门徒的要求和不顺服的危险。"②

以下是几点建议，帮助我们确定作者在比喻中的原本意图。③

▶ 确定比喻的要点

272

解释比喻的最重要原则之一，就是确定主耶稣为什么要讲比喻，以及比喻被包括在圣经正典里的原因。在福音派之间有一种争论，就是每个比喻是否只教导一个要点（这是斯坦的观点），还是说可以有多个要点（这是克雷格·布隆伯格[Craig Blomberg]的观点）。实际上，这两种观点并非如表面上看起来那样相差甚远。

比如，克雷格·布隆伯格坚持认为，比喻可以有一个、两个或者三个要点，**这取决于比喻中主要人物/物象的数量**。④ 因此，在浪子的比喻中（路 15：11—32），有三个主要人物——父亲、大儿子和小儿子。基于这三个代表人物行为的三个要点就是：

1. **父亲**：父神的恩慈和宽容。

---

① K. R. Snodgrass, "Parables," in *DJG*, 599.
② Craig L. Blomberg, *Interpreting the Parables* (Downers Grove, IL: InterVarsity Press, 1990), 326.
③ 虽然从技术上讲，福音书的作者（马太、马可、路加和约翰）是比喻的作者（他们写下这些比喻），但我们认定，作为受神默示的作者，他们忠实地传达了耶稣的意思。
④ Blomberg, *Interpreting the Parables*, 166.

2. **大儿子**：跟从神的人要小心，不要由于神对他人的恩慈和宽容而产生嫉妒。

3. **小儿子**：神欢迎承认自己的罪、离弃罪并接受他的怜悯的叛逆者。[⑤]

相比而言，斯坦主张用一句话来表达要点更有帮助。他可能会这样解释这个比喻的意思：神（由父亲代表）对罪人（小儿子）是恩慈的，因此，我们不应（像大儿子那样）轻视神对别人的爱。根据斯坦的观点，这个比喻的焦点是大儿子的回应，他不为弟弟回归和父亲的完全接纳欢喜。这一分析得到上下文的印证，因为路加清楚表明，耶稣是在回应法利赛人对神怜悯的嫉妒态度（路 15：1—2）。

那么，我们究竟如何决定比喻的要点呢？斯坦推荐了另外几个问题：[⑥]

273

1. **主要人物是谁？** 比如我们从浪子的比喻中看到，主要人物是父亲、小儿子和大儿子。斯坦建议，这三个人物中父亲和大儿子应该得到我们更多关注。

2. **最终发生了什么？** 耶稣经常在比喻结束的时候强调他的要

---

⑤ Blomberg 总结道："（1）像浪子总会有悔改归家的选择一样，所有的罪人，无论多么邪恶，都可以认罪悔改，转向神。（2）像父亲不遗余力与浪子和好一样，父神对所有人——无论他们多么不配，只要他们愿意接受——都会慷慨地赦免他们的罪。（3）像大儿子不应该嫉妒弟弟重新得回地位，而应为之欢喜一样，对于神赐恩典给最不配的人，所有自称为神子民的人也应该欢喜，而非生气。"（ibid.，174）

⑥ Robert H. Stein, *A Basic Guide to Interpreting the Bible*：*Playing by the Rules*（Grand Rapids：Baker, 1994），146 - 149.

点。浪子比喻的结尾是对大儿子的责备(路 15：31—32)，这进一步表明耶稣关注当神对罪人施以恩慈时，人所表现的恶劣态度。

3. **在直接对话(双引号里面的话)中发生了什么？** 直接引语将读者和听者的注意力吸引到比喻所强调的要点。比如，在浪子的比喻中，结尾处(路 15：29—30)对大儿子的话的直接引用是强调的部分。

4. **对谁/什么所用的笔墨最多？**（也就是，经文着墨最多的是谁或什么。）耶稣通过比喻中描述最多的人物或事项强调他的重点。

认出比喻中的固定意象

我在课堂上讲解比喻时，有时候会请一位国际学生当志愿者。我会对这位学生说："想像你拿起一张报纸，发现有一幅卡通画，画的是一头驴和一头象在对话。你认为这幅卡通画要表达什么？"国际学生给的答案，通常让人啼笑皆非而且完全不着边际。但是课堂上的美国学生就会立刻认出驴是民主党的象征，象是共和党的象征。我们之所以能够清楚知道这些符号的含义，是因为我们从文化环境中习惯了这种固定的意象。

耶稣公元 1 世纪的听众和福音书早期的读者也习惯于某种固定意象。这些意象与旧约及其他早期犹太文献资料是对应的，可以从耶稣比喻的主要人物和中心行为中找到(见图表 13)。有时，一个非固定的意象也会承担重要作用，需要谨慎研究来确定它的意义。比喻中的一些细节，一般只是为了使故事更加有趣和容易记住。

❯ 留意引人注目或出人意料的细节

我和妻子曾经为一些新近来自苏丹的移民播放阿拉伯语的《耶稣传》视频（根据《路加福音》拍摄的电影）。当我们和他们一起坐在拥挤的客厅里观看的时候，他们多次的大笑和彼此相望而笑，给我很大的触动。耶稣是一个令人称赞、很有趣的老师。可悲的是，我们的头脑因司空见惯而变迟钝了。耶稣的比喻充满了引人注目的细节，出人意料的转折，令人震惊的陈述和让人称奇的结论。当这些成分出现时，我们需要留意，因为这里是在表明一个重点。比如，在不知宽恕的仆人的比喻中（太 18：23—35），我们需要留意这个仆人欠主人的债（"一万他连得"[NIV 译本]或者"百万美元"[NLT 译本]）和另一个仆人欠他的债（"一百迪纳币"[NIV 译本]或"几千美元"[NLT 译本]）之间的天壤之别。这里，耶稣强调了神赦免我们深重之罪的无限恩典，同时也指出我们应合宜看待得罪我们的人的罪。另一个引人注意的细节，出现在寡妇和不公正法官的比喻里（路 18：1—8）。这个寡妇无礼的坚持很可能是可耻的，在耶稣当时传统的社会里尤其如此。耶稣生动刻画了这种决心，以此呼吁跟从他的人坚持祷告。类似地，无论一位长者奔跑是为什么事情，这在公元 1 世纪的以色列都是一件不体面的事，更不用说是跑着去和他悖逆的儿子重聚（路 15：20）。那么父神对悔改罪人怀有的迫切之情和恩慈之心，又是何等令人惊奇呢！

不要为所有的细节找意义

不是比喻中的所有细节都有意义。相反，很多细节只是为了使故事更加有趣、容易记住，或者是为了更加贴近听众的生活。比如，在不愿宽恕的仆人的比喻中（太 18：23—35），钱的数量（"一万他连得"）和钱的单位（"他连得"）没有特殊意义——只不过是告诉我们，这是按当时人所知很大的一笔债。类似地，在浪子的比喻中，当父亲用新衣、新鞋、戒指和盛宴来款待他悔改的儿子时（路 15：22—23），这些礼物象征着接纳和庆祝。它们没有各自的秘密代码，并不具有某种象征意义。事实上，如果你一定要解码，这就走向了寓意解经的歧途。⑦

因为每个比喻的**中心**人物一般只传递了一个要**比较的要点**，如果一些人物有不符合社会习俗的行为，这也不应该使我们惊奇。比如，《路加福音》18：1—8 中的法官，在某种意义上代表了神，是我们求告的对象。不过，人类的法官是因为怕被纠缠才去秉行公义（路 18：4—5），而神却很乐意干预他子民的生活（路 18：7）。这个比喻中的比较要点，是持久祷告的必要性（路 18：1）。在聪明和愚拙童

---

⑦ 事实上，德尔图良（约 160—225 年）对好撒玛利亚人的比喻正是做了这样的解释。他这样解释这个比喻的意象：好撒玛利亚人——邻舍——基督；强盗——黑暗的掌权者；伤口——害怕、情欲、愤怒、痛苦、欺骗和作乐；酒——大卫支系的血；油——父神的怜悯；绷带——爱、信和望。（Robert H. Stein, *An Introduction to the Parables of Jesus* [Philadelphia: Westminster Press, 1981], 44）

275　女的比喻中(太 25：1—13)，聪明的童女得称赞，因为她们为灯准备了足够的油(太 25：4)。尽管新郎拖延，聪明的童女仍然为他的到来做好了准备。同样，耶稣也呼吁跟从他的人，虽然他的到来可能会延迟，但他们需要在生活上忠心顺服，以便随时做好准备(太 25：13)。十个童女有五个聪明的，五个愚拙的，这并不代表世上将有一半的人得救，另一半的人要被毁灭。耶稣也不是教导我们不要与别人分享我们的东西(聪明的童女拒绝分享她们的油[太 25：9])。耶稣是一位讲故事的大师，他为故事加添的许多细节，只是为了使故事更有趣。

图表 13　　耶稣比喻中的固定意象		
固定意象	意义	例子
父亲	神	路 15：11—32
主人	神	可 12：1—11
法官	神	路 18：1—8
牧羊人	神	太 18：12—14
国王	神	太 18：23—35
儿子	以色列，神的一个跟随者	路 15：11—32
葡萄园	以色列	太 21：33—41
葡萄枝	以色列或神的百姓	约 15：5
无花果树	以色列	可 11：13
羊	神的百姓	太 25：31—46
仆人	神的跟随者	太 25：14—30

续　表

固定意象	意义	例子
敌人	魔鬼	太 13：24—30
丰收	审判	太 13：24—30
婚宴	弥赛亚的宴席,将来的时代	太 25：1—13

　　一个朋友曾向我提及他的牧师根据《马太福音》13：44—46 作的一篇讲道(关于地里的宝贝和贵重的珍珠的两个比喻)。他的牧师断言,那个宝贝和珍珠代表的是基督徒或教会,耶稣则是那个买宝贝和珍珠的人。那位牧师宣称,这种解释一定是正确的,因为我们不可能买国度,而是耶稣用他的宝血买了我们。这个解释听起来很虔诚,但这是对比喻性言语的一种误解。在这两个比喻中,耶稣都把一种危机摆在读者面前,就是其他一切东西的价值都不能与这宝贝或珍珠相比。耶稣的教导呼召我们"先求神的国和神的义"(太 6：33)。是的,终极地看,只是因为神赐我们恩典,我们才能求神的国(弗 2：8—10)。然而,在这两个比喻中,耶稣呼吁人看重他和他的弥赛亚国度高过一切,以此做出回应。神的主权并不否定人的责任。

▶ 留意比喻的文学背景和历史背景

　　福音书的作者经常提及一些信息,以解释耶稣讲述比喻的原因,或把类似主题的比喻放在一起,以此提示我们明白比喻的意思。

像在寡妇和不义法官的比喻之前(路 18:1—8),路加叙述道:"耶稣设一个比喻,是要人常常祷告,不可灰心。"(路 18:1)任何忽略这权威话语指引的解释都必然会走偏。

路加在《路加福音》15 章记录耶稣的三个比喻之前(以浪子的比喻为高潮),也给出了背景信息:

> 众税吏和罪人都挨近耶稣,要听他讲道。法利赛人和文士私下议论说:"这个人接待罪人,又同他们吃饭。"耶稣就用比喻说……(路 15:1—3)

路加不是非要讲这些信息不可,但这个介绍帮助我们看到,耶稣讲比喻是为了回应不明白神对罪人恩慈的宗教伪善(参路 15:31—32)。此外,在好撒玛利亚人这个比喻之前和之后,路加清楚地表明,耶稣讲这个比喻,是针对那一位自以为义之人做出回应,他提问题的目的是想错误地限制**邻舍**这个词的意义(路 10:25—29、36—37;参路 14:7,19:11)。

耶稣最初是否把《马太福音》24:45—25:46 的四个比喻(忠心和不忠心的仆人、十个童女、银子和山羊绵羊的比喻)放在一起讲,中间没有插入评论,我们不得而知。但这四个比喻紧挨一起,接在《马太福音》24:1—44 末世讲论之后,这不是偶然的。这些比喻都呼吁耶稣的门徒在等候他再来的时候要忠心顺服。

有时,历史和文化背景知识也能帮助我们解释比喻。比如,为了更加充分理解好撒玛利亚人的比喻,读者需要知道,耶稣时代的犹太人歧视撒玛利亚人。通过把撒玛利亚人定义为这个故事中唯一"爱邻舍"的人(路 10:33、36),耶稣谴责了他同时代的那些假冒为善之人。他们限制了爱,把某些特定的种族或人群排除在外。[8]仔细阅读整本圣经,往往可以发现这些历史背景信息(比如,约 4:9,8:48),不太熟悉圣经的人也许可以参考研读本圣经(见问题 13,"对释经有帮助的书籍或工具有哪些?")。而且,我极力推荐布隆伯格的书《解释比喻》(*Interpreting the Parables*),它对福音书的每个比喻都做出了简短而深刻的讨论。

 问题与反思

1. 你认为哪种理解比喻的方法更具说服力——一个要点,还是有几个主要人物就有多少要点?

2. 基督徒演讲者或作者如此频繁地偏向寓意解释比喻的歧途,你认为原因何在?

3. 除了驴和象的故事,你还能想到其他任何当代文化中普遍知道的固定意象吗?

4. 挑战:从《马太福音》13 章中选择一个比喻,并且应用以上的建议进行解释。

5. 挑战:选择一个比喻,并且参考斯坦建议的四个问题(主要人物是谁? 结论怎样? 在直接对话中发生了什么? 对谁/什么所用的笔墨最多?)。通过回答

---

[8] 因此,Clarence Jordan 在对福音书的现代改写中,把背景换作 20 世纪 50 年代的美国东南地区,把好撒玛利亚人换成一个非洲籍美国人,祭司和利未人变成了"白人传道人"和"带领会众颂唱福音诗歌的带领人",这是一种恰当的做法。(*The Cotton Patch Version of Luke and Acts* [New York: Association Press, 1969],46 - 47)

这些问题，看看有没有帮助你看清它的要点？

💻 进深学习

Blomberg，Craig L. *Interpreting the Parables*. Downers Grove，IL：InterVarsity Press，1990.

_____. *Preaching the Parables：From Responsible Interpretation to Powerful Proclamation*. Grand Rapids：Baker，2004.

Stein，Robert H. *An Introduction to the Parables of Jesus*. Philadelphia：Westminster Press，1981.

问题 34
如何解释书信（结构和性质）

在新约圣经的 27 卷书中，21 卷属于书信，其中有些是给个人的，大部分是给会众的。随着早期基督教会很快扩展到遥远之地，使徒及其继承人就通过这些信件（也被称作书信），给他们带去鼓励和指导。[①] 我们一开始以为从书信中读到的是神对别人说的话，但实际上是神写给我们的话。新约的书信不是受时间限制的交流；它们是圣灵默示的作品，向每个时代的教会都提供了权威性的教训。

[①] 一些学者使用书信（epistles）一词，意指经过仔细整理的、可以公开阅读的信件，有别于一般非正式的信件（比如，Adolf Deissmann, *Light from the Ancient East: The New Testament Illustrated by Recently Discovered Texts of the Graeco-Roman World*, trans. Lionel R. M. Strachan [New York: George H. Doran, 1927; reprint, Peabody, MA: Hendrickson, 1995], 228 - 241）。与现在多数学者一样，我在本书中交替使用这两个词（书信 epistles 和信件/信 letters）。保罗写的信虽有特定的情景，但他一直有意识地以使徒的身份向更大的教会群体写信（林前 1: 1—2; 西 4: 16）。

在关于书信的第一个问题中,我们要讨论书信的结构、使用的文学形式、情境特性以及假名的问题。在下一个问题中,我们将介绍解释新约圣经书信的实际指导原则。

古代书信的结构

古代书信在结构上和现代书信或电邮很相似。新约书信通常以介绍写信人和收信人开始("作使徒的保罗……写信给加拉太的各教会"[加 1:1—2])。这样的问候后面一般都紧跟着感恩的话和/或祷告(林前 1:3—9)。读者可能想略过新约书信开始的部分,但仔细解释圣经的人会发现,书信开始时引入的观念,往往是书信的重要主题,在后面再次出现。比如,在《加拉太书》1:1 中,保罗强调自己的身份:"作使徒的保罗(不是由于人,也不是借着人,乃是借着耶稣基督,与叫他从死里复活的父神)"。无需更多内容,我们就能知道保罗使徒身份(因此也是使徒所传的福音)的合法性正受挑战(加 1:10—11)。学者们知道,新约多数书信的开始和结束提供了释经的"支撑框架",这有助于我们更容易看到作品的重点和目的。②

祷告和/或感恩部分之后是书信的正文。正文部分有时可以大致地分为神学(弗 2:1—3:21)和道德(弗 4:1—6:20)教训。另一

---

② L. Ann Jervis, *The Purpose of Romans: A Comparative Letter Structure Investigation*, JSNTSup 55 (Sheffield: JSOT, 1991); P. Schubert, *Form and Function of Pauline Thanksgivings* (Berlin: Töpelmann, 1939); and P. T. O'Brien, *Introductory Thanksgivings in the Letters of Paul* (Leiden: Brill, 1977).

些书信则不太容易找出大纲或细分的结构(比如《雅各书》《约翰一书》)。书信常常会包含祝福和固定形式的问候(弗 6：21—24)。当然,这是书信的一般结构,但也会派生出其他的不同形式。比如,作者可能不会在开头部分明确介绍自己(《希伯来书》),或者跳过感恩部分(《加拉太书》)。当作者偏离标准的格式时,读者应该思考,这样的偏离是否事出有因。在保罗给加拉太众教会的书信中,读者无法想象加拉太信徒离弃福音,会让使徒献上感恩(加 1：6)。图表 14 是新约书信的一个样本大纲。

研读本圣经和注释书包含有关新约书信更详尽的大纲(见问题 13,"对释经有帮助的书籍或工具有哪些?")。虽然亲自从圣经中发现这些信息总是更好,但这种大纲能够帮助你鸟瞰作者的论证。

书信内部的文学形式

阅读注释书或研读本圣经的注释时,通常会发现,一封新约书信引用了一首早期诗歌或基督徒的认信声明(比如,腓 2：6—11;提后 2：11—13),这种做法并不少见。学者根据上下文的线索(引导词)、不寻常的词汇、风格化的表达等来假设经文存在这样的文学渊源。说到底,虽然圣经某部分的特殊起源肯定会引起我们的好奇,但并不应该影响我们对经文的解释。比如,《腓立比书》2：6—11(著名的"基督颂歌"),不管保罗是引用了一首诗歌,还是写这封信时自己创作的,很显然他都认同该内容。知道某处经文的起源(比如,是保罗受默示而得的看法,还是引用一个有权威的教会传统),并不会

图表 14   新约书信样本大纲:《腓立比书》

Ⅰ. **介绍**(1:1—11)
    A. 问候(1:1—2)
    B. 为参与福音工作感恩,并祷告神赐予更大果效(1:3—11)
Ⅱ. **呼吁为着福音缘故合一**(1:12—2:30)
    A. 保罗是全然为着福音缘故生活的榜样(1:12—26)
    B. 对教会的劝诫(1:27—2:18)
        1. 呼吁同心合一,为福音而活(1:27—2:4)
        2. 呼吁效法耶稣(2:5—11)
        3. 呼吁身为神的儿女喜乐地顺服(2:12—18)
    C. 对效法的劝诫(2:19—30)
        1. 效法提摩太(2:19—24)
        2. 效法以巴弗提(2:25—30)
Ⅲ. **呼吁效法保罗,而非假师傅**(3:1—4:1)
    A. 重申的作用(3:1)
    B. 小心割礼派,跟随保罗(3:2—11)
    C. 不是说要人完全(3:12—16)
    D. 跟随树立正确榜样的人(3:17—4:1)
Ⅳ. **对合一和喜乐的最后呼吁**(4:2—9)
Ⅴ. **感谢腓立比信徒通过对保罗的慷慨支持表现出的对福音的委身**(4:10—20)
Ⅵ. **最后问候与祝福**(4:21—23)

资料来源: Thomas R. Schreiner, "Introduction to New Testament, Part II Notebook: Acts, Epistolary Literature, and the Revelation" (class notes, Southern Baptist Theological Seminary, n.d.), 35 - 37。

改变经文的意思。

另一种让现代解释圣经之人感到陌生的文学形式是抨击(diatribe)。抨击是与持有反面观点的虚构一方进行辩论。因此,保罗写"你这个人哪,你是谁,竟敢向神强嘴呢?"(罗9:20)时,脑子里并没有一个特定的对手,而是以抨击的风格纠正一个假想的在神学或道德上犯错的人(雅2:18—20)。

书信的情境特性

　　新约中的书信不是关于系统神学的抽象论述。它们经常是富有激情的呼吁，在公元 1 世纪某个具体情境下写给某个特定的人物。总之，它们是情境性的——讲的是具体情境下的问题。

　　一方面，由于新约圣经书信的情境特性，使得经文应用在今天变得富有挑战性。《哥林多前书》的作者保罗以及他写信的对象哥林多信徒，都早已离开人世了。而且，我们发现即使在现代类似的处境下，信中所提的事件没有一件与今天**完全一样**。不过，从这些情境性的书信中，我们得到暗示，原作者和受信人都认为他们的书信具有超越时间的权威性。保罗书信被彼得称为"经书"（彼后 3：16）。保罗强调其他并非信件原受信人的教会要抄写和传阅他的书信（西 4：16）。保罗的《哥林多前书》不仅仅是写给哥林多的信徒，也写给"所有在各处求告我主耶稣基督之名的人"（林前 1：2）。另外，新约书信作者带着权柄写信（林前 5：4—5），传讲他们的教训，不是临时建议，而是传递"从前一次交付圣徒的真道"（犹 3 章）。即使是写给个人的信，比如给腓利门和提摩太的书信，也暗示作者意图要范围更广的教会倾听并留心这些写给个人书信中的教训（门 2 节；提前 6：21；提后 4：22）。③

假名的问题

　　非基督徒学者或者自由派基督教学者声称，新约中的某些书信

---

③　在希腊经文中，《提摩太前书》6：21 和《提摩太后书》4：22 的"你"是复数形式（另见，多 3：15）。

并不是由信中问候部分标明的人所写。这种说法并不少见。④ 但近来甚至一些很有名的福音派学者也认为,有些新约书信也许是托名之作(也就是,用假名写成)。⑤ 这些福音派学者宣称,如果这些书信使用了假名,这也一定是一种明显可见的文学手法——也就是说,作者和读者都知道这情形,以防欺骗的产生。

283　　卡森和道格拉斯·穆尔(Douglas Moo)针对新约书信假名说提出一个强有力的反驳。他们论证的详细内容在此不做引述,但可以简单地摘录几个要点。⑥

1. 新约圣经中的经文本身暗示,假名是不可接受的做法(帖后 2:2,3:17)。

2. 如果假名是可接受的和**理所当然**的,为什么有几卷新约书信没有标出作者的名字(《希伯来书》《约翰一书》和《约翰二书》)? 也就是说,为什么早期的基督徒不觉得有必要给这些形式上的"无名"之作添上一个有名望作者的名字?

3. 在早期教会,假名作品一经发现,是要被谴责和拒绝的。⑦ 没有关于早期教会有意接纳任何假名作品的记录。

---

④ 比如,见 W.G. Kümmel 关于教牧书信的讨论,*Introduction to the New Testament*, trans. Howard Clark Kee, rev. ed. (Nashville: Abingdon, 1975),370 – 387。

⑤ 比如,I. Howard Marshall, *New Testament Theology: Many Witnesses, One Gospel* (Downers Grove, IL: InterVarsity Press, 2004),398。

⑥ D. A. Carson and Douglas J. Moo, *An Introduction to the New Testament*, 2nd ed. (Grand Rapids: Zondervan, 2005),337 – 350。

⑦ Tertullian, *De baptismo* 17; Eusebius, *Historia Ecclesiastica* 6. 12. 3; *Muratorian Canon* 64 – 65; and Cyril of Jerusalem, *Catechesis* 4. 36 (Carson 和 Moo 引用的例子,*Introduction to the New Testament*, 341 – 343)。

问题与反思

1. 新约圣经书信既是情境性的，又是不过时的。这给现代解释圣经的人带来的挑战和益处是什么？

2. 研究新约书信的一段经文时，你会考虑整卷书信的历史背景吗？为什么？

3. 当阅读新约中写给个人的书信时（比如，《提摩太前书》《提摩太后书》《提多书》《腓利门书》《约翰三书》），你曾经想过这些书信起初是写给个人的吗？这对你有什么影响吗？

4. 接受圣经书卷是假名之作的说法，是否会破坏圣经的权威和/或默示性？

5. 根据本章以上所列的论据，哪一点最能反驳新约书信是假名作品的观点？

 进深学习

Carson，D. A.，and Douglas J. Moo. *An Introduction to the New Testament*. 2nd ed. Grand Rapids：Zondervan，2005（See pp. 337 – 350）.

Klauck，Hans-Josef. *Ancient Letters and the New Testament：A Guide to Context and Exegesis*. Waco，TX：Baylor University Press，2006.

Schreiner，Thomas R. *Interpreting the Pauline Epistles*. Grand Rapids：Baker，1990.

问题 35

如何解释书信（一般原则）

在上一个问题中，我们讨论了理解新约书信的一些基本事项（结构、使用的文学形式、情境特性和关于作者问题的论证）。在为理解和解释新约书信而讨论一般指导原则时，我们要以以上讨论的内容为前提。

小心使用镜读

记得大学的一堂宗教课上，我的老师分发给大家一些乡村歌曲的歌词复印件，想借此类比解释新约书信的过程。① 他接下来演示，有时通过意思不太明朗的歌词，我们可以重新构建歌曲背后的情

---

① 这个练习是由杜克大学的 E. P. Sanders 教授所做的。

景。比如,通过某些叙述我们可以猜想,歌手曾经有过一段美好的感情经历,有一份满意的工作,现在他因失去这些而哀哭。这个解释过程叫做"镜读"(Mirror Reading)。[2] 当我们听旁人打电话时,可能也会猜测电话那头的人的情景。类似地,当我们读新约书信时,我们没有关于收信人情况的独立历史资料,也没有会众写给新约作者的信件(如果有任何信件的话)。我们只是听到了对话的一半(就是受默示的作者写给收信人的),这就使我们不可避免地要综合一些评论来重新构建书信写下时的情境。我们这样做时一定要小心。

我们可以用《约翰一书》来做镜读过程的一个例子。我们可以得出关于约翰所讲情境的以下结论:

1. 有些人从约翰所说的这个群体离开了(约一 2:19)。

2. 离开的人持守的是基督论方面的异端思想(约一 2:20—26,4:1—6;参约二 7)。

3. 离开的人表现出缺乏爱心和不道德的行为(约一 2:3—6,3:10—12)。

4. 一些核心问题——谁真正属于神,得救的确据是什么——看来正在困扰约翰写信的对象这个群体(约一 5:13)。

要重新构建写作背后的历史情景,反复谨慎阅读书信是必不可

---

[2] J. M. G. Barclay, "Mirror-Reading a Polemical Letter: Galatians as a Test Case," *JSNT* 31 (1987): 73 – 93.

少的工作。正如帕斯卡尔明智地评论说："比起别人想到的理由,人们更容易被他们自己发现的理由说服。"③同时,很多人也会从研读本中有关新约书信的介绍性评论中获益。而且,一本好的研读本圣经会向普通读者解释任何他们不熟悉的历史和文化信息(比如,对《哥林多前书》8—10 章"祭过偶像的肉"的解释)。此外,在研习新约的一卷书信之前,最好参考有关新约纵览的著作,比如卡森和道格拉斯·穆尔的《新约导论》,读一下对该卷书信的总体介绍。

要熟悉圣经中任何一卷书的历史背景,需要花时间去学习。然而,在解释一封书信中的个别部分时,最大的帮助莫过于对整卷书信有正确的理解。只说这一事实已经足以支持按篇章传讲和教导整本圣经的做法。我们当中很少有人会有时间每周做镜读和背景研读,更不用说每天都这样做了。如果是在已有的知识根基上建造,就容易得多了。

把经文分成语篇单元

研读书信时,把经文分成更可控的单元会很有帮助。这样做时,我们应该遵循作者给出的文学和结构方面的提示。他变换话题了吗? 他从第三人称转换到第二人称吗? 经文中的连词和叹词是转移到一个新主题的信号吗?

几乎每一种现代圣经译本的译者和编委会,在给圣经分段和划

---

③ Pascal, Pensées, fragment 10, in *Great Books of the Western World*: *Pascal*, ed. Mortimer J. Adler, 2nd ed. (Chicago: Encyclopedia Britannica, 1990), 30: 173. 在这卷中, *Pensées* 由 W. F. Trotter 翻译。

分更大论述单元时,都会问这些问题(当然还包括更多其他问题)。多数现代圣经译本都对思想一致的段落附加了对人有帮助的小标题。

当详细研读某处特定经文时,使用几个不同现代译本进行比较,并留意它们段落划分的不同之处,会对人有所帮助。另外,所有优秀的注释书都会讨论经文结构(见问题 13,"对释经有帮助的书籍或工具有哪些?")。当译本和注释书有不同的意见时,解释圣经的人必须分析信息,得出自己的结论。

了解一个语篇中的组织关系

一旦选择了经文思想连贯的一部分(一个语篇单元),解释圣经的人就必须特别留意圣经作者在这更小单元内讨论的展开。作者是在诉诸读者的经历,旧约圣经,还是他自己的权威? 词句之间的关系——因果("因为"),让步("虽然"),工具格("凭借")等等是怎样的? 有很多方法帮助我们掌握这些更紧密的文学关联,但一个基本的建议就是:把它们写下来! 以可见的形式把经文的逻辑发展脉络写在纸上,能帮助大部分人在思想中和在灵里消化经文。在《解释保罗书信》一书中,施赖纳(Tom Schreiner)提供了进行这种视觉分析的两种方法。④ 不过,主要的是**勇于尝试**,即便仅仅是标明经文的不同段落并加个小标题,这也是好的。

---

④ Thomas R. Schreiner, *Interpreting the Pauline Epistles* (Grand Rapids: Baker, 1990), 77 – 126.

▶ 确定单个字词的意思

圣经中有很多值得研习的重要神学字词。而且,尤其是在许多新约书信密集的逻辑论证中,这类词汇的出现率非常高。尽管肤浅的字词研习会对释经者造成危险,然而与以前相比,现在已经有许多优秀的字词研习工具供严谨又勤奋的释经者选择。更多关于字词研习的工具和提醒,请见问题 13("对释经有帮助的书籍或工具有哪些?")。最基本的是,如果一个释经者在理解某个字词或词组的确切意义上有困难,可以通过比较几个不同的现代译本得到帮助(请见问题 7:"哪个英文圣经译本最好?")。

288 ### ▶ 信息在今天的应用

我们对新约书信的学习,并非只停留在得到最有说服力、最准确的历史重建。我们要通过这些历史的和解经的学习,明白圣灵默示的作者的原始信息,从而能够把它忠实地应用在今天的类似情形当中。

有时,我们很难确定书信中的教训是有文化界限、受特定情形限制,还是可以不加改变直接应用,或是包含潜在的原则,可以应用在新环境下。问题 19("圣经所有的命令在今天都适用吗?")有许多指导原则,可以帮助我们判断在今天如何应用圣经中的教训。不过,我们可以用《哥林多前书》8—10 章作为一个简单的例子。在这几章里,保罗教导哥林多人关于吃祭过偶像的肉的事。保罗说,如果一个基督徒在市场上买了祭过偶像的肉,或者在一个非信徒家里吃了这样的肉,这样的行为并不是犯罪。买或吃别人祭过偶像的肉,这个行为本身没有参与拜偶像。但是,如果会众当中有新信徒,他们以为这是拜偶像的事,那么为了他们软弱良心的缘故,有坚强良心的基督徒就应该不吃祭过偶像的肉。如果良心坚强的基督徒吃了这肉,某位良心软弱的弟兄可能也会一块儿吃,因而得罪自己的良心。坚持建造别人的原则应该优先于个人自由。

正在读本书的人,在侍奉中很少面对吃祭偶像的肉方面的问题。然而,《哥林多前书》8—10 章不过时的原则却可以应用在今天的许多情景中。比如,这些原则可能包括以下内容:⑤

1. 道德反思必须扎根于神学真理(保罗诉诸圣经一神论,表明偶像本身什么也不是[林前 8:4—6])。

2. 从圣经的角度,道德有三个层面——正确的、错误的和无关紧要的(或**可行可不行之事**)。

3. 如果一个行动从客观角度看不犯有道德方面的错误,但如果一个人认为它是错的,还是去做了,他就犯罪了。

4. 基督徒应该有牺牲的爱,保护其他基督徒免于试探和犯罪——尤其是在他们看来,那些基督徒是"软弱的"或"不成熟的"。

---

⑤ 这些原则直接摘自我的一篇文章:"Eating Idol Meat in Corinth: Enduring Principles from Paul's Instructions," *SBJT* 6, no. 3(2002):58 - 74。这篇文章可以从 www. sbts. edu 网站"Resources"链接下直接查看。

289　　5. 一个基督徒的行为不应该只受"正确"或"错误"这些终极分
　　　　类的支配。在**可行可不行之事**的范围内,基督徒的行为必须
　　　　由双重考虑来决定——(a)为着其他基督徒的属灵健康;
　　　　(b)为着非信徒能够归正。

💬 问题与反思

1. 你或你的教会目前有没有正在学习、教导或传讲圣经中的整卷书? 如果没
   有,请想一下开始这样做有什么好处?

2. 学习圣经时,你有没有进行过字词研习? 你使用的是什么材料? 从中学到了
   什么?

3. 在准备查经或讲道时,你如何决定学习经文的哪一部分(也就是,从哪里开
   始,到哪里结束)?

4. 在试图理解一段书信的经文结构时,你试过视觉分析的方法(就是把你的思
   路借助画线和分段写下来)吗?

5. 挑战:请从新约书信中选择一段你喜欢的经文,用以上建议的方法在下周重
   新学习。

🖥 进深学习

Carson,D. A.,and Douglas J. Moo. *An Introduction to the New Testament*. 2nd
　　ed. Grand Rapids:Zondervan,2005 (See chap. 8,"New Testament Letters,"
　　31 - 53).

Schreiner,Thomas R. *Interpreting the Pauline Epistles*. Grand Rapids:Baker,1990.

第四部分

最近讨论的热点问题

问题 36
圣经对未来怎么说 ❓

对圣经从来不感兴趣的人,不管出于什么原因,有时却对末世论很好奇(末世论就是圣经关于这个世界的终结和关于永恒的教导)。不论是出于对自身结局的好奇,还是想弄明白现今复杂不可知的世代,人们往往会听一个宣称能阐述圣经对未来预言的教师所说的话。不幸的是,正如耶稣曾经预言的一样(可 13:21—23),假教师也会抓住这种普遍的好奇心,散布一些怪异和不符合圣经的教训。

🔹 圣经对未来的清楚教训

圣经对未来确实有很多清楚的断言,我们最好从这些真理,而非那些更具推测性的教义开始学习。以下是相信圣经的基督徒普遍认同的圣经中关于未来的基本教导。

1. **耶稣将在肉身中以可见的形式再来,使他永恒的国度得以圆满**。在《使徒行传》1：11 中,两个天使对刚刚看见耶稣升天的门徒宣告说："加利利人哪,你们为什么站着望天呢？这离开你们被接升天的耶稣,你们见他怎样往天上去,他还要怎样来。"①新约圣经还有很多经文肯定耶稣的再来(比如,太24：27—44;帖前 4：13—18;约一 3：2)。因为这再来的应许,基督徒们多次被告知要做好预备,要警醒(比如,太 24：42,25：13;可 13：34—37;路 12：37;帖前 5：1—11;启 16：15)。警醒不是指一直盯着天空,或对耶稣再来的时间做详细的列表分析和猜测。事实上,耶稣说："但那日子,那时辰,没有人知道,连天上的使者也不知道,子也不知道,惟有父知道。"(可 13：32)耶稣关于他再来的清楚教导表明,警醒是指忠心地使用主所托付给他子民的时间、能力和资源(太 24：45—25：46)。基督徒要忠心服侍主,好使主再来的时候在他面前不致羞愧(约一 2：28—3：3)。懒惰或粗心的基督徒的低劣工作质量将会按其真相展现出来。

---

① 请注意,耶稣升天时,有一朵云彩遮住他,使门徒不能看见(徒 1：9)。在我看来,最好把天堂理解为和现实同时存在的一个维度;进入其中,最好以一种向上的运动象征出来。就此而言,正如据传苏联宇航员加加林所说的,他没有在外太空看到神。但是,圣经的记录(王上 8：22—23,27;王下 2：11;代下 7：1;赛 6：1;林后 12：2;提前 2：8)以及人类的普遍性情,都见证神的伟大和权能吸引我们的眼光向上看——不是因为神身处外太空,而是因为除此以外,我们没有其他任何方法,去思想一个远远超出我们理性所能理解范围的崇高尊贵的天堂维度。

2. **耶稣的再来会显明谁是真信徒**。那天,主会对一些自称为基督徒的人说:"我从来不认识你们,你们这些作恶的人,离开我去吧!"(太 7:23;参太 13:24—30)那些真正认识主的人,他们已被更新的心将会因着圣灵做工而来的言行彰显出来(太 7:15—20,12:36—37;雅 2:14—26;约一 2:3—6)。

3. **在耶稣第一次来和第二次来之间,将会有一个政治上、属灵上和外在环境上的动荡时期**。在耶稣著名的"末世讲论"(太 24:4—44;可 13:5—37;路 21:8—36)中,他描述了他第一次来和第二次来之间要发生的事件。学者们争论哪些预兆在使徒还活着的时候已经成就,而哪些还未成就。然而似乎除了耶路撒冷被毁(发生在公元 70 年)之外,这些预兆最好理解为是对基督两次降临之间整个时期的描述(也就是,耶稣第一次来和第二次来整个期间的描述)。② 这些预兆包括了政治的不稳定、宗教骗子、战争、饥荒、地震和对跟从耶稣之人的逼迫。对今天的历史书或报纸稍微一瞥,都能证明耶稣准确地预测了将来。

　　这些动荡什么时候升级? 我们是否能把这种升级当作耶稣马上要来的记号? 学者对这些问题意见不一,但圣经的确清楚地教导,基督的一个主要对手敌基督,或者那"大罪人",会在耶稣第二次来之前出现(约一 2:18,4:3;帖后 2:

---

② Craig Blomberg, *Matthew*, NAC 22 (Nashville: Broadman, 1992),351 - 380.

3）。在基督打败他之前，敌基督欺骗人的工作会持续多久，基督徒在何种程度上能认出他，这却不清楚。以前世代的基督徒把他们时代的邪恶领袖看作是敌基督，但时间的推移一再证明他们是错的。使徒约翰在他的时代已经清楚提到："现在已经有好些敌基督的出来了"（约一 2：18），不过基督最后的主要对手还未出现（约一 2：18—22，4：3）。类似地，保罗说"不法的隐意已经发动"，尽管那个最后的"大罪人"还未来到（帖后 2：3—7）。稍稍思考一下过去人们在试图查明敌基督是谁、基督什么时候再来方面所作的努力，我们就应得到警告——不要做这样的猜测。

4. **有一天，所有人都将复活和接受审判，并进入永远、不改变的荣耀或毁灭的状态。** 人们对死亡和审判之间将发生之事的一些细节虽有争论，但看起来圣经教导事情将按以下次序发生：当一个人死的时候，如果他信靠基督赦免他的罪，他的灵/魂会到主那里与他同在（林后 5：6—9；腓 1：21—24）。如果他没有接受神在基督里的赦罪，他马上会到一个受煎熬的地方去（路 16：19—31）。当基督再来时，所有死人的身体都要复活/重组（但 12：2；约 5：28—29；帖前 4：16）。所有人（包括已死的和基督再来时还活着的人）都要站在永远的审判主面前，要么去享受与他同在的永远福乐，要么去承受离开他的面的永远煎熬（太 16：27，25：31—33；约 5：22、27；徒 10：42；林后 5：10；启 20：1—15）。那些因信耶稣基督而被称为义的人（基于耶稣的生和死而被宣告为义）将被赐予荣耀的身体,并进入与神同在的永远福乐(约一 2：2;启 7：14)。那些因信称义的人,必将通过他们的行为印证圣灵内住的真实——这在最后审判时也会显露出来(太 25：35—40)。圣经也提到得荣耀的人受奖赏的不同程度和下地狱之人受刑罚的不同层次(太 11：21—24;路 12：47—48,19：11—27;林前 3：14—15)。

相信圣经的基督徒在末世论上的分歧

讨论末世论时,最需要的一点就是谦卑。③ 我们应该在这些事上保持合宜的观点——既不要把小问题升级成大问题,也不要试图通过一个难以弄清的教义对他人的信仰作立见分晓的判断。这当然不是说我们不能在难以弄清的问题上有立场,而是说我们要认识到自己的有限,以及圣经在一些末世论问题上的不明晰。以下是基督徒在末世论上存在的一些合理分歧。

1. **被提**。在《帖撒罗尼迦前书》4：16—17 中,保罗说,那些耶稣再来时还活着的基督徒,会和已复活的圣徒一同被提到空中与主相见。相信圣经的基督徒都同意这一点。但这之后会

③ 关于末世论的推测,T.C. Hammond 写道:"一些好心但粗心大意的狂热分子热衷于在无法定论的问题上作轻率的、教条式的断言,这造成了许多危害。还有一些人抓住某些孤立的经文,编织出一套和圣经其他部分不协调的教义,这造成了更多危害。"(*In Understanding Be Men*：*An Introductory Handbook of Christian Doctrine*, rev. and ed. David F. Wright, 6th ed. [Leicester：Inter-Varsity Press, 1968],179)

发生什么呢？基督徒是否马上和主一同下来治理和作王呢（我认为这是正确的观点）？还是基督徒被秘密地提到世界之外的某个地方，之后会有一场极大的灾难（19 世纪 30 年代 J.N. 达秘首先提出的观点，自此盛行于一些保守的基督徒当中）？这是真诚、爱耶稣、相信圣经的基督徒对被提的分歧之一。

2. **《启示录》**。《启示录》是否给我们呈现了一幅未来世界的动荡景象（未来派的观点）？还是说其中的一些事件在教会历史上已经发生了，另一些尚未发生（历史派的观点）？或者说所记载的事件是写作当时的事件，现在已经实现（过去派的观点）？又或者《启示录》所讲的是耶稣第一次来和第二次来之间，不随时间改变、象征教会生活的事情（理想派的观点）？抑或上述这些观点某种程度的综合才是对《启示录》的正确看法？

3. **千禧年**。当基督再来时，他是否会设立一个千年（千禧年）的国度，按字面的方式成就他赐给以色列民关于君王和土地的应许（前千禧年观点）？还是基督审判世界之后会立即引入一个新天新地，没有千禧年统治穿插其中（无千禧年观点，也就是说，《启示录》20 章提到的千年统治，常被理解为象征基督两次降临之间的教会时代）？或者基督是否贯穿历史，使用他的护理之工引入一个千禧年的黄金时代，接着是他荣耀的再来（曾经流行，现在很少有人支持的后千禧年观点）？

4. **以色列国**。教会是否真的是新以色列,以致神不再区别以色   297
   列民族和外邦人? 还是说神要继续拯救犹太余民(因此,他
   们在某种意义上与别的民族不同),然后这些被拯救的犹太
   人归入神子民的整体中,即真以色列人,承受神给大卫和亚
   伯拉罕的应许(我相信这是圣经的观点)? 又或者神对教会
   的恩惠只是他救赎工作的历史插曲? 神准备在将来回到以
   色列,按照字面的方式成就他给列祖的应许(因《末世迷踪》
   这类书籍而变得流行的时代论观点)?

💬 问题与反思

1. 你在成长的过程中,对世界的终结和基督再来有任何确定的信念或期望吗?
   你从哪里得到这些信念?

2. 在你看来,所有基督徒都应该相信的基要末世论教义是什么? 为什么?

3. 你听到过关于末世的怪异教导吗? 圣经对这些问题怎么说?

4. 在以上谈到的方法当中,哪种是正确看待《启示录》的方法? 你能本着圣经为
   自己的立场辩护吗?

5. 在以上谈到的方法当中,联系神持续拯救的目的,哪种是正确看待以色列民
   族的观点?

💻 进深学习

Erickson, Millard J. *Christian Theology*. 2nd ed. Grand Rapids: Baker, 1998 (See
   pp. 1155 - 1248).

Grudem, Wayne. *Systematic Theology: An Introduction to Biblical Doctrine*. Grand

Rapids: Zondervan; Leicester: Inter-Varsity Press, 1994 (See pp. 1091 –
1167).

Hoekema, Anthony A. *The Bible and the Future*. Grand Rapids: Eerdmans, 1994.

Metzger, Bruce M. *Breaking the Code: Understanding the Book of Revelation*.
Nashville: Abingdon, 1993.

问题 37
什么是圣经批判 ❓

听到**批判**这个词，多数人会联想到贬义的评价。事实上，圣经批判或对圣经的不同批判性研究方法并不意味着要攻击圣经，而是要对其进行谨慎的、学术性的研究。不幸的是，由于过去 250 年间很多杰出的圣经学者主张的反超自然论前提，圣经批判被扣上了坏名声。这个术语经常和一些心存恶意的对客观性的追求联系起来，而此等思想从前提到结论都是反基督教的。圣经批判有不同形式，当中有的较古老（比如文本批判和来源批判），有的较近代。我们会根据下面的小标题概览圣经批判的一些主要形式。

文本批判 (Text Criticism)

文本批判指的是通过仔细研究古代经文，以确定圣经原始抄本的意思。我们有大量文本批判的历史记录,最早至少可以追溯到奥利金(185—254 年),但这门学科在现代盛行则是紧接印刷机引入欧洲(1454 年),以及宗教改革时期学者对希腊文和希伯来文研究的复兴之后。随着越来越多古代抄本被发现,以及学者在研究方法上的共识增多,文本批判在过去 200 年间非常盛行。要更多了解文本批判的成果,请参考问题 5,"圣经古代抄本是否被准确传递?"

历史批判(Historical Criticism)

历史批判是对圣经中的文献及其相关著作、事件和人物的深入研究。历史批判方法试图确认历史上真实发生的事情,以及经文对原作者和原读者的意思。[①] 与此相应的是,圣经学者经常会说到进行历史-文法解经。也就是说,学者先按照原文力图正确地理解经文的意思(文法上的意思),再探究圣经断言发生了什么(历史上的意思)。历史-文法解经既可以采纳基督教的预设前提(也就是,圣经所说的都是真实的),也可以带有怀疑论和反基督教的偏见。由于自由派学者滥用这种方法,一些保守的基督徒谴责历史批判(以及以下列举的诸多批判方法)。然而,请记住,是伴随这种方法的预设前提导致了反基督教的结论。当然,仔细研究圣经经文的文法和历史,这本身没有错。然而,神学释经运动中一些近期的批判人士

300

---

① Arthur G. Patzia and Anthony J. Petrotta, "Historical Criticism," in *Pocket Dictionary of Biblical Studies* (Downers Grove, IL: InterVarsity Press, 2002), 58.

已经论证一点,即历史批判把对圣经的现代应用放到了次要地位,间接削弱了圣经作为神给他子民话语的特殊性质(见问题 39,"什么是'神学释经'?")。

形式批判(Form Criticism)

形式批判研究的是经文的不同部分(比如,个别故事、律法、箴言和诗歌)是如何从口头流传,以致被记录下来的。大部分的形式批判著作致力于对口头话语起初流传的历史背景进行推测。比如,赫尔曼·衮克尔(Herman Gunkel,1862—1932)主张多数诗篇都有广泛的异教背景——但这缺乏根据。[2] 自由派新约形式批判学者提出许多主张,假设关于耶稣的故事在口传期间怎样被润色,甚至被创造。[3] 保守派的形式批判学者认识到对前期口述历史进行分离和分类的价值,但他们对材料的史实性没有采取怀疑主义方法。[4]

来源批判(Source Criticism)

来源批判方法试图确定圣经作者/编者引用的文献来源。比如,自由派旧约学者威尔豪森(Julius Wellhausen,1844—1918)认

---

[2] Hermann Gunkel, *The Psalms: A Form-Critical Introduction*, trans. Thomas M. Horner (Philadelphia: Fortress, 1967)。

[3] 比如,Rudolf Bultmann, *The History of the Synoptic Tradition*, trans. John Marsh (New York: Harper & Row, 1963)。

[4] 比如,Vincent Taylor, *The Formation of the Gospel Tradition*, 2nd ed. (London: Macmillan, 1935)。

301 为,摩西五经包含四条文学线索：雅威或耶和华底本(J),伊罗欣底本(E),祭司底本(P)和申命记底本(D)。⑤ 实际上,支持这种 JEPD 结构的证据非常匮乏。材料支持摩西是摩西五经的作者这一传统观点,同时显然也允许对摩西材料进行收集和编辑。⑥

在新约圣经中,来源批判特别被应用在《马太福音》《马可福音》和《路加福音》(符类福音),这是因为它们有非常相近的用词和顺序。大部分新约学者都认为,路加和马太在写作福音书时使用了两个主要资料来源——已经写成的《马可福音》和"Q"。"Q"是一个德语词"*Quelle*"(来源)的缩写,代表《马太福音》和《路加福音》中对口头和书面资料收集的共同部分。事实上,路加明确表示过,他自己写的福音书是从多种资料中整合的(路 1：1—4)。因为不少早期教父论述到福音书背后的文献来源(也就是,哪位福音书作者借鉴了别人的著作),所以说来源批判实际上是一门历史悠久的学科。⑦

▷ 编修批判(Redaction Criticism)

编修批判是对圣经经文最后成文的编修者(编辑者)所起作用的研究。换句话说,尽管许多圣经作者对一些事件有第一手的认识

---

⑤ 这个理论的基本要素早于威尔豪森(尤其是在格拉夫[K. H. Graf]的作品里),但威氏的著作提出了"经典表达"(R. K. Harrison, *Introduction to the Old Testament* [Grand Rapids: Eerdmans, 1969; reprint, Peabody, MA: Prince (Hendrickson), 1999],21)。这一理论被称为底本学说或威尔豪森-格拉夫学说。

⑥ 见 Gleason L. Archer, *A Survey of Old Testament Introduction*, rev ed. (Chicago: Moody, 1994),113 - 126。

⑦ 比如,Augustine, *The Harmony of the Gospels* 1.1 - 2 (*NPNF1* 6: 77 - 78)。

（比如使徒约翰），也有可引用的口传和文字资料（比如，路 1：1—
4），但编修者最终通过选择、省略、编辑和总结材料，显明了他的神
学倾向和目的（当然，基督徒预设在这个过程中圣灵通过编修者做
工）。大致在 20 世纪 50—90 年代间，编修批判是对符类福音（《马太
福音》《马可福音》和《路加福音》）研究特别盛行的方法。福音派编
修批判的主要引领者是罗伯特·斯坦。⑧

传统批判（Tradition Criticism）

传统批判试图确定形成最后书面形式之前的经文历史。因此，
传统批判包含了一个文本的口述和文学背景。它包含形式批判、来
源批判和编修批判（见上）。

文学批判（Literary Criticism）

从 20 世纪 80 年代开始，在圣经学者中，各种各样的文学批判如
雨后春笋般兴盛起来。以前的很多批判方法试图解释文本背后重
构的真实历史或文学历史，但这种方法允许人把文本当作一个整体
进行研究，同时也回避了史实性和作者身份这些有争议的问题。文
学批判似乎是在自由派和保守派圣经学者两极之间开了一条新的
中间道路。

在最基本的层面上，文学批判方法承认圣经正典中的不同文学

⑧ Robert H. Stein, *Gospels and Tradition*: *Studies on Redaction Criticism of the Synoptic Gospels* (Grand Rapids: Baker, 1991).

体裁，并且把它们当作统一的文学作品加以研究。福音派人士一般都使用文学批判方法，提醒人们关注作者的意图和经文的信息。然而，研究圣经的文学方法也不拘一格。受世俗文学研究趋势的影响，使用读者反应法去研究圣经的人，热衷于读者自己对经文意义进行创造，而很少或根本不去关注作者的意图。另一种方法，技术性文学分析法（technical literary analysis），在文学批判的全盛时期（1985—1995 年）特别流行。大量的论文、文章和专著声称，应该借助无数晦涩难懂的术语（比如，**隐含读者、理想读者、隐含作者、暗示评论**等等）来解释圣经。目前这种满篇术语的出版物近乎绝迹，证明只有更符合常识的文学解释才经得起考验。文学批判的另一分支形式叙事批判，是一种研究圣经中叙事（故事）的文学方法。

修辞批判（Rhetorical Criticism）

当人们谈到圣经的修辞批判时，不外乎两件事。就新约圣经而言，他们通常指的是列出新约中一些公认的希腊罗马式言说类型。1970—1990 年间，许多新约学者试图通过修辞分析，提供关于新约经文结构和目的的新见解。多数学者现在同意，把新约经文在技术层面过度归入拉丁和希腊修辞类别，这种做法经不起广泛的学术检验。

"修辞批判"也可以指探查出经文中优美和有效的言说模式。有时这也被称作"新修辞"，以区别于那种不合理地把希腊罗马式言说类别强加在新约圣经上的方法。⑨

💬 问题与反思

303

1. 在阅读以上材料之前，你听说过以上任何一种圣经批判方法吗？如果有，是哪一种？

2. 对圣经书卷文献来源的认识如何影响我们对圣经作者受到圣灵默示的理解？

3. 你读过使用以上方法，带有反基督教预设前提和/或结论的自由派学者的文章或书籍吗？

4. 依你所见，基督徒学者使用以上任何一种方法研究圣经是否可取？如果不可取，你会建议其他什么方法？

5. 以上哪种方法，看来最能如其宣称的那样帮助我们理解一处经文中的作者意思？

🖥 进深学习

Carson，D. A.，and Douglas J. Moo. *An Introduction to the New Testament*. 2nd ed. Grand Rapids：Zondervan，2005（See chap. 1，"Thinking About the Study of the New Testament，" 23 - 76）.

Firth，David G.，and Jamie A. Grant. *Words and the Word：Explorations in Biblical Interpretation and Literary Theory*. Downers Grove，IL：InterVarsity Press，2009.

Patzia，Arthur G.，and Anthony J. Petrotta. *Pocket Dictionary of Biblical Studies*. Downers Grove，IL：InterVarsity Press，2002.

⑨ G. W. Hansen，"Rhetorical Criticism，" in *DPL*，824 - 825.

Vanhoozer，Kevin J.，ed. *Dictionary for Theological Interpretation of the Bible*.

Grand Rapids：Baker；London：SPCK，2005.（中文版参见范胡泽：《神学释经

词典》，岑绍麟译，麦启新审阅，香港：汉语圣经协会，2015 年。——编者注）

问题 38
什么是"言语行为理论" ❓

过去 20 年来的福音派学术出版物常常出现关于言语行为理论的讨论。[①] 对于不了解这种语言学和哲学理论方法的学生来说，很难找到有关这种理论简明易懂的介绍，更难对其有一个批判性的评估。那么，为什么福音派学者对言语行为理论情有独钟，这一理论真能实现其倡导者所许诺的目的吗？

对言语行为理论的简单解释

当我的妻子说"厨房太难闻了"，她不仅仅是表达一个事实。我

---

① 比如，Kevin J. Vanhoozer，"The Semantics of Biblical Literature," in *Hermeneutics, Authority, and Canon*, ed. D. A. Carson and John Woodbridge（Grand Rapids: Zondervan, 1986), 49 – 104; Millard J. Erickson, *Christian Theology*, 2nd ed.（Grand Rapids: Baker, 1998), 153 – 157, 247 – 248; and D. A. Carson and Douglas J. Moo, *An Introduction to the New Testament*, 2nd ed.（Grand Rapids: Zondervan, 2005), 73。

们可以把她的话理解为:"请你把垃圾带出去。"她的话实际是一个行为(请求),并希望发起另一个行为(她的丈夫去倒垃圾)。事实上,即便不是全部,大多数言语都和行为有关,或者是要表达一个行为,或者是要发起一个行为。简单说,这就是言语行为理论,也就是承认语言的根基是行为。或者,像卡森和道格拉斯·穆尔所总结的:"上下文中的词语并不仅仅**意味着**什么,它们还要做什么……语言既**教导**也**做事**。"②

言语行为理论的历史

言语行为理论作为一种独特的语言学、哲学运动,可追溯到奥斯丁(John L. Austin)1955 年在哈佛大学的一次讲座。③ 这一讲座内容(*How to Do Things with Words*,《如何以言行事》,1962)④在他去世后发表。这项研究得到了约翰·R. 瑟尔(John R. Searle)的支持,他们共同奠定了后来言语行为理论研究的词汇和基本法则。⑤作为理解语言功能的一种进步,言语行为理论在文学批判和语言学哲学领域已经被广泛采纳。⑥

306

---

② Carson and Moo, *Introduction to the New Testament*, 73.
③ William James 基金资助的讲座系列。Austin 当时是牛津大学的一名教授。不可否认,言语行为理论的根源可以追溯到维特根斯坦的语言学著作或卡尔·巴特的神学。
④ John L. Austin, *How to Do Things with Words*, 2nd ed. (Oxford: Oxford University Press, 1975).
⑤ John R. Searle, *Speech-Acts: An Essay in the Philosophy of Language* (Cambridge, MA: Harvard University Press, 1969); and idem, *Expression and Meaning: Studies in Theory of Speech Acts* (Cambridge: Cambridge University Press, 1979).
⑥ W. Randolph Tate, "Speech Act Theory," in *Interpreting the Bible: A Handbook of Terms and Methods* (Peabody, MA: Hendrickson, 2006), 349-350.

言语行为理论的词汇

尽管新近的作者已经极大拓展了言语行为理论的技术词汇，在这个简单介绍中，我们将着眼于三个基本的区别。

1. **言内行为**：与词汇和文法正常含义相关的言语意思。
2. **言外行为**：通过言语实施行为的陈述（比如，请求、命令、应许、警告和祝福等）。
3. **言后行为**：由言语而产生的行为。[7]

以下用一个圣经的例子来解释这些术语。我们在《马太福音》13：45—46 读到：

> 天国又好像买卖人寻找好珠子，遇见一颗重价的珠子，就去变卖他一切所有的，买了这颗珠子。

在这一段简短经文中，"言内行为"指的是耶稣对所描述事情的陈述。或者更确切地说，这段经文的言内之意，局限于马太用希腊文按其正常描述所表达的字面意思。这段经文的言外行为可理解为："我，马太，作为耶稣基督的跟随者，敦促并请求你们接受主的教

---

[7] 见 Carson 和 Moo 的相似总结：*Introduction to the New Testament*，73。关于言语行为词汇的详细研究，见 Richard S. Briggs, *Words in Action: Speech Act Theory and Biblical Interpretation: Toward a Hermeneutic of Self-Involvement* (Edinburgh: T & T Clark, 2001)。

训(这里是忠实写下和传达的)。我告诫你们,要把天国看得比什么都重要!"⑧这段经文的言后行为,体现为(古代的和现代的)读者对这段经文有回应,转离偶像崇拜,开始看重天国永恒的价值。

福音派和言语行为理论

最近,福音派学者对言语行为理论相当着迷。有以下几个原因。第一,言语行为理论提供了一种新的哲学基础,可以把经文的意思扎根在作者意图之中。简单地说,如果行为可以追踪到它们各自发起人的意图那里,那么"言语-行为"难道不是同样与作者有内在关系吗?让尼娜·K.布朗(Jeannine K. Brown)写道:

> 言语行为理论重申了文本间交流的人际性质。与作者切断联系的独立文本,并不能警告、承诺或与人立约。警告、承诺、立约的是人。即使我们不知道是谁写的文本,情况也是如此。理论上,作者仍然与文本传达的目标相连。⑨

---

⑧ Vern Poythress 警告说:"言语行为理论,如果被简单化使用,就会让人以为每一个句子层面的行为都在发出一种单一简单的言论承诺,这被称作'言外效力':它断言、应许、命令、希望等等。但圣经中的一个句子可能常常除了有一种更直接和显明的承诺以外,还根据它的上下文和与受众的多种联系,具有多重、相互关联的目的。言语行为理论的拥护者认为,这种理论的应用可以增强我们对圣经中多种言论的理解,可能同时也会人为削弱或限制对任何一种言论的应用。当我们把对句子的考虑方式应用到整部正典时,这种挑战就更大了。因为正典构成的是一个特别丰富和复杂的产物。如果我们强行把一种本来用来处理简单句子的理论应用到正典中,就容易把它过度简单化了。"(Vern Sheridan Poythress, "Canon and Speech Act: Limitations in Speech-Act Theory, with Implications for a Putative Theory of Canonical Speech Acts," *WTJ* 70 [2008]: 344-345)

⑨ Jeannine K. Brown, *Scripture as Communication: Introducing Biblical Hermeneutics* (Grand Rapids: Baker, 2007), 35.

坦白说，从我的经验来看，多数接触言语行为理论的学生，并不
觉得为了维护作者意图，一定要走这条哲学之路。不过，在语言哲
学的浑水深潭中，倡导言语行为理论的福音派人士可以发挥有用的
护教功能——在坚持相对主义和主观主义的广大学术圈内，为释经
的客观基础进行辩护。⑩

　　言语行为理论引起福音派兴趣的第二个原因，就是它和基督教　308
基要真理及圣经性质的交集。神学家们一直认为，神的话语具有基
于行为的维度（"神说：'要有光'，就有了光"[创 1：3]）。⑪ 圣经的话
语并非只是一些命题，正如范胡泽（Vanhoozer）恰当地指出的一样，
它们是"有使命的话语"。⑫ 在这个意义上，言语行为理论承认神的
见证是真实的，就像神在以下段落中表达的他话语的性质一样：

　　　　雨雪从天而降，并不返回，却滋润地土，使地上发芽结实，
　　使撒种的有种，使要吃的有粮。我口所出的话也必如此，决不
　　徒然返回，却要成就我所喜悦的，在我发他去成就的事上必然

---

⑩ Scott A. Blue, "Meaning, Intention, and Application: Speech Act Theory in the Hermeneutics of Francis Watson and Kevin J. Vanhoozer," *TrinJ* 23, no. 2(2002): 161–184.

⑪ McKenzie 写道："耶和华的话可以说具有圣礼的性质，这是因为它涉及的内容一定会成为现实。当耶和华的话语要指某件事时，没有什么能阻止它发生。"(John L. McKenzie, "The Word of God in the Old Testament," *TS* 21[1960]: 196)

⑫ Kevin J. Vanhoozer, *First Theology: God, Scripture and Hermeneutics* (Leicester: Apollos; Downers Grove, IL: InterVarsity Press, 2002),179. Vanhoozer 认为圣经中的言语行为都是无谬的，这是因为圣经是神所默示的("The Semantics of Biblical Literature," 95). Gregg R. Allison 辩论说，解释神传递信息的言语行为理论建基在圣经无谬误之上。("Speech Act Theory and Its Implications for the Doctrine of the Inerrancy/Infallibility of Scripture," *Philosophia Christi* 18[1995]: 1–23)

亨通。（赛 55：10—11）

　　最后，福音派学者关注的是对圣经的顺服——视其为神的话（至少理论上是）。那么，言语行为理论为解释一些关系提供了沃土，这关系包括神的意图与人类作者的意图、真理在当下的应用与相信并顺服这些应用之间的关系。福音派仍然对这些实际释经层面与其在言语行为理论中的大致地位二者间的确切关系持有争议。比如，经文的**现代**言后行为（也就是，基督徒对经文的顺服）是否属于作者有意识的意图范畴？ 如果不是，它又如何有效地扎根于作者意图当中？

警告和比较

　　言语行为理论的当前情况，可以和修辞批判在释经上的应用情况加以比较。1968 年，詹姆斯·米伦伯格（James Muilenburg）在为圣经文学协会所作的主席报告中发表了他的重要修辞批判著作。之后，对修辞的研究盛行了一段时间，在新约学者中间尤为如此。309 无数的注释书和文章——更不用说博士论文——都宣布圣经作者可能应用的修辞手法（比如，绪论、陈述、命题、举证和劝诫等等），可以给经文理解注入新的亮光。⑬

　　米伦伯格的报告已经过了 40 年，可以说修辞批判表现不佳，

---

⑬ 关于修辞批判的简要概览，见 G. W. Hansen，"Rhetorical Criticism," in *DPL*，822 - 826。

有以下几个原因。第一,学者们常常对具体经文使用什么修辞格意见不一。的确,假如所谓的专家也不能同意基本的标签和经文划分,那么一般读者又怎么会被这些分类所说服,或从中得到帮助呢?

第二,没有参与修辞批判的学者普遍认为,修辞批判法给经文理解带来的新亮光微乎其微。⑭ 这不是说,修辞批判没有对经文提供有帮助的观察,而是说这一方法并非必不可少。

第三,尽管借助认真研究圣经作者的论述方式,修辞批判学者能够得着一些洞见,但这些洞见往往因为过多的专业词汇而变得晦涩难懂。本来不需要使用许多以-tio结尾的拉丁词汇,也可以得出同样的结论。的确,修辞批判所能做得最好的,就是让我们的注意力集中在作者作品的优美行文和劝说功能,而不是炫耀赶时髦的方法。

使用言语行为理论的圣经学者,可以从修辞批判的历史中学到重要功课。言语行为理论所能做的最好工作,就是提醒释经者常常忽略的语言层面,也就是言语内的行为成分。如果提及言语的行为关系会对释经有重大意义,释经者就要将其指出,但使用的专业词汇越少越好。清晰性和实用性会决定言语行为理论在圣经研究中是昙花一现,还是历久弥新。一百年以后,言语行为理论很可能只是释经学词典中的一个词条。但是,假如言语行为理论能

---

⑭ 这一结论是从研究圣经的同事的评论中得出的。

够唤醒一代释经者并使他们注意到言语的行为层面，即使这一理论的多数专业词汇消亡（那也是死得其所），这场运动也仍然是成功的。

　　类似地，言语行为理论者可以借鉴动词形态理论（verbal aspect theory）的发展。某些动词形态理论，很有可能是理解希腊文动词体系的最好方法。简单地说，动词形态理论认为，作者对行为的主观描述（被视为一个整体、在过程中，或已完成并产生结果）是希腊动词的主要层面，而在陈述语气中动词表达的时间**只是**起次要作用。⑮动词形态理论几乎在新约圣经学者当中被普遍认可，并且持续影响最优秀的希腊文法著作、新约注释和其他学术性研究。这种理论有何特点，使其迅速得到认可和应用？ 第一，这种理论几乎对新约圣经每一句经文的解读都有显著应用。假如言语行为理论者想要达到类似的影响力，他们还需要改进，证明其理论的实用性。⑯ 第二，动词形态理论，尽管使用了"专业词汇"（比如，完成时、未完成时和状态动词），但并没有引入太多新词汇。而且，他们的词汇都有清楚的定义和充分举例说明。的确，一个人无需了解很多专业词汇，只要他清楚主要观点，可以有把握地使用动词形态理论。⑰ 如果言语

<hr />

⑮ Stan Porter，动词形态理论的主要创始人之一，认为即便是在陈述语气中，时间也唯独是由上下文决定的。（Stan E. Porter, *Idioms of the Greek New Testament* [Sheffield: JSOT, 1992], 20–49）

⑯ 该领域的一位先驱是 Anthony Thiselton。详见他对《哥林多前书》的注释。（Anthony C. Thiselton, *The First Epistle to the Corinthians*, NIGTC [Grand Rapids: Eerdmans, 2000]）

⑰ 见 Robert E. Picirilli 关于动词形态理论的简要描述。"The Meaning of the Tenses in New Testament Greek: Where Are We?" *JETS* 48, no. 3(2005): 533–555。

行为理论家的主要概念可以使人容易把握和解释，那么这种理论就很可能会发挥更广泛的影响。⑱

　　现在，言语行为理论的未来还不明朗。圣经学者们现在所处的阶段是，他们明白必须在他们的学术著作中表明对这种理论的某种尊重。言语行为理论能否通过适切、清楚、有限的术语和易懂的概念在圣经解释中占据一席之地，这还有待证实。重要的是要认识到，就其是对现实的一种真实描述而言，言语行为理论只不过是对无可否认的语言功能进行分类而已。⑲

💬 问题与反思

1. 所有的语言根本上都是以行为为基础，你认为这种说法正确吗？

2. 你能在两分钟之内向别人解释言语行为理论的基本概念吗？这理论是否容易理解并具有实际意义？

3. 挑战：从圣经中选择一小段经文，从以下层面来探讨这段经文：言内行为、言外行为和言后行为。

4. 在以上的讨论中，作者把言语行为理论与修辞批判、动词形态理论做了比较。你能想到任何其他能给支持言语行为理论的人带来启迪的学术方法或理论吗？

5. 你能想到其他更容易理解、可以替换言内行为、言外行为和言后行为的词汇吗？

---

⑱ 关于言内行为、言外行为和言后行为，Jeannine Brown 建议以下的同义表达：言者的话语（speaker's saying）、言者的话语行为（speaker's verbal action）和听者反应（hearer's response）（*Scripture as Communication*，33）。

⑲ Vern Poythress 提供了有益的警告："言语行为理论，或者体裁理论，或任何其他理论，专注于它本身是不全面的。所以，如果过度乐观地把它们当做理解的要素，而非对交流的另一种层面的提醒，就会产生危险……"（"Canon and Speech Act，" 343）

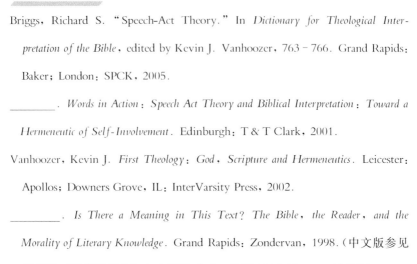

进深学习

Briggs, Richard S. "Speech-Act Theory." In *Dictionary for Theological Interpretation of the Bible*, edited by Kevin J. Vanhoozer, 763–766. Grand Rapids: Baker; London: SPCK, 2005.

_____. *Words in Action: Speech Act Theory and Biblical Interpretation: Toward a Hermeneutic of Self-Involvement*. Edinburgh: T & T Clark, 2001.

Vanhoozer, Kevin J. *First Theology: God, Scripture and Hermeneutics*. Leicester: Apollos; Downers Grove, IL: InterVarsity Press, 2002.

_____. *Is There a Meaning in This Text? The Bible, the Reader, and the Morality of Literary Knowledge*. Grand Rapids: Zondervan, 1998.（中文版参见范胡泽：《神学诠释学》，左心泰译，台北：校园，2007 年。——编者注）

问题 39
什么是"神学释经"❓

在圣经文学协会(Society of Biblical Literature)的召集下,圣经学者每年开一次专业年会。在 2008 年 11 月的波士顿会议上,讨论最热烈的话题是关于"神学释经"。的确,最近许多出版物的标题都和"神学释经"有关,这表明这种释经学方法才刚刚开始流行。[①] 同时,"神学释经"的概念非常新颖,连许多基督徒学者都不知道它是什么。一句话,"神学释经"是努力让人们对经文的反思回归到基督教会认信的真理范围内的学术运动。下面,我们将查看"神学释经"运动的术语、历史和特征。

[①] Baker 学术出版社网站列出了有关"神学解释"的 21 本书。其中包含了新布莱茨(new Brazos)圣经神学注释系列(www. bakeracademic. com[2008 年 12 月 31 日])。看来 Baker 出版社是神学解释领域的主流福音派出版社。

▶ 术语

目前,很多可替换的术语都被用来指"神学释经"的圣经研究方法。

1. 经文的神学性解释
2. 从神学角度解释圣经
3. 神学解释
4. 神学诠释学
5. 圣经的神学注释
6. 神学解经

314

此外,最近也有一些出版物属于"神学释经"的范围,但并未明确使用以上术语界定自己。②

▶ "神学释经"运动的历史

从"神学释经"学者在描述这个运动的挣扎上可以明显看出,"神学释经"作为一种明确的圣经研究方法,才刚刚开始。③ 2005 年

---

② 比如,N. T. Wright, *The New Testament and the People of God* (Minneapolis: Fortress, 1992)。

③ 见 Daniel J. Treier, *Introducing Theological Interpretation of Scripture: Recovering a Christian Practice* (Grand Rapids: Baker, 2008); and Kevin J. Vanhoozer, ed., *Dictionary for Theological Interpretation of the Bible* (Grand Rapids: Baker; London: SPCK, 2005),19 - 25。

以前很难找到使用"神学解释"这样标志性术语的专题论文。④ 同时,"神学释经"的提倡者不认为他们是在推崇某种新生事物,而是试图回归启蒙运动以前历代基督徒那种更新生命的、以教会为基础的圣经研究模式。⑤

特赖尔(Daniel J. Treier)把"神学释经"学者兴趣的产生追溯到卡尔·巴特和耶鲁学派(在耶鲁大学诞生的文学批判运动)。⑥ 其他最近的先锋人物(自 1990 年以后)有弗朗西斯·沃森(Francis Watson)、斯蒂芬·福尔(Stephen Fowl)和凯文·范胡泽。⑦

的确,因为这场运动形成得如此之晚,很难用一个平衡的历史视角去看它的起源。这似乎是很多学术倾向相交与联合,导致了一场新的运动,直到最近才有足够的统一性,可以给这场运动取名(也就是"神学释经")。导致这场运动产生的趋势包括:对历史批判法和牵强的以意识形态为导向的释经(比如,从同性恋角度的释经)的希望幻灭;渴望与前启蒙运动时期的教会保持神学上的连续性;对摆脱怀疑论和批判性问题的释经运动的逐渐接纳(比如,读者反应法⑧、正典

---

④ 见 Stephen E. Fowl, ed., *The Theological Interpretation of Scripture: Classic and Contemporary Readings* (Cambridge, MA: Blackwell, 1997)。

⑤ 注意 Treier 著作的副标题——*Recovering a Christian Practice*。

⑥ Treier, *Introducing Theological Interpretation of Scripture*, 17 - 19.

⑦ Ibid., 11.

⑧ 有趣的是,Erik M. Heen 把神学释经描述为一种读者反应法。他写道:"'圣经神学解释'是圣经研究内部出现的新学科。这种方法对同时代解释者的'社会定位'看得极重。因此'神学解释'可以被理解为一种'读者反应式'批判。在神学解释中,主要的解释群体不是像多数'读者反应批判'那样来自某一个学术分支,而是由那些自认是教会会友的群体构成。神学解释试图把以信条为基础的神学反思融入圣经研究的新方法,这是历史批判主义通常不鼓励的。"("The Theological Interpretation of the Bible," *Lutheran Quarterly* 21, no.4[2007]: 373)

315   批判、正典过程法、叙事或文学批判、接受史、效果史等等)。更多关于导致"神学释经"出现的先驱运动的描述,请见问题 40,"近来释经的其他趋势有哪些?"

▶"神学释经"运动的特征

我最近遇到的一个同事问我:"你可以用一句话告诉我什么是'神学释经'吗?"的确,由于"神学释经"运动还在发展当中,要想简单定义而不失之简单化,这是很难的。以下是我列出的一些"神学释经"运动的主要特征,并附有相应评论。

1. 神学释经的实践者普遍对历史批判法、圣经神学、解释原则和以意识形态为导向的释经希望幻灭。很重要的是要看到,神学释经在很大程度上是对现状的一种拒绝。针对最近讨论圣经的学术著作,推崇神学释经的人会给出两种评价:"不够"(因其神学仅仅留在头脑层面)和"不忠实于圣经的本质及我们基督徒的身份"(因其不是以跟从基督,在圣经的话语中与神相遇之人的身份阅读圣经)。推崇神学释经的人并不是完全排斥历史批判或其他释经方法,而是认为这些方法本身(以及它们带来的成果)并不足够。

   神学释经作者们尤其不喜欢的一个观念,就是认为释经学是学习解释方法、应用这些方法,并且最终可以对作者意图得出一个命题性陈述的过程。他们认为这种诠释学模式剔除了文本,并把其客体化。这样,诠释者就是作为主人而非仆人来看文本了。⑨ 圣经变成了对别人讲述的古老词汇,而非今天正在对我们说话的神永活的话语。尽管我很认同对任何把释经学看成是冰冷语义学方程式这一做法的批判,但很多教父(被神学释经所普遍敬重的教父)列举的解释方法,的确和今天释经学标准教科书使用的方法类似。⑩

神学释经的实践者强调,认信的基督徒是释经的参与者和受众。根据神学释经的看法,释经必须发生在教会,并且是为了教会的益处。一些神学释经作者是新教自由派人士,一些是罗马天主教徒或福音派人士。他们都渴望在认信和关注方面保持清醒的教会意识。

在最好的方面,这种要求释经者和受众相信神的大胆呼吁,至少表明了神学释经作者们"不以福音为耻"(罗 1：16)。但在最坏的方面,在教会内部,且为了教会进行的释经,是对世俗世界让宗教信仰仅属于主观范围这一要求的妥协投降。也就是说,只把神学反思集中在教会里,认为这是**唯一**正当的范围,基督徒就变成了另一种阅读群体,而非相信他们所持守的真理是给全人类的群体。

316

---

⑨ Kevin J. Vanhoozer, "Imprisoned or Free? Text, Status, and Theological Interpretation in the Master/Slave Discourse of Philemon," in *Reading Scripture with the Church: Toward a Hermeneutic for Theological Interpretation*, ed. A. K. M. Adam, Stephen E. Fowl, Kevin J. Vanhoozer, and Francis Watson (Grand Rapids: Baker, 2006), 92.
⑩ 比如,见奥古斯丁在 *De Dortrina Christiana*(*NPNF*1 2：535－555)第二册中关于释经的原则。当然,除了标准的释经原则之外,奥古斯丁还支持一种敬虔的、扎根教会、以信条为基础的方法——这正是践行神学释经的人渴望的。

2. 神学释经的实践者尊重把外部神学参数作为解释的向导。

　　神学释经作者主张，如果人是在教会中并且是为教会写作，那么他受到教会认信信条的约束就是合理的。就是说，人可以无愧地诉诸"信心法则"（早期基督徒对基要信仰的总结）、信条、认信和有关基督教正典的宣告。神学释经作者指出，早期教会使用"信心法则"作为他们释经的一个主要原则。[11]

　　不可否认的是，多数对圣经的解释都受先存神学观念影响，无论这些观念是不是成文的信条。然而，从根本上说，圣经宣告一种超过任何教义的权威地位。我们不想丢掉我们的先辈在宗教改革时期凭信心为之争战的成果，像路德在沃尔姆斯会议上的勇敢宣告一样：

317

　　　　我受我所引用的经文的约束，我的良心被神的话语俘获，除非有经文证明或清楚的原因（因为我不单单信任教皇或议会，我们都知道他们也常常会犯错，自相矛盾），否则我不能也不会收回任何话，因为违背良心既不安全也不正确。

---

⑪ Treier 对新近 Brazos 圣经神学注释系列的描述，解释了神学释经对以教义为指导参数的坚持："这系列的'前提认定，就是教会的教义传统可以成为解释圣经活的和可靠的基础。这一传统，更具体地说，就是围绕尼西亚信经的那教义。这系列推崇'文本内在分析'为主要'方法'，同时利用'教会的崇拜礼仪和属灵操练，作为圣经解释之正典背景的次级维度'。这样的方法可能会导致对圣经的不同理解，包括'寓意解读'，这就需要编著者融入释经史，不是为了给读者一个关于释经历史的总结，而是为了塑造与传统对话的释经判断。"（*Introducing Theological Interpretation of Scripture*，40）Treier 评论的单引号部分，引自一份 Brazos 圣经神学注释系列材料，这份材料向撰稿人描述了该系列的出版目的。

这是我的立场，我只能这样做。求上帝帮助我。阿们。⑫

3. 神学释经的实践者欣赏圣经叙事的故事线索。他们不是把圣经主要看成一套命题，而是看成永活神和他向悖逆的人类启示他自己以叫人得救的故事。⑬ 他们把戏剧性的语言看作有力的比喻，讲述圣经中神的故事，以及基督徒今天在世界上参与神工作的延续。⑭

4. 神学释经的实践者尊重先前世代基督徒对圣经的解释。事实上，另一个导致神学释经运动的学术趋势，是人们近来对古代教会信仰、著作和实践的兴趣。⑮ 尽管我们可以从早期教会学到很多，但一些神学释经作者不加批判地推崇古代和中世纪教会的释经者，并轻易采用他们的解释。⑯ 另一方面，马丁·

---

⑫ *W. A.* 7：838. English translation by Roger A. Hornsby, "Luther at the Diet of Worms," in *Career of the Reformer II*, ed. George W. Forell, in *Luther's Works*, ed. Helmut T. Lehmann (Philadelphia：Muhlenberg, 1958),32：112 – 113.

⑬ Vanhoozer 写道："我们（神学释经的实践者）的确认可这一共识，就是历世历代跨越不同信仰告白的教会的共识，即圣经应该被当作一个整体去阅读，并且被当作对神和耶稣基督身份及行动的**叙述见证**去阅读。"(Kevin J. Vanhoozer, "Introduction：What Is the Theological Interpretation of the Bible," in *Dictionary for Theological Interpretation of the Bible* [Grand Rapids：Baker；London：SPCK, 2005],19 [my emphasis])

⑭ Kevin J. Vanhoozer, *The Drama of Doctrine：A Canonical-Linguistic Approach to Christian Theology* (Louisville：Westminster John Knox, 2005).

⑮ 例如 Brian D. McLaren, *Finding Our Way Again：The Return of the Ancient Practices* (Nashville：Thomas Nelson, 2008)；The Ancient Christian Commentary on Scripture Series (IVP)；and The Church's Bible (Eerdmans).

⑯ 例如 David C. Steinmetz, "The Superiority of Pre-Critical Exegesis," in *The Theological Interpretation of Scripture：Classic and Contemporary Readings*, ed. Stephen E. Fowl (Cambridge, MA：Blackwell, 1997),26 – 38；Stephen E. Fowl, "The Importance of a Multivoiced Literal Sense of Scripture：The Example of Thomas Aquinas," in *Reading Scripture with the Church：Toward a Hermeneutic for Theological Interpretation*, ed. A. K. M. Adam, Stephen E. Fowl, Kevin J. Vanhoozer, and Francis Watson (Grand Rapids：Baker, 2006),35 – 50；and R. R. Reno, "'You Who Were Far Off Have Been Brought Near'：Reflections on Theological Exegesis," *Ex Auditu* 16(2000)：169 – 182.

318　　　　　路德评论奥利金的注释"完全无用"。⑰　路德能够这样说，是
基于他对圣经权威和清晰性的忠诚（这和奥利金寓意解经的
奇思怪想极为不同，后者添加了圣经作者原本没有的意思）。

5. 神学释经的实践者对圣经影响文化、艺术、政治、科学和其他
学科领域的方式非常感兴趣。严格来说，神学释经的这一分
支可以被定义为对经文"效果史"的研究。很显然，这种跨学
科的方法会使读者产生兴趣，并使他们以与传统有别的研究
方式处理圣经信息。当神学释经呼吁圣经回归教会时（教会
包含的不仅仅是专业学者），关注圣经如何影响神所有子民
和他们的生活，这是很合宜的做法。

6. 神学释经的实践者渴望圣经研读能对个体和个体的信仰群
体有更新作用。伴随神学释经作者对合乎圣经之灵命的兴
趣不断增长，他们便推崇促成灵命更新的研经方法。圣经不
能仅仅被看作是需要解决的历史疑团，还应被看作是神对他
子民说的话。⑱

▷ 预测

我的同事最近发现，有很多人在写关于神学释经的著作，但很少

---

⑰ Martin Luther, *Lectures on Genesis*, *Chapters 1 – 5*, in *Luther's Works*, ed. J. Pelikan
(Saint Louis; Concordia, 1958),1；233.路德写道："唯独历史性的含义提供了真实纯
正的教义。"(ibid.)

⑱ Joel B. Green 主张"释经应以塑造培养神子民的信心和生活为导向"。(*Seized by
Truth*：*Reading the Bible as Scripture* [Nashville；Abingdon, 2007],79)

有人真正进行神学释经。[⑲] 当然，随着新出的布莱茨（Brazos）圣经神学注释系列和其他书籍的出版，这一情况将会得到改变。然而，除非有一些可以提供的释经范例成果，否则神学释经运动还是很难评估。

对神学释经运动的发展趋势做预测，这或许显得鲁莽，但我还是会做一些尝试性的预测。对圣经研究这一新兴中间路线所存起初的兴奋，很可能在未来会消散。终极权柄的问题（圣经？传统？人的理性？）最终会使新教自由派人士、福音派人士和罗马天主教人士分道扬镳。福音派人士可能会面临内部分裂——一些人会热衷于更广阔的学术界对神学释经的称赞，不再忠于圣经。

319

福音派也可能会出现代际分裂。一些认同神学释经的年轻福音派人士会诋毁他们释经前辈所做的努力。老一代福音派人士对新运动会误解和排斥，不加鉴别地把它与其他近代趋向（新兴教会、后现代神学、后保守主义神学）相提并论。

尽管有不乐观的预期，但我还是真诚希望我的担心是多余的，并且希望这运动更好的方面（尤其是呼吁人要有顺服圣经的敬畏态度）能在未来给福音派学校、神学院和教会带来积极影响。

问题与反思

1. 在阅读以上材料以前，你听说过神学释经运动吗？

2. 你觉得神学释经运动的哪些方面最有前途？

---

⑲ 出自 Jonathan Pennington 的评论。他正在撰写一本著作，力图把神学释经方法应用于福音书。

3. 神学释经运动有哪些特征令你担忧？

4. 你从最近读的书，或听的讲道中有没有发现神学释经运动的痕迹？

5. 以上提供的对神学释经运动未来发展的几个猜测，你觉得哪些最有可能实现？

进深学习

Adam, A. K. A., Stephen E. Fowl, Kevin J. Vanhoozer, and Francis Watson, eds. *Reading Scripture with the Church*: *Toward a Hermeneutic for Theological Interpretation*. Grand Rapids: Baker, 2006.

Bockmuehl, Markus. *Seeing the Word*: *Refocusing New Testament Study*. Studies in Theological Interpretation. Grand Rapids: Baker, 2007.

Davis, Ellen F., and Richard B. Hays, eds. *The Art of Reading Scripture*. Grand Rapids: Eerdmans, 2003.

Fowl, Stephen E., ed. *The Theological Interpretation of Scripture*: *Classic and Contemporary Readings*. Blackwell Readings in Modern Theology. Cambridge, MA: Blackwell, 1997.

Green, Joel B. *Seized by Truth*: *Reading the Bible as Scripture*. Nashville: Abingdon, 2007.

Treier, Daniel J. *Introducing Theological Interpretation of Scripture*: *Recovering a Christian Practice*. Grand Rapids: Baker, 2008.

Vanhoozer, Kevin J., ed. *Dictionary for the Theological Interpretation of the Bible*. Grand Rapids: Baker; London: SPCK, 2005.

_____. *The Drama of Doctrine*: *A Canonical-Linguistic Approach to Christian Theology*. Louisville, KY: Westminster John Knox, 2005.

问题 40
近来释经的其他趋势有哪些？

因为这本书只限于 40 个问题，所以有必要在这里简要浏览一下当代释经学领域的一些其他趋势。希望下面的讨论能就释经领域的趋势和相关术语给大家作一个简明介绍。

圣经神学(Biblical Theology)

从更专业的意义上讲，圣经神学指的是通过发现不同圣经文本的细微差别来研究圣经的方法。这一学科常常被批判为太过分散，而且不太关注信条的应用。[①] 圣经神学的综合，通常是试图从圣经书卷中寻找一个共同主题——再说一次，就是主要关注文本之间的

---

① D. A. Carson, "New Testament Theology," in *Dictionary of the Later New Testament and Its Developments*, ed. Ralph P. Martin and Peter H. Davids (Downers Grove, IL: InterVarsity Press, 1997), 796 – 797.

区别。

　　圣经神学学科的起源可以追溯到 J. P. 加布勒（J. P. Gabler）一次有影响力的演讲（1787 年）。他呼吁圣经学者关注经文的文法-历史意义。加布勒建议,教义神学家和系统神学家应该重视圣经神学家的结论,并把这些结论与当前的情况联系起来。现代学者常常谴责系统神学家和圣经神学家之间的竞争和分离。神学释经运动希望消除历史意思和现代意义之间的隔阂（见问题 39,"什么是'神学释经'?"）。

322 　 正典批判（Canonical Criticism）

　　正典批判是一种研究圣经的学术方法。它的起源可以追溯到蔡尔兹（Brevard Childs,1923—2007）的著作和耶鲁学派（也就是产生于耶鲁大学的文学批判运动）。事实上,蔡尔兹回避"正典批判"的标签,因他不愿创立一个和其他"批判"一样枯燥的学术方法。② 但还是有很多人把蔡尔兹看作正典批判之父。这种方法以认信的基督教信仰环境中已经全备的正典作为合宜界限,在这界限之内研究经文和圣经主题。换句话说,根据正典批判,圣经学者不应该关注假设的文学前身或假设的历史影响,而应关注实际完成的圣经书卷,也就是基督教会认可的正典。正典批判的评论者注意到,尽管查考最终形式的经文与其他正典文献的关系有好处,但这种方法却

---

② Gerald T. Sheppard, "Canonical Criticism," *ABD* 1: 863.

常常忽略正当的文学和历史问题。

▶正典过程研究法(Canonical Process Approach)

　　与正典批判相似,正典过程研究法把完整的正典看作研究圣经著作的起点。正典过程研究法尊重每一位圣经作者的原本意图,同时看到了神的旨意在后来圣经著作中的渐进性启示。这些后来的启示进一步光照了圣经原作者的意图。正典过程研究法的提倡者布鲁斯·瓦特克(Bruce Waltke)解释说:

　　　　说到正典过程研究,我指的是当正典范围在后来扩展之后,之前经文的意图变得更深刻和更清楚。就像救赎本身也有一个渐进历史,同样,正典中年代较久远的经文,随着成为更大正典文学的一部分,其含义也经历了一个逐渐显明的过程。③

▶接受史(Reception History)

　　接受史关注的是整个教会历史中基督徒接受或理解一个圣经文本的方式。近年来,有一些圣经学者呼吁关注接受史,并视其为

---

③ Bruce K. Waltke, "A Canonical Process Approach to the Psalms," in *Tradition and Testament : Essays in Honor of Charles Lee Feinberg*, ed. John S. Feinberg and Paul D. Feinberg (Chicago: Moody Press, 1981),7. Waltke 还写道:"正典批判认为古代经文在正典渐进发展过程中被重新加工,以致可能已经丢失了原来的历史意义。但正典过程研究法与之不同,因它坚持原始作者意图在正典渐进发展过程中并未改变,而是得到加深和澄清。"(ibid., 8)

一条出路,脱离圣经神学使人迷惑和停滞不前的局面。④ 学者必须承认,大多数专家对 18 世纪以前人们对经文的解读情形知之甚少。况且,对一个文本解释史的关注,可能会为不断发展的讨论提供更客观的基础,并重新唤起对实践与教义的学术关注。不幸的是,大力推崇经文过去被接受的方式,可能会不知不觉接受了多种价值论(也就是把各种不一致的理解方式都同等看作有效)。对经文真实性这一棘手问题的回避,可能是间接否定了对这种真实性的宣告。

效果史(Effective History)

一个圣经文本的效果史所关注的,不仅包括文本在教会历史上被理解的方式(也就是接受史),还包括文本对读者生命和环境的影响。因此,**效果史**是比**接受史**更广泛的术语,包含经文对基督徒行为、教会实践、艺术和文化等等的影响。像接受史一样,人们认为效果史的研究为圣经研究领域的细化开辟了一条出路。⑤

互文性(Intertextuality)

最近,在我任教的神学院的学生毕业典礼上,院长读到一篇博士论文的标题里含有**互文性**这词。一位同事侧过身来,小声说:"我

---

④ 例如 Judith Kovacs and Christopher Rowland, *Revelation: The Apocalypse of Jesus Christ*, Blackwell Bible Commentaries (Oxford: Blackwell, 2004), 1 - 38。

⑤ Markus Bockmuehl, *Seeing the Word: Refocusing New Testament Study*, Studies in Theological Interpretation (Grand Rapids: Baker, 2006), 64 - 68; and Kovacs and Rowland, *Revelation*, 31 - 38.

从来没听说过这个词。"我回应说："这是圣经研究的一个热门话题。"简单说，互文性关注的是另一位圣经作者提及或引用一处经文的方式。学者根据个人兴趣，可以在文学、神学或历史问题中展开互文研究。一些互文批判学者把圣经看作一本统一的书，研究在圣经作者不同视角中圣经主题的发展。佩慈（Patzia）和彼得罗塔（Petrotta）写道：

> 一般地说，圣经互文性研究更多地关注经文再运用的**过程**，以及经文之间的**区别**：经文的意思被扩展，但也被转换，甚至否认。研究重点趋于探究解读的**多样性**，而非**一致性**。[6]

救赎运动释经学（Redemptive-Movement Hermeneutic）

救赎运动释经学（或者救赎轨迹释经学）认定，圣经提供了某种道德轨迹，明显超出经文明确论述的问题（或者可能与这些问题相反）之外。[7] 救赎运动释经学的提倡者威廉·韦布（William Webb）写道：

> 寻求在今天如何应用经文的基督徒，应该研究经文和它所处的社会环境之间的发展变化。一旦发现了这种变化，就有必

---

[6] Arthur G. Patzia and Anthony J. Petrotta，*Pocket Dictionary of Biblical Studies*（Downers Grove，IL：InterVarsity Press，2002），63. 粗体为原文所加。

[7] 见 I. Howard Marshall，*Beyond the Bible：Moving from Scripture to Theology*（Grand Rapids：Baker，2004）；and Scot McKnight，*The Blue Parakeet：Rethinking How You Read the Bible*（Grand Rapids：Zondervan，2008）。

要对它进行评估,了解它是预备性的,还是绝对的。如果是预备性的,经文设定进一步发展的方向,产生更充分实现的道德,那么,这就是人要追求的行动过程。释经者推断圣经发展会朝向一个更公正、平等和爱的形式。如果能有一种伦理道德胜过经文中的孤立字词,合乎圣经和正典的精神也朝向那方向,那么这就是最终达致的目的。⑧

比如,尽管旧约和新约都承认奴隶制度的存在,也给出了这方面的规则,但根据救赎运动释经学,我们从经文中看到一种渐增的认识,就是神是反对奴隶制度的。尽管圣经并未直接说要废除奴隶制,但如果人们在经文之外继续追踪对文化的救赎性批判,就会看到奴隶制度的败坏。因此,救赎运动释经学就是要辨认出渐进的模式。这些学者相信渐进过程所要达致的高潮,要超越经文实际书面文字所表达的思想。学者也使用救赎运动释经学为妇女全面参与教牧服侍进行论证。这种解释方法,尤其是被用来为女性担任牧师(这很明显与提前 2:12 矛盾)作辩护,曾被托马斯·施赖纳令人信服地批判过。⑨

---

⑧ William J. Webb, *Slaves, Women and Homosexuals: Exploring the Hermeneutics of Cultural Analysis* (Downers Grove, IL: InterVarsity Press, 2001), 36.
⑨ Thomas R. Schreiner, "William J. Webb's *Slaves, Women, and Homosexuals*: A Review Article," *SBJT* 6, no. 1(2002): 46-64. 此文可在 www.sbts.edu 的"Resources"链接下找到。亦见即将出版的主题为"对救赎运动释经学的批判"的博士论文,作者是美南浸信会神学院学生 Benjamin Reaoch。

宣教性释经学(Missional Hermeneutic)

325

　　宣教性的(Missional)是一个比较新的词汇,一直面临着定义上的含糊性。这个词被很多教会和圣经学者采用,以帮助定义教会的不断"被差派"性质。换句话说,一个"宣教性的"教会思考其信仰与实践,是基于这样的事实——神已经差派这个教会向外人宣告和活出福音,尤其是在教会此刻所处的环境中。同样地,"宣教性的"读经和"宣教性的"释经学把神看作是不断差派的神。圣经是一个宣教故事,因为它讲述的是神救赎性地把他自己启示给悖逆的人类,并赋予其他人有同样的使命。宣教性释经学的拥护者论证说,当我们脱离宣教的环境看圣经,仅仅把它当作一本系统神学教科书加以解读,就忽略了神和他启示的一个基本层面。[⑩]

哲学释经学(Philosophical Hermeneutic)

　　我的导师新约学者罗伯特·斯坦有一次对我说:"我自己写释经学教科书,因为我读不懂其他人写的释经书。"也许这句话有一点诙谐,但他的观点也具有启发性。

　　很多学术性的释经学教科书一般人很难看懂,为什么?其中一个原因是,有不少这类书关注的是基础的哲学问题。比如,我们怎么知道我们所知道的(认识论)?语言如何传达意思(语义学)?作者常常使用晦涩的术语探讨诸如此类甚至更多的哲学难题。尽管

[⑩] Christopher J. H. Wright, *The Mission of God: Unlocking the Bible's Grand Narrative* (Downers Grove, IL: InterVarsity Press, 2006).

研究这类问题是有价值的理性工作,但大多数基督徒并不能从这种精深的论文专著中受益。爱好哲学的读者可以阅读安东尼·西塞尔顿(Anthony C. Thiselton)的《两个地平线》一书,参考其中对与释经学有交集的哲学问题的分析。[11]

 问题与反思

1. 以上所列的术语和趋势,有哪些是你第一次听说的?

2. 你看出以上所列的近代释经方法的共性了吗? 这些共性表现了当代文化环境的什么特点?

326　3. 了解圣经的宣教性质真的对我们理解和应用圣经有帮助吗?

4. 挑战:请选择以上一种方法,并用它研究一处具体的经文。

5. 挑战:请读托马斯·施赖纳的评论,其网址在这个问题的注释部分。你同意施赖纳对韦布的救赎运动释经学的评论吗?

进深学习

Bockmuehl, Markus. *Seeing the Word: Refocusing New Testament Study*. Studies in Theological Interpretation. Grand Rapids: Baker, 2006.

Carson, D. A. "New Testament Theology." In *Dictionary of the Later New Testament and Its Developments*, edited by Ralph P. Martin and Peter H. Davids, 796 - 814. Downers Grove, IL: InterVarsity Press, 1997.

Patzia, Arthur G., and Anthony J. Petrotta. *Pocket Dictionary of Biblical Studies*.

---

⑪ Anthony C. Thiselton, *The Two Horizons: New Testament Hermeneutics and Philosophical Description* (Grand Rapids: Eerdmans, 1980).

Downers Grove，IL：InterVarsity Press，2002.

Thiselton，Anthony C. *The Two Horizons*：*New Testament Hermeneutics and Philosophical Description*. Grand Rapids：Eerdmans，1980.

Wright，Christopher J. H. *The Mission of God*：*Unlocking the Bible's Grand Narrative*. Downers Grove，IL：InterVarsity Press，2006.（中文版参见莱特：《宣教中的上帝》，李望远译，台北：校园，2011 年。——编者注）

跋

　　我正想象你与我在一个炎热夏日里闲谈。我在详细描述一种新款冰淇淋的美味，然后从冰箱里拿出一只递给你。当你一口咬下去时，你突然尝到一种橡胶般难吃的味道。原来是冰淇淋上面有一层几乎看不见的玻璃纸，妨碍了你享受它的味道。

　　这本书就像那层玻璃纸。我已经用了很长时间讨论圣经，但除非你，我的读者，真正打开神的话语，自己去品尝，否则这本乏味得像玻璃纸一样的书很快就会被你忘掉。然而，如果我成功激励了你去阅读、祷告、颂唱和默想圣经，那么本书就达到了它的目的。愿神，我们主耶稣基督的父神，借着圣灵，引导你一生走在以他话语为乐的道路上。

罗伯特·普拉默

2010 年 3 月

　　"你口中的律法与我有益，胜于千万的金银。"（诗 119：72）

　　"你的言语在我上膛何等甘美，在我口中比蜜更甜！"（诗 119：103）

主要参考书目

Archer, Gleason. *A survey of Old Testament Introduction*. Rev. ed. Chicago: Moody Press, 1994.

Beale, G. K. *The Erosion of Inerrancy in Evangelicalism: Responding to New Challenges to Biblical Authority*. Wheaton, IL: Crossway, 2008.

Bruce, F. F. *The New Testament Documents: Are They Reliable?* 6th ed. Downers Grove, IL: InterVarsity Press; Grand Rapids: Eerdmans, 1981.

Carson, D. A. *For the Love of God: A Daily Companion for Discovering the Riches of God's Word*. Vols. 1 and 2. Wheaton, IL: Crossway, 1998, 1999.

————. *New Testament Commentary Survey*. 6th ed. Grand Rapids: Baker, 2007.

Carson, D. A., and Douglas J. Moo. *An Introduction to the New Testament*. 2nd ed. Grand Rapids: Zondervan, 2005.

ESV Study Bible. Wheaton, IL: Crossway, 2008.

Evans, Craig A. *Fabricating Jesus: How Modern Scholars Distort the Gospels*. Downers Grove, IL: InterVarsity Press, 2008.

Fee, Gordon D., and Mark L. Strauss, *How to Choose a Translation for All Its Worth*. Grand Rapids: Zondervan 2007.

Glynn, John. *Commentary and Reference Survey: A Comprehensive Guide to Biblical and Theological Resources*. 10th ed. Grand Rapids: Kregel, 2007.

Grudem, Wayne. *Systematic Theology: An Introduction to Biblical Doctrine*. Grand Rapids: Zondervan; Leicester: Inter-Varsity Press, 1994.

Longman, Tremper. *Old Testament Commentary Survey*. 4th ed. Grand Rapids: Baker, 2007.

Stein, Robert H. *A Basic Guide to Interpreting the Bible: Playing by the Rules*. Grand Rapids: Baker 1994.

Wegner，Paul D. *The Journey from Texts to Translations*：*The Origin and Development of the Bible*. Grand Rapids：Baker 1999.

Zondervan NIV Study Bible，rev. ed. Edited by Kenneth L. Barker，et al. Grand Rapids：Zondervan，2008.

图表目录

（图表对应的页码为原书页码，即中译本的边码）

经文索引

（经文章节对应的页码为原书页码，即中译本的边码）

古代文献索引

（索引中的页码均为原书页码，即中译本的边码）

附录
哪个中文圣经译本最好 ❓

陈爱光博士 *

经常有神学生或教会中的信徒问我："哪个中文圣经译本最好？你有什么建议？"

过去二三十年，出版了一些中文圣经译本。但在华人教会中，几乎所有人都采用和合本圣经为标准版本。只有极少数的华人基督徒尝试用其他的中文译本，而在这极少数人中，大多又以其他译本作为参考，主要使用的版本仍然是和合本。① 在英语世界中，传统的英王钦定本已经被淘汰了，广泛采用的是各种不同的英文译本。看来华人基督徒采用和合本以外的译本作为主要读经之用，尚需时

---
* 陈爱光，美南浸信会神学院哲学博士，现任正道福音神学院（美国）系统神学副教授兼教务长。——编者注
① 和合本圣经现在有新标点版和修订版，但大多数华人基督徒还是多用传统的和合本。

日。笔者鼓励认真读经的信徒，多参考不同的译本，从而对经文有更准确的理解。

圣经原文

圣经原稿的写作历时差不多 1500 百年（大约从公元前 1400—公元 90 年），其中包括三种语言。旧约是用希伯来文写成的，部分用亚兰文，而新约是用希腊文写成。旧约圣经在古代被翻译为几种不同的语言（主要是希腊文）。当基督教信仰开始进入其他文化时，整本圣经很快就被翻成各种语言，包括叙利亚文、科普特文、埃塞俄比亚文、拉丁文等。

两种翻译理念

圣经翻译主要有两种理念，所有译本都介于二者之间。一种称为"功能对等"（functional equivalence）或称"动态对等"（dynamic equivalence）。其目标是要把原文的意思用另外一种语言准确地表达出来，而不在乎保持原文的每一个字和文法结构。现代中文译本即属此例。

另一种称为"形式对等"（formal equivalence）。这种翻译法非常注重尽量保持原文的每个字和文法结构。因为两种不同的语言之间差异很大，所以"形式对等"的翻译难免会造成译文不顺畅。吕振中译本即属此例。和合本介乎二者之间，较吕本讲究"功能对等"，较现代中文译本讲究"形式对等"。

若要快速读经（例如，一年内读完整本圣经），"功能对等"的译本也许比较理想。若要严谨逐节查经，"形式对等"的译本可能比较合适。在讲道或教导中，若要解释一段难解的经文，有时候引用其他译本有助于澄清经文的意思。而且，在个人研读经文时，参阅不同译本往往会让我们对经文有更深入的理解。读经时常常采用不同译本会使我们对经文有新的认识。

◎ 意译本圣经

"意译本"（paraphrase）圣经不算是一种圣经译本，只不过是尝试自由地使用中文把经文的意思重新表达出来。意译本圣经通常是由个人独立完成，比"功能对等"的翻译有更多解释性的文句。有时候，意译本圣经会刻意把经文的内容写成适应某种文化的风格。最明显的例子就是一些给儿童读的圣经。

◎ "神"与"上帝"翻译之争

希伯来文的 *elohim* 及希腊文的 *theos* 英文都翻作 God。[②] 来华宣教士在把这个词译成中文时，有不同的看法。大部分来自美国的宣教士，赞成直译为"神"，与英文的 God 同义。而来自欧洲的宣教士，则认为采用中国古文中的最高神明"上帝"，比较切合中国人对

---

② 翻作 god 或 gods 时，是指假神。

至高神的认知。这场翻译之争，论战极为激烈。直到 20 世纪初叶，和合本圣经出版之始，这一争论仍未有定案。最终双方决定出版"神版"与"上帝版"两种圣经，各取所好。③ 直至今日，在不同的华人教会圈子中，还是有些人习惯称"神"，另外也有人习惯称"上帝"，但两个译名已是通用语言，再无激烈争论。

中文圣经的历史

20 世纪中叶以前，中文圣经的历史与西方来华宣教的历史息息相关。因篇幅所限，笔者在此不能详述中国基督教史。大体而言，最早传入中国的基督教在唐代称为"景教"，属聂斯脱利派，来自波斯。当时只翻译了一些新旧约书卷，用字与佛经相似。18 世纪初，天主教耶稣会的宣教士把大部分新旧约圣经从拉丁文译成中文，取名《古新圣经》。这些早期景教与天主教的译文都没有正式出版。

更正教（新教）第一位来华宣教士马礼逊，于 1813 年完成新约全书的翻译，翌年在广州出版。五年后，马礼逊与宣教士米怜完成旧约全书的翻译，在马六甲出版。1823 年新旧约全书合并出版，称为《神天圣书》，成为后来其他中文圣经译本的典范，是最通用的文言文圣经。其后一个四人小组（包括马礼逊的儿子马儒汉）修订《神天圣书》，在此基础上分别在 1837 年和 1840 年出版《新遗诏书》（新

---

③ 参考丘恩处：《认识真神》，纽约：纽约神学教育中心，1993 年，第 99—104 页。

约)与《旧遗诏书》(旧约)。其他文言文译本包括美国长老会宣教士裨治文所译的裨治文译本(1862 年),还有高德译本(1868 年)、杨格非浅文理译本(1885 年,只有新约)及施约瑟浅文理译本(1902 年)。

第一本直接从原文译成中文的圣经,是 1854 年出版的委办译本。三年后,两位宣教士麦都思和施敦力,将委办译本修改译成第一本白话文新约圣经,是为南京官话译本。其他白话文圣经有北京官话译本(新约)与施约瑟官话译本(旧约),以及杨格非官话译本(新约)(1889 年)。

早期中文圣经译本		
日期	译本	说明
8 世纪	景教碑文	部分新旧约书卷;用字与佛经相似
13 世纪末	天主教孟高维诺译本	诗篇及新约全书;译成蒙古文
1770 年	《古新圣经》	耶稣会教士从拉丁文译成中文;大部分新旧约书卷
1822 年	浸信会马士曼译本	在印度出版
1823 年	《神天圣书》	马礼逊完成新约,与米怜合力完成旧约;成为后来其他中文圣经译本的典范;最通用的文言文圣经
1837,1840 年	《新遗诏书》《旧遗诏书》	四人小组修订《神天圣书》
1854,1857 年	委办译本(文言文),南京官话译本(白话文)	从原文直接翻译
1862 年	裨治文译本	比较重视字义翻译
1872,1878 年	北京官话译本(新约)施约瑟官话译本(旧约)	19 世纪主要的白话文圣经

◑ 和合本及 20 世纪其他中文译本

　　和合本可说是中文圣经翻译最重要的一个里程碑,因为它是各方宣教士联合努力的成果。英国与海外圣经公会于 1890 年在上海召开会议,成立三个委员会分管三种译本:文言文、浅文理和官话(白话文)。后来文言文与浅文理合并,新旧约全书于 1919 年出版。可惜中国在白话文运动推行后,文言文已经不再流行,文言文和合本遂遭冷遇。

　　白话文和合本也是在 1919 年出版,最初定名为"官话和合本新旧约全书",后改名为国语和合译本,成为华人教会往后近百年所用的标准中文圣经。和合本圣经是西方宣教士对中文圣经翻译最后也是最大的贡献。新标点和合本于 1988 年出版,改用现代标点及译名。

　　吕振中牧师于 1946 年开始根据原文翻译圣经,及至 1970 年出版新旧约全书。该译本是第一本华人独立从原文翻译的整部圣经。吕振中译本强调直译原文,可说是中文译本中最紧扣字义翻译的圣经。

　　由多位华人学者合作翻译的当代圣经*,原本是英文 *The Living Bible*,采用现代意译,1979 年出版新旧约全书。同年由联合圣经公会出版的现代中文译本**,原本是英文 *Today's English Version*,采用"功能对等"的原则翻译。现代中文译本的修订版完成

＊　参见《圣经当代圣经版》,香港:国际圣经协会有限公司,1996 年。——编者注
＊＊ 参见《圣经现代中文译本修订版》,香港:香港圣经公会,1989 年。——编者注

于 1995 年。

恢复本中文圣经是李常受根据自己的神学思想所翻译的译本。他把个人对信仰的诠释当作翻译的原则。天主教的中文圣经有 1968 年出版的思高本及较后期的新耶路撒冷圣经中文版。

近代华人合力翻译，规模最庞大的要属圣经新译本（简称新译本）*。该译本由 30 多位华人学者从原文直译，新约于 1976 年出版，新旧约全书截至 1992 年才完成。

进入 21 世纪后，有多个中文圣经翻译工作在进行中。和合本新约修订版于 2006 年完成，新旧约全书在 2010 年出版。中文标准译本结合直译与意译的长处，于 2008 年出版新约。新汉语译本的宗旨是"务求忠于原文"，2010 年出版新约。新普及译本根据英文 *New Living Translation* 翻译**，于 2012 年出版，读者对象是年轻及初信的信徒。

其他近年出版的译本包括由美国凸桑圣经学者翻译的新译简明圣经（新约及数卷旧约）、冯象译本④，根据英文 NET Bible⑤ 翻译的 NET 圣经中译本等。

目前华人圣经学者的人数与质量，都足以做很好的圣经翻译工作。但我们不能忘记当初西方宣教士尽毕生努力，把圣经译成中国人能读的文字，其贡献之深远，难以言尽。

---

* 参见《圣经新译本》，香港：环球圣经公会，2002 年。——编者注
** 参见《圣经新普及译本》，香港：汉语圣经协会，2012 年。——编者注
④ 冯象自认为非信徒，翻译圣经只为兴趣。
⑤ "NET"全名是 New English Translation，但 NET 也代表互联网 Internet，因为它可以在网上自由传播。

动态对等								形式对等
中文表达清楚，意思对意思								保持原文形态，字词对字词
当代圣经	现代中文译本新译简明圣经	新普及译本	中文标准译本	NET圣经中译本	和合本	新译本	新汉语译本	吕振中译本

主要中文圣经译本的翻译原则⑥

 问题与反思

1. 你手头有那些圣经译本？你会使用这些译本的原因是什么？

2. 你会不会因为某人用不同的译本而对对方有成见？

3. 你喜欢读"功能对等"还是"形式对等"的译本？为什么？

4. 如果你要再得到其他圣经译本，你会选择哪一些？

5. 下列三种情况下，你会用哪一个译本：(1)作严谨的研经，(2)送给慕道的朋友，

   (3)与一群信徒一同用一年时间读完一遍圣经？

 进深学习

吴国鼎：《主要中文圣经译本简评》，台北：天恩出版社，2006年。

谢品然、曾庆豹：《自上帝说汉语以来：和合本圣经九十年》，香港：研道社，

   2010年。

---

⑥ 本图表参考 Clinton Arnold，"It's All Greek to Me: Clearing up the Confusion about Bible Translations," *Discipleship Journal* 132 (November – December，2002)：35。

尤思德：《和合本与中文圣经翻译》，蔡锦图译，香港：国际圣经协会，2002 年。

赵维本：《译经溯源：现代五大中文圣经翻译史》，香港：中国神学研究院，1993 年。

庄柔玉：《基督教圣经中文译本：权威现象研究》，香港：国际圣经协会，2000 年。

各译本的网站：

多种语文译本网站：www.biblegateway.org

和合本修订版：http://www.godcom.net/xdb

简明圣经：www.tucsonchinesebible.org

吕振中译本：www.cclw.net/Bible/LzzBible

新汉语译本：www.chinesebible.org.hk

新译本：www.wwbible.org

中文标准译本：www.bible.com/versions/43

NET Bible：www.bible.org/netbible

图书在版编目(CIP)数据

释经学 40 问/(美)普拉默(Plummer,R.L.)著;言盐译.
—上海:上海三联书店,2019.11(2025.5 重印)
ISBN 978 - 7 - 5426 - 5134 - 1

Ⅰ.①释… Ⅱ.①普…②言… Ⅲ.①《圣经》—问题解答
Ⅳ.①B971 - 44

中国版本图书馆 CIP 数据核字(2015)第 057464 号

释经学 40 问

著   者 / 罗伯特·普拉默
译   者 / 言 盐

策   划 / 橡树文字工作室
特约编辑 / 丁祖潘
责任编辑 / 邱 红 李天伟
装帧设计 / 徐 徐
监   制 / 姚 军
责任校对 / 张大伟 王凌霄

出版发行 / 上海三联书店
　　　　　(200041)中国上海市静安区威海路 755 号 30 楼
邮   箱 / sdxsanlian@sina.com
联系电话 / 编辑部:021 - 22895517
　　　　　发行部:021 - 22895559
印   刷 / 上海盛通时代印刷有限公司

版   次 / 2019 年 11 月第 1 版
印   次 / 2025 年 5 月第 8 次印刷
开   本 / 640 mm×960 mm 1/16
字   数 / 280 千字
印   张 / 29.5
书   号 / ISBN 978 - 7 - 5426 - 5134 - 1/B·406
定   价 / 68.00 元

敬启读者,如发现本书有印装质量问题,请与印刷厂联系 021 - 37910000